Dello stesso autore

Dio ci salvi dagli inglesi… o no!?
La ragazza dei passi perduti (con Giorgio Rossi)
Com'è dolce Parigi… o no!?
Gli italiani la sanno lunga… o no!?*
Papaveri & papere
I Granduchi di Soldonia
C'era una volta in Italia*
La classe non è acqua*
Oro, argento e birra*
Ci vorrebbe una Thatcher*
Il romanzo dei Windsor*
Il romanzo di Londra*
Tanto sesso, siamo inglesi!*
Intramontabile Elisabetta*
L'ultima estate di Diana*
Royal baby*
La regina imperatrice*
Elisabetta, per sempre regina*

*Disponibile anche in ebook

ANTONIO CAPRARICA

WILLIAM & HARRY

Sperling & Kupfer

Pubblicato per

Sperling & Kupfer

da Mondadori Libri S.p.A.

WILLIAM & HARRY

ISBN 978-88-200-7373-2

I Edizione giugno 2022

Anno 2022-2023-2024 - Edizione 1 2 3 4 5 6 7 8 9 10

A Iolanta e Serenella,
Natasha e Manrico,
che ho la fortuna di chiamare famiglia

«È dura, e continuerà a essere dura. Non c'è giorno che William e io non vorremmo che lei fosse ancora qui.»

Il principe Harry su Diana,
nel ventennale della morte

«Il trauma di quel giorno è vissuto con me per vent'anni, come un peso. La gente pensa che lo choc non possa durare tanto a lungo, invece sì.»

Il principe William
sul funerale della madre, 2017

«Lui è la sola persona sulla Terra a cui posso dire tutto. Se attraverso momenti davvero difficili, almeno posso rivolgermi a lui, e viceversa, e possiamo prenderci cura l'uno dell'altro.»

Harry su William, gennaio 2006

«Mi sento come se avessi perso il mio migliore amico.»

William su Harry, autunno 2016

Indice

Parte terza
DESTINO

Parte quarta
MOGLI

Introduzione

Questo è il libro che vorrei non avere scritto ma che doveva essere scritto. Anche chi, reso alquanto cinico dagli anni, non si aspetta più molto dai rapporti tra gli uomini, assiste rattristato allo spettacolo di una fratellanza che si sbriciola. Soprattutto quando, come questa, appare cementata da esperienze straordinarie che, pur essendo del tutto private, hanno finito con lo scuotere il mondo. Ogni evento, minimo o di portata storica, si imprime nella nostra memoria per un dettaglio che ne riassume l'intera magnitudine, e le emozioni che lo hanno accompagnato. Credo di non sbagliare se dico che della tragedia collettiva che fu la morte di Diana, e il suo funerale, l'immagine più desolata e dolorosa resta quella dei suoi figli, poco più che bambini, in processione dietro il feretro.

Sfilavano, William e Harry, le braccia rigide lungo i fianchi come soldati, guardando ostinatamente avanti, ogni tanto per terra, mai voltando il capo verso la folla che piangeva ai loro lati, mentre loro lottavano, *dovevano* lottare, per ricacciare le lacrime in gola. William a quindici anni era già più alto del principe Filippo, camminava ritto come si conviene a un futuro re, tra il nonno e lo zio Charles Spencer, Harry procedeva tra lo zio e il padre Carlo: la loro disposizione tra gli adulti voleva suggerire che la famiglia era lì a circondarli, a proteggerli. Ma niente e nessuno poteva proteggerli dalla disperazione che li devastava. La pena che suscitavano nella platea mondiale di spettatori televisivi era infinita. Harry, in particolare, come prigioniero dell'abito nero una misura più grande. La giacca dalle maniche troppo lunghe, i pantaloni troppo larghi. La zazzera rossa sopra il faccino attonito di un ragazzino dodicenne più piccolo di tanti della sua età. Due fratelli, due orfani, uniti per sempre dal dolore della perdita e dalla solitudine.

Vent'anni dopo, Harry rivelerà alla biografa Angela Levin il dolore e la rabbia per quella processione: «Credo che a nessun ragazzino si dovrebbe chiedere una cosa del genere, in nessuna circostanza. Non penso che oggi accadrebbe».

Fu una decisione dettata dalla politica, che marca in modo indelebile la differenza tra la vita di un normale essere umano e quella di un principe. A tutto vantaggio del primo, mi sento di dire. Spesso ne sembrava convinta anche la madre, che adesso quei due ragazzini seguivano chiusa nella bara su un affusto di cannone, avvolta nello stendardo storico della monarchia britannica e coperta da un cuscino di rose bianche con una sola, semplice scritta, nella grafia infantile di Harry: MUMMY.

Non era forse Diana la *People's Princess*, la Principessa del Popolo, secondo il tributo che le aveva appena reso quel geniale pubblicitario che era Tony Blair? E quante volte lei aveva ripetuto che la Corte, il Palazzo, insomma Buckingham Palace, ovvero la casa della suocera Elisabetta, era in realtà una *golden cage*, una gabbia dorata? E che in quella gabbia dorata lei non voleva che i suoi figli crescessero con le ali tarpate dall'etichetta, dall'ipocrisia e dalla mistica devastante del dovere?

L'aveva detto, eccome, la principessa del Galles, e potete stare sicuri che i suoi figli non l'hanno mai dimenticato. Come avrebbero potuto? Il folle divertimento sugli scivoli d'acqua nella Disneyland parigina, bimbi e mamma inzuppati dalla testa ai piedi, i capelli incollati alle tempie, e Diana rossa in viso per il divertimento e per la gioia, bella da mozzare il fiato. E ancora loro tre al cinema in mezzo alla gente comune, a ridere di gusto per i cartoni animati. E sempre in tre sgusciare di soppiatto da Kensington Palace per andare a divorare un hamburger in un McDonald's qualsiasi, quando stuoli di cuochi aspettavano soltanto i loro ordini nelle cucine della reggia.

Ma il gusto maggiore era quello. Farla in barba ai Tartufi di Corte e alla scorta della polizia, rubare attimi di libertà in spregio alle convenzioni e al protocollo, e farla franca. «Mamma me lo ripeteva sempre», non smette di ricordare Harry: «Se vuoi fare il birichino, fallo. Ma non farti scoprire». Eccolo, il seme dell'irrequietezza, di quell'ansia inspiegabile di libertà che alla fine ha strappato Harry dalle sue radici e lo ha spinto alla ventura oltre l'oceano, ultimo scismatico nell'elenco infinito di scismi e fratture che è la storia della monarchia britannica, e della sua più recente dinastia, i Windsor.

Anche di questo, certo, parla il nostro libro. Della grande fuga da Palazzo che per il momento si è conclusa sulle sponde della California, sebbene nessuno sappia dire se sarà per sempre, o soltanto un capitolo nella vita di un giovane uomo che si è fatto una certa fama di scarsa affidabilità e mutevolezza d'animo. Il fatto è che l'amore per l'americana Meghan Markle sembra aver funzionato da catalizzatore per tutte le tensioni e le pulsioni che venano il carattere di Harry sin dall'infanzia. E questo induce gli osservatori esterni a immaginare che l'influenza su di lui della «donna della sua vita» sia così profonda da avvicinarsi al plagio. Nelle pagine che seguono indago questo rapporto senza pregiudizi né preconcette simpatie o antipatie. Quel che è certo è che Meghan – dura, testarda e determinata – ha offerto al marito la copertura d'artiglieria che gli era necessaria per la sua dichiarazione d'indipendenza. E se il ricorso a paragoni militari vi sembra esagerato, ditemi voi se l'ormai celeberrima intervista a Oprah Winfrey non è una vera e propria salva di cannoni contro la Casa Reale britannica.

Perché, naturalmente, questo è il punto. Questa storia di fratelli, pur mostrando cadenze eterne da tragedia greca, eccita la nostra attenzione e le nostre passioni proprio perché si tratta di quei due fratelli lì. I figli di Diana (come se l'intervento di Carlo fosse stato del tutto incidentale...), che assieme sembrano aver ereditato dalla madre quel talento speciale che è la capacità di affascinare il mondo. O almeno sembravano, perché funzionava al meglio quando erano insieme, e adesso che la rottura pare aver infranto anche il maggior lascito della principessa non è detto che ognuno dei due da singolo sprigioni lo stesso potere.

Ma finché c'era, proprio quel fascino naturale, quella spontanea abilità di ascoltare gli altri e all'apparenza offrirsi contemporaneamente a loro, era qualcosa che i Windsor guardavano con permanente fastidio e sospetto. Chi più, come la principessa Anna, chi meno, come nonna Elisabetta, unica in famiglia – assieme al marito, finché c'è stato – in grado di gestire quei due benedetti ragazzi, di conquistarne la stima e pure (a dispetto del fantasma della mamma) l'affetto.

In virtù di questo complicato rapporto di parentela, la storia d'amore e inimicizia di due fratelli diventa automaticamente Storia con la S maiuscola, che è il posto dove di solito si incontrano principi e sovrani. E anche se per i primi vent'anni della loro vita William e Harry si trovavano più facilmente (e più a loro agio) nei night club più famosi della Londra della loro gioventù, dal *Boujìs* al *Mahiki*, è fatalmente lì che li riporta il loro destino, nella sala del trono di Buckingham Palace e nelle segrete stanze del potere britannico.

I greci antichi, che come nessun altro né prima né dopo hanno indagato la profondità dell'animo umano e la nostra comune qualità di giocattoli nelle mani di dèi invidiosi, hanno ben specificato le diverse facce di quell'oscura divinità che noi chiamiamo sbrigativamente Fato. C'è la *moira*, che è il caso, e c'è l'*anánke*, che è la necessità. Nella fattispecie dei reali, le due palleggiano come non mai con la loro vita. Solo il caso determina chi fra due fratelli nasce primo o secondo, destinando l'uno alla porpora e l'altro al ruolo pressoché servile di erede di scorta o ricambio, *spare heir*, come scherzano gli inglesi manco fosse uno pneumatico.

Ma poi è la necessità a menare le danze, perché per quanto quei fratelli si amino, si rispettino, si piacciano, un tarlo segreto corrode questi sentimenti e più spesso che no li porta a perdizione. L'*anánke* è il binario doppio che avvia l'uno alla Corona, al nome seguito da un ordinale, ai libri di storia, e l'altro verso il baratro oscuro dell'oblio, per quanto foderato di velluti e di sfarzo. Ne deriva l'invidia che il cadetto non confessa nemmeno a se stesso, la sofferenza silenziosa per l'esclusione dalla grandezza che pure si avverte a portata di mano, e la consapevolezza inconfessabile che solo la morte può mettere a posto le cose nell'unico modo desiderato. Perciò la storia delle monarchie è zeppa di complotti. Ma è un prezzo eccessivo per la sensibilità del mondo moderno. Non resta dunque che la via della fuga.

Adesso tornate a quell'immagine atroce del 6 settembre 1997: il ragazzino dai capelli rossi nell'abito nero dalle maniche troppo lunghe e, dall'altro lato dello zio Charles, l'adolescente roseo e biondo – gli stessi colori della madre – che usa la lunga frangetta per nascondere le lacrime e il dolore. Per due decenni pieni, quei momenti hanno definito la vita dei due uomini che quei ragazzi sono diventati. E le loro esistenze si sono intrecciate così strettamente da rendere plastico, nel corso degli anni, il senso di un legame indistruttibile che si coglie nelle istantanee di quelle terribili ore. Non nasce lì un vincolo comunque straordinario di affetto fraterno, ma quel giorno di disperazione sembrava averlo reso duro come l'acciaio, solido oltre le vicende della vita perché rafforzato dalla comunanza dell'amore materno perduto, dal senso di vuoto che ne deriva assieme alle memorie di una felicità ormai irrecuperabile.

Su queste fondamenta all'apparenza solide come roccia i Windsor si preparavano a costruire una nuova narrativa della famiglia reale. Meno scandali e più buone cause, meno ermellini e più coperte per i senzatetto che riempiono le strade della ricca Londra. Le forze dietro il trono vedevano chiaramente che nel Ventunesimo secolo non c'è più posto per un branco di zii, cugini e parenti sontuosamente mantenuti a spese della nazione, da decenni protagonisti di una soap opera ormai venuta a noia anche ai cultori del genere. Al posto di questi viziati (e qualcuno, come Andrea, anche vizioso) perdigiorno, solo loro due, William e Harry, i figli dell'erede al trono, certo, ma soprattutto gli inseparabili fratelli depositari comuni della rivoluzionaria eredità di Diana.

Chi meglio di loro come interpreti ideali di una monarchia nuovo modello? Secondo la lezione della madre, più vicina al cuore della gente, più attenta alla sua richiesta d'ascolto, non solo «smagrita» ma soprattutto più umana, più calda, staccata dall'immagine di siderale astrazione incarnata per decenni da Elisabetta II. Una monarchia in cui l'affetto, l'amore, la cura vengono prima del mito del dovere. Nessuno poteva mettere in scena questi sentimenti meglio di due fratelli che non dovevano recitare ma semplicemente essere se stessi.

Ecco perché la rottura tra William e Harry non è solo un dramma personale ma una picconata al futuro del trono. Certo, uno avrebbe portato la corona e l'altro solo una coroncina ducale. Ma assieme, speravano in cuor loro gli inglesi non meno dei parenti Windsor, avrebbero offerto un *double-act*, come dicono i teatranti dell'isola, veramente memorabile. Il duo purtroppo si è sciolto prima che si aprisse il sipario. E non sapremo mai che spettacolo ci siamo persi. O forse sì?

Londra, maggio 2022

Prologo a Sandringham

NESSUNO che non ami la caccia sopra ogni altra cosa spenderebbe troppo tempo sulle coste inospitali del Norfolk, spazzate dal vento gelido del Mare del Nord. Tanto meno penserebbe di comprarci una tenuta e costruirci sopra un castello. Ma Albert Edward, principe del Galles e futuro Edoardo VII, semplicemente Bertie per i famigliari, era una doppietta appassionata e un implacabile cecchino della sventurata selvaggina di passo che nidifica sulle dune dell'East Anglia. Per questa ragione, e forse anche per sentirsi finalmente libero dall'occhiuto controllo di mamma Vittoria, nel 1862 decise di spendere 220.000 sterline per acquistare 8.000 acri di terreno sabbioso destinati, nell'epoca delle comunicazioni di massa, a notorietà planetaria. Sandringham.

L'arrivo del Natale 2019 non lasciava presagire particolari scosse nella placida routine della famiglia reale riunita come ogni anno, secondo una tradizione più che secolare, nella vasta magione al centro della tenuta. In verità, quell'anno la famiglia di Elisabetta non era al completo. Attorno a lei e Filippo c'erano come sempre figli e nipoti, a cominciare da Carlo con la sua Camilla, e poi naturalmente William e Kate con i loro tre magnifici e gioiosamente rumorosi bambini, ma non c'era l'altro nipote, Harry, il prediletto stando alle chiacchiere di Corte, o almeno di sicuro quello che dopo la tragica fine della madre si era guadagnato un posto speciale nella tenerezza e nelle attenzioni della reale *Granny*. Erano ormai mesi, dalla nascita del loro primogenito Archie, che Harry e la moglie Meghan erano impegnati in una specie di sotterranea guerra d'attrito con il resto della famiglia, particolarmente con la coppia dei duchi di Cambridge. Finiti da un pezzo i fasti dei «Fab Four» inventati da giornalisti compiacenti, era chiaro a tutti che i duchi di Sussex non erano disposti a suonare da secondo violino rispetto a fratello e cognata destinati al trono. Perciò non era certo arrivato come una sorpresa, a fine novembre, l'annuncio che Harry e la sua nuova famiglia avrebbero trascorso le vacanze natalizie in Canada, a Vancouver, con la suocera Doria Ragland.

In trentacinque anni di vita, Harry aveva infranto solo due volte la tradizione del Natale a Sandringham: nel 2007 e nel 2012, in entrambi i casi per forza maggiore, dal momento che era di servizio in Afghanistan come ufficiale dell'esercito britannico. I duchi di Sussex si erano invece doverosamente uniti alla famiglia nei due Natali precedenti, e anzi l'invito esteso a Meghan nel 2017, quando era ancora soltanto una fidanzata, era stato considerato un particolare segno di favore della sovrana verso la nuova arrivata americana. La novantatreenne Elisabetta sembrava in realtà molto più a suo agio con usi e costumi dei tempi moderni che non i famigerati tabloid del suo regno. La stampa popolare, già in guerra coi Sussex, decise che la loro permanenza natalizia in Canada era un doppio affronto, alla regina e alla Gran Bretagna, di conseguenza li mise alla berlina. Sua Maestà, invece, era all'apparenza molto più rilassata e comprensiva. Non si era forse già rassegnata due volte a un'analoga breccia nella tradizione? Nel 2012 e nel 2016, William e Kate avevano passato le vacanze, anziché con lei, con i Middleton nella loro casa del Berkshire. È vero che *Queen and Country* vengono sempre prima, ma in fondo anche i plebei hanno diritto a un certo grado di affettuosità parentale.

Naturalmente, così come il resto del mondo, tutti a Sandringham sapevano benissimo che l'assenza dei Sussex non nasceva solo dal desiderio di Meghan di una vacanza con mammà. Era piuttosto la conferma delle ormai note difficoltà della neoduchessa a adattarsi alla complessità della nuova esistenza reale. E il matrimonio, che aveva iniettato un'inattesa e benvenuta dose di stabilità nella zigzagante vita di Harry, lo aveva però anche rafforzato nell'intenzione di liberarsi della *golden cage* in cui era cresciuto. Nei pochi mesi precedenti, dopo la nascita del primogenito Archie, il principe aveva a più riprese delineato i propri piani col padre, con la regina e anche coi loro principali consiglieri (spesso i cortigiani di grado più alto sono più decisivi dello stesso sovrano). Personaggi come lord Stamfordham, eminenza grigia di Giorgio V, o Alan «Tommy» Lascelles, l'ombra dietro la crisi dell'abdicazione di Edoardo VIII, sono diventati leggendari per la loro devozione alla Corona e le mille risorse – non sempre lecite – impiegate per salvarla.

I Sussex avevano cercato di rassicurare parenti e collaboratori: desideravano continuare a fare il loro dovere di reali ma ritagliandosi un ruolo nuovo e largamente indipendente. Questo li avrebbe portati a rimanere per lunghi periodi fuori dal Regno Unito. L'idea era di dividersi tra le due rive del *pond*, lo stagno, come gli anglosassoni chiamano con spirito proprietario l'Oceano Atlantico. Passare più tempo in America del Nord avrebbe assicurato alla nuova famigliola qualcosa di più simile a una vita tranquilla, quasi normale. È vero che la villa da 16 milioni di dollari, sull'isola di Vancouver, che quel Natale li ospitava assieme al loro bambino, non è esattamente sinonimo di normalità. Ma è indiscutibile che la lontananza da Londra avrebbe quanto meno garantito un'esistenza non assillata dall'aggressiva invadenza dei tabloid, odiati con pari intensità da Harry e da sua moglie.

Nel torpore indotto dalla festività, tanto per i Windsor radunati a Sandringham quanto per il «ramo» trapiantato in America sembrava che la maggior fonte di eccitazione dovesse derivare dalla rituale apertura dei regali. Nella reggia del Norfolk la faccenda si sbriga da sempre la vigilia di Natale. Alla mattina la famiglia di Sua Maestà si ritrova nel Salotto Bianco per completare insieme gli ultimi addobbi al gigantesco abete di oltre sette metri tagliato nel bosco della tenuta. Nel pomeriggio si torna tutti nella vasta sala per scartare i doni, ammonticchiati sui tavoli a cavalletto disposti per l'occasione. Non sono mai regali di grande valore pecuniario ma piuttosto oggetti che compilano una sorta di «lessico famigliare» e puntano soprattutto a strappare un sorriso: per esempio, un pettine al calvo William... Va meglio ai bambini, di solito premiati con qualcosa di più sostanzioso prima di essere messi a letto. I «grandi», invece, indossano l'abito da sera – signori in *dinner jacket*, signore in lungo – per presentarsi al cocktail e, a seguire, alla cena di Natale. Il menù è invariabile da decenni: tacchino arrosto con ripieno di salvia e cipolla oppure castagne, contorno di patate arrosto o purè, cavolini di Bruxelles e pastinaca, per dolce *Christmas pudding*. Alle dieci in punto la regina depone le posate e il pasto è finito. Si passa alle sciarade.

Il grande appuntamento del giorno seguente è alle 15, nell'enorme e cavernoso salone della Long Library. Come gran parte dei sudditi, anche la famiglia reale si raccoglie attorno alla tv per l'evento rituale del Natale dacché esiste la televisione (prima era affidato alla radio): è il momento di «Her Majesty's Most Gracious Speech», il messaggio natalizio della sovrana ai sudditi. Elisabetta ha cominciato a tenerlo nel 1957 e da allora ha mancato l'appuntamento solo una volta, nel 1969 (quell'anno sentiva di aver già saturato il suo spazio televisivo con la diretta dell'investitura del principe del Galles e il documentario *The Royal Family*). Naturalmente la regina registra il discorso qualche giorno prima, e il pomeriggio di Natale si rivede – e si giudica – in compagnia dei parenti. Anche quel 25 dicembre 2019, alle tre in punto, sullo schermo comparve prima lo stendardo reale, poi la banda della Household Division che eseguiva *God Save the Queen* nell'atrio di Windsor Castle, infine le telecamere inquadrarono Sua Maestà vestita in blu reale, le solite perle al collo e sull'abito la spilla di diamanti e zaffiri della regina Vittoria, seduta allo scrittoio nello sfarzoso Salotto Verde del castello. Prima ancora che la nonna aprisse bocca, il cuore di William, seduto accanto a lei di fronte alla tv, ebbe un tuffo.

Sul piano della scrivania, collocate in modo da risultare ben visibili agli spettatori, c'erano quattro fotografie incorniciate. Subito alla destra della regina spiccava un ritratto in bianco e nero del padre Giorgio VI, seguito da due istantanee molto più piccole, una di Carlo e Camilla, l'altra di Filippo. Due volte più grande di tutte le altre, piazzata frontalmente al centro, brillante nei suoi colori vivaci, era una quarta foto a dominare l'inquadratura: i Cambridge che sorridevano allegri con i loro tre bellissimi bambini. Il posto d'onore, per quanto giustificato dalla precedenza dinastica, rendeva tanto più cospicua l'assenza di immagini di Harry e Meghan e del loro neonato. Nei Natali precedenti uno scatto del secondogenito di Diana non era mai mancato su quella scrivania, e l'anno prima si era aggiunta anche Meghan. Adesso erano spariti entrambi, per non parlare di *baby* Archie, e proprio nell'anno in cui i Sussex avevano pubblicamente lamentato di essere maltrattati tanto dalla stampa quanto da Buckingham Palace. Non c'era bisogno di essere un *royal watcher* per tirare le conseguenze.

Nei sei minuti di discorso Elisabetta descrisse come «*quite bumpy*», alquanto accidentato, l'anno appena trascorso. E come darle torto, con la tormentata uscita del regno dall'Unione Europea, la caduta agli inferi del figlio Andrea coinvolto nello scandalo del pedofilo Epstein, il novantottenne Filippo ricoverato brevemente in ospedale prima delle feste, e per finire le bizze di Meghan, tutte scrupolosamente e malignamente riportate dalla stampa. Però, in mezzo a tanti guai, la sovrana citò come il solo luminoso momento di autentica gioia la nascita del suo ottavo pronipote, il piccolo Archie Harrison Mountbatten-Windsor. Più tardi l'ufficio stampa di Buckingham Palace avrebbe colto al volo quel passaggio per mettere a tacere le illazioni giornalistiche e sostenere a spada tratta che la scelta delle foto rifletteva semplicemente la linea diretta di successione al trono, che non c'era alcuna intenzione di escludere nessuno, e che ogni diversa interpretazione era solo frutto di malizia. Ma nel segreto dei suoi pensieri, mentre ascoltava la nonna, William era profondamente angosciato. Sapeva che la frittata era fatta.

C'è modo di rimediare? si chiedeva, osservando di sottecchi la regina che seguiva attenta la fine della sua performance in tv. Per l'intera vita William aveva cercato di proteggere il fratello minore da tutto ciò che poteva ferire i suoi sentimenti, ingigantire il suo senso di inadeguatezza e le sue fragilità. Avrebbe voluto affrontare con la nonna l'argomento della fotografia scomparsa, ma come farlo nel momento in cui tutti i famigliari nella grande biblioteca applaudivano e si congratulavano con la sovrana per un discorso molto riuscito? Anche lei se ne mostrava apertamente compiaciuta, soddisfatta di come il messaggio le fosse venuto «particolarmente bene, sì, proprio bene». Il posato, riflessivo duca di Cambridge non se la sentiva di rovinarle la festa. Prese da parte la moglie, che è anche la sua prima e più fidata consigliera, e le confessò la sua angoscia: «Harry sarà terribilmente arrabbiato», per essere stato depennato dall'abituale schieramento di reali congiunti che affiancano Sua Maestà. La futura regina Catherine, non meno percettiva e sensata del marito, condivideva le sue preoccupazioni, ma gli suggerì di tenerle per sé, almeno per il momento: non era il caso di rovinare una bella giornata e poi, a settemilacinquecento chilometri di distanza, nella sua villa in British Columbia, era più che probabile che Harry stesse ancora dormendo e fosse dunque ignaro di quella che avrebbe potuto avvertire come un'offesa, a sé e alla sua famiglia.

Il soggetto di tante preoccupazioni si svegliò la mattina di Natale a Vancouver un paio d'ore dopo che la regina aveva finito di parlare in tv. Secondo la tradizione americana onorata dalla moglie Meghan, i regali disposti sotto l'albero oppure nelle calze appese al caminetto andavano aperti proprio il giorno della festa, e non la vigilia come a Sandringham. Perciò, con la sola eccezione del piccolo Archie ben saldo in grembo a nonna Doria, gli altri cominciarono a darsi da fare sciogliendo nastri e scartando pacchi. A metà mattinata, quando ormai a Londra stava per scendere la sera, il principe interruppe tutto quell'allegro rovistare per dare un'occhiata al telefono: non voleva certo perdersi il messaggio della nonna... Bastò un'occhiata allo smartphone per fargli perdere invece ogni traccia di buonumore. Alla sorpresa subentrò la delusione, e a questa la rabbia: furiosa, assoluta, devastante. Quando anche questa fu digerita, in Harry e Meghan emerse la convinzione, secondo quanto riportato dai biografi Omid Scobie e Carolyn Durand, che la scelta delle foto effettuata dalla regina «era ancora un altro segno che dovevano imboccare il loro proprio sentiero».

I Sussex, hanno raccontato in seguito i loro più stretti confidenti, si sentirono cancellati. Proprio come se tutti e due, e anche il loro bambino, che pure veniva settimo nell'ordine di successione al trono, fossero stati espunti dalla famiglia. E puniti. Non era certo quello che la coppia si aspettava quando aveva scritto direttamente a Carlo e alla regina per delineare il futuro che sognava: una vita in cui fossero liberi di perseguire i propri interessi senza intrusioni del Palazzo e, al tempo stesso, di assolvere part-time ai loro doveri verso la Corona. Avevano lasciato Londra convinti di aver raggiunto un'intesa di massima. Adesso non ne erano più tanto sicuri.

Harry si attaccò al telefono con Buckingham Palace per richiedere un incontro con la sovrana non appena fossero sbarcati a Londra dal Canada, il 6 gennaio. Aveva scordato che con la regina non funziona così. Il vicesegretario privato lo informò che l'agenda reale era più che zeppa e Sua Maestà non avrebbe potuto riceverli prima del 29 gennaio, in ogni caso per pochi minuti. Il duca provò a insistere: spiegò che potevano restare a Londra pochissimo tempo, costretti com'erano a tornare rapidamente a Vancouver, dove avrebbero lasciato il figlio di otto mesi nelle mani della bambinaia. Tutto inutile. Perfino un tentativo di pressione direttamente da parte dell'ufficio del principe del Galles andò a vuoto.

Il pomeriggio del 5 gennaio i Sussex, con quattro agenti della protezione reale al seguito, si imbarcarono su un volo di Air Canada e il mattino seguente sul tardi scesero all'aeroporto di Heathrow. L'idea di tentare un colpo di mano, guidando dritti fino a Sandringham nella speranza di vedere la regina senza un appuntamento, fu saggiamente scartata. Sarebbe stata un'imperdonabile violazione del protocollo, buona solo a irritare ulteriormente gli alti dignitari più vicini alla sovrana. La coppia si diresse invece a Frogmore Cottage, la residenza che Elisabetta aveva messo a loro disposizione nel parco di Windsor, dopo un lungo e costoso restauro progettato da Meghan e pagato dai contribuenti. Nel cosiddetto cottage, che la ricostruzione milionaria aveva trasformato in un villone hollywoodiano di ventitré stanze, li aspettava un summit con i loro principali consiglieri.

Fermiamo un attimo la bobina del film. In altri tempi, sostanzialmente prima che irrompesse in scena la sposa americana, appena sceso dall'aereo Harry avrebbe chiamato il fratello, come d'abitudine nei momenti di difficoltà. William c'era sempre stato per lui. Sin dalla prima infanzia era stato il suo ancoraggio emotivo, la sola persona dopo la madre a cui rivolgersi con totale fiducia per sfogare le ansie, ottenere sostegno, chiedere consiglio e guida. Da bambini, e poi adolescenti, avevano attraversato insieme l'inferno che era stata una vita famigliare lacerata dai genitori in guerra. La loro infanzia aveva dovuto fare i conti con quello che la storica governante di Highgrove, la residenza di campagna dei Galles, definiva «un vero e proprio manicomio», dominato dalle liti furibonde tra Carlo e Diana. Wills, come tutti lo chiamavano in casa, era sempre stato ferocemente protettivo verso il fratellino, che anche fisicamente era rimasto uno scricciolo fino alla crescita subitanea e rapida dell'adolescenza. Ma da un paio d'anni i rapporti tra i due erano profondamente cambiati.

Harry l'aveva riconosciuto pubblicamente in un documentario sul lavoro filantropico dei Sussex in Africa, andato in onda l'ottobre precedente sulla tv americana e britannica. Aveva attribuito le differenze alla «pressione a cui è costantemente esposta questa famiglia. È inevitabile che le cose succedano». Però aveva assicurato: «Siamo fratelli, saremo sempre fratelli, certo al momento siamo su sentieri differenti ma io ci sarò sempre per lui, e so che lui ci sarà per me. Non ci vediamo tanto quanto eravamo abituati perché siamo così occupati. Ma io lo amo profondamente».

William si era molto seccato per l'intervista, soprattutto per la disponibilità a discutere della loro relazione con i detestati giornalisti. L'irritazione però non gli aveva impedito di preoccuparsi per le reazioni di Harry all'offesa della foto rimossa. Anzi, l'esclusione dal drappello di foto reali sulla scrivania della regina lo aveva disturbato al punto da spingerlo a parlarne con il padre. Ma Carlo non era in vena di mostrare troppa comprensione nei confronti del figlio minore, e i suoi argomenti non mancavano di ragionevole solidità: dal momento che i Sussex desideravano separare il loro percorso dal resto della famiglia reale, la loro assenza iconografica dal discorso di Natale non avrebbe dovuto disturbarli più di tanto. William dovette prendere atto che la questione era chiusa. Ma se Harry avesse conservato un po' dell'antica fiducia e gli avesse telefonato al suo arrivo a Londra, avrebbe almeno verificato che il fratello maggiore non aveva perso né la speciale sensibilità nei suoi confronti né la volontà di proteggerlo.

Torniamo a Frogmore, nell'elegante studio che ospitava il meeting dei duchi di Sussex con i loro più stretti collaboratori. La riunione era cruciale, perché quello era il team di negoziatori destinato a costruire mattone su mattone il castello dell'accordo con la famiglia reale. Doveva trattarsi di un'intesa a prova di bomba, in grado di garantire le aspettative dei duchi, in particolare sullo scivoloso terreno dei quattrini e su quello non meno sensibile delle spese per la protezione. A guidare la squadra era un'arrembante diplomatica, Fiona Mcilwham, che nel 2009, a trentacinque anni, era diventata (in Albania) la più giovane ambasciatrice della storia inglese e aveva ora accettato l'incarico di segretaria privata di Harry e Meghan. Attorno al tavolo c'era anche il capo delle comunicazioni, l'angloamericana Sarah Latham, che si era fatta le ossa a Washington nell'amministrazione di Bill Clinton e a Londra in quella di Tony Blair.

Ma non c'è dubbio che il negoziatore numero uno, quello a cui lo stesso Harry s'inchinava deferente, era Rachel Zane. Per i pochi lettori che fossero all'oscuro delle trame di una delle più famose serie tv di questi anni, *Suits*, la signorina Zane era la sexy e tosta avvocata a cui Meghan Markle prestava il suo irresistibile fisico e il suo notevole acume. Nei sette anni di intima convivenza con il suo personaggio, Miss Markle aveva indubbiamente mutuato da Rachel non solo i nervi d'acciaio nel negoziato ma anche le tattiche minacciose che l'avvocata di fantasia sembra aver appreso alla stessa scuola di Putin: «Non firmare niente a meno che tu non ottenga qualcosa in cambio», o anche più appropriato: «Mai sottostimare il potere di uno schiaffo, o due!» Se pensate che siano solo battute buone per una fiction, allora dovreste leggere l'articolo pubblicato nell'aprile 2018, ovvero un paio di mesi prima del matrimonio di Meghan, dalla sua rete tv (USA Network), dall'esplicito titolo: «*What Rachel Zane Has Taught Us About Getting What We Want*». Tradotto: Che cosa ci ha insegnato Rachel Zane sull'ottenere quel che vogliamo. Capite perché il mantra di Harry ai terrorizzati dipendenti di Buckingham Palace era: «*What Meghan wants, Meghan gets*»? Quel che Meghan vuole, Meghan ottiene...

Ai consiglieri riuniti a Frogmore, la duchessa, che aveva già programmato di tornare da Archie in Canada da lì a quarantotto ore, chiarì i punti irrinunciabili del futuro negoziato, che lei avrebbe seguito solo per telefono o via mail. Le questioni fondamentali erano due: la sicurezza e i soldi. Com'è ovvio, l'intenzione di vivere tra Canada e Inghilterra le rendeva particolarmente complicate. Chi si sarebbe sobbarcato i costi di tutti quegli spostamenti, una volta che i Sussex fossero diventati solo *royals* a mezzo tempo? E chi avrebbe pagato le spese delle squadre di protezione della polizia, facilmente calcolabili in almeno 20 milioni di sterline l'anno? Se questo era l'ordine di grandezza del solo problema sicurezza, quanto ci sarebbe voluto per il loro mantenimento? E da dove sarebbe venuto il denaro, una volta recisi i legami che assicuravano l'appannaggio reale? Carlo aveva informalmente assicurato il proprio sostegno al figlio, ma che cosa sarebbe successo se la Banca di Papà avesse chiuso gli sportelli?

Le trattative non sarebbero state facili e la duchessa Meghan aveva già cominciato a dispiegare una rete di protezione. I suoi contatti e i suoi manager a Hollywood avevano fatto un buon lavoro, assicurandole che tanto lei quanto il marito avrebbero potuto chiedere grosse cifre per i loro discorsi o interventi pubblici, com'è ormai consuetudine per il circuito delle celebrità in America del Nord. L'agente Nick Collins stava anche negoziando contratti milionari per apparizioni televisive e aveva avviato la discussione con Oprah Winfrey, la regina della tv americana, per una serie di iniziative filantropiche, buone a rafforzare l'immagine. Dopo un'aperta sollecitazione del marito ai dirigenti della società, Meghan aveva già completato un doppiaggio per la Disney.

C'era un solo ostacolo. L'atteggiamento tacitamente ostile e dilatorio dei Windsor. Al punto in cui si era arrivati, quel pomeriggio del 6 gennaio, l'intervento di Rachel Zane diventava davvero indispensabile. Era ancora possibile evitare che gli eventi rotolassero verso il peggio?

Una cortina di incomunicabilità sembrava separare la Corte dal principe ribelle. L'affronto di Natale, o almeno quello che percepivano come tale, alimentava la paranoia dei Sussex. Temevano che il loro progetto di una vita in larga parte separata e indipendente dalla famiglia reale non fosse preso seriamente in considerazione e volevano invece ricevere garanzie. «Non firmare niente a meno che tu non ottenga qualcosa in cambio»... C'era un solo essere umano che poteva darle: la regina. Perciò Harry si mise al computer e scrisse una mail indirizzata personalmente alla *Granny*, quella nonna che da bambino aveva con stupore riconosciuto sulle banconote, ribattezzandole a seconda del colore *Granny* grigia (5 sterline), *Granny* azzurra (20 sterline) e *Granny* rosa (50 sterline).

Anche Sua Maestà, è noto, dispone dal 2007 di un indirizzo email personale, e come si è visto durante la pandemia non se la cava affatto male con il computer. La risposta arrivò a stretto giro. Elisabetta dava la sua benedizione alla pubblicazione in un momento da stabilire, ma non troppo lontano, di un comunicato congiunto tra la Casa Reale e i Sussex, per sancire la separazione dei percorsi. La parola della sovrana era certo più che sufficiente per assicurare alla coppia che il loro piano, fino ad allora ignoto ai sudditi, sarebbe presto diventato pubblico.

Che cosa, o chi, abbia fatto precipitare gli eventi verso l'apocalisse in agguato quarantotto ore dopo non è ancora chiaro. Com'è immaginabile, le versioni delle due parti confliggono aspramente. Uno dei pochi dati certi è l'apparizione pubblica di Harry e Meghan il 7 gennaio, all'indomani dell'attesa rassicurazione della regina. I Sussex si presentano mano nella mano nell'edificio in stile revival ionico che ospita l'ambasciata canadese, in Trafalgar Square, scatenando la frenesia dei fotografi in attesa. Il loro arrivo manda in sollucchero l'ambasciatrice Janice Charette, per non parlare dei duecento impiegati esultanti per l'occasione di una foto con due celebrità stellari. Gli ospiti ammirano la mostra di un artista della Nazione Mohawk, popolo indigeno del Canada, prendono il tè con la High Commissioner (il titolo ufficiale dell'ambasciatrice) e ringraziano i padroni di casa per la generosa accoglienza che hanno ricevuto a Vancouver.

La visita, in realtà, è tutt'altro che estemporanea. Nel piano dei duchi è essenziale che il governo canadese si accolli le misure necessarie per la loro residenza nel Paese, così come è indispensabile il suo consenso per i vari progetti che intendono realizzare in Canada. E l'ambasciatrice Charette pare felicissima di tenere loro bordone. Alla fine dell'incontro dichiara radiosa a *Vanity Fair* che si è trattato di «un'opportunità per discutere alcune delle priorità comuni e dei valori condivisi dal Canada e dalle Loro Altezze Reali». Quali, per essere più specifici? «L'impegno per la tutela dell'ambiente e la lotta al cambiamento climatico, il sostegno all'emancipazione economica e democratica di donne e ragazze, l'incoraggiamento ai giovani in Canada e nel Commonwealth a impegnarsi attivamente nelle sfide sociali, economiche e ambientali della loro generazione.» Non c'è male come programma, e in effetti sembra dettato parola per parola da Meghan e Harry. Che hanno una ragione più sostanziale per essere soddisfatti: a quanto pare, la faccenda della residenza è sistemata e i canadesi sono felici di accoglierli.

Risalgono contenti sulla loro Land Rover per tornare a Frogmore, ignari del fatto che gli imbattibili segugi del tabloid *Sun* stanno per lanciare il loro fragoroso scoop. O lo sanno, invece? Questo è precisamente quanto sosterranno le fonti di Buckingham Palace, accusando i Sussex di aver usato il giornale per forzare la mano alla regina e al principe Carlo. La versione di Harry è naturalmente opposta. Lui e la moglie sono da pochi minuti di nuovo in macchina quando li raggiunge la notizia: i reporter hanno raccolto abbastanza materiale da pubblicare sul sito web del *Sun* una storia sulla «secessione» della coppia dalla famiglia reale. Gli addetti stampa di Buckingham Palace sono inondati di telefonate con richieste di conferme e chiarimenti.

E i protagonisti dell'annunciata «grande fuga»? Qui bisogna affidarsi a quel che riportano i loro biografi ufficiali Scobie e Durand, autori di *Libertà*, che a giudizio dei più stanno ai Sussex come Andrew Morton stava a Diana: ovvero, scrivono (quasi) sotto dettatura. E che cosa raccontano dunque Scobie e Durand? «A questo punto loro [i Sussex] sentivano di aver sollevato la questione fin troppe volte con i membri della famiglia [...] ed erano stufi di non essere presi sul serio.» Di certo erano preoccupati di possibili «soffiate» alla stampa se l'annuncio pubblico dei loro progetti fosse stato ritardato a lungo. Puntualmente, il *Sun* del giorno seguente, mercoledì 8 gennaio, trasformò le paure in carta e inchiostro. Il loro piano di lasciare l'Inghilterra fece il titolone di prima pagina: «*We're Orf Again*», Ce la squagliamo di nuovo...

La notizia, com'è ovvio, ebbe l'effetto di una bomba. Erano mesi che reporter stagionati e *royal watchers* di lungo corso cercavano di ricostruire i dissapori che evidentemente bollivano in seno alla famiglia reale. E adesso, ecco nero su bianco che i Sussex non avevano alcuna intenzione di restare sull'isola ma volevano andare a vivere nel freddo e lontano Canada, e anzi prima di partire Harry pianificava colloqui con la regina e la famiglia per apportare cambiamenti sostanziali al proprio ruolo. La storia ormai era esplosa, e né Buckingham Palace né la coppia ribelle potevano far rientrare il genio nella lampada.

Nella successiva, rancorosa battaglia di recriminazioni volarono sospetti incrociati. Chi aveva orchestrato la fuga di notizie? Il Palazzo, per mettere i Sussex in cattiva luce, dipingendoli come un nipote senza cuore e un'arrampicatrice priva di scrupoli che piantavano in asso la nonna ultranovantenne? Oppure i duchi stessi, per forzare i Windsor che cercavano di temporeggiare? O magari nessuno dei due, e la «manina» misteriosa era di qualcuno che vedeva la chance di picconare di nuovo la monarchia, dopo la catastrofe Diana?

In ogni caso, quello che succede dopo è puro marchio Rachel Zane. Almeno stando alla versione che un amico della coppia offre allo scrittore e giornalista americano Christopher Andersen. «Dannazione!» impreca Harry, che come da copione chiede consiglio alla moglie (nuovo mentore al posto del fratello): «E che facciamo adesso?» Lei non si scompone: «Bene, Harry, non penso che abbiamo davvero scelta, non ti pare?»

Alle 18.30 dello stesso giorno, i Sussex premettero il pulsante del neonato website sussexroyal.com e sganciarono la loro bomba atomica. Il comunicato sparato su Instagram ufficializzava il nuovo «scisma» nella casata dei Windsor, ottantatré anni dopo l'abdicazione di Edoardo VIII. I duchi annunciavano l'intenzione di dimettersi (*step back*) dal loro ruolo di membri di prima fila della famiglia reale e di lavorare per diventare finanziariamente indipendenti, pur non smettendo di «onorare i nostri doveri verso la Regina, il Commonwealth e le nostre organizzazioni benefiche». In pratica, volevano continuare a «lavorare» per la *Firm* – la Ditta, come si autodefiniscono i Windsor – però solo part-time, in modo da conservare titoli e privilegi reali e al tempo stesso cogliere tutte le occasioni di arricchimento personale. La rinuncia alle sovvenzioni pubbliche avrebbe non solo tutelato la loro aspirazione alla privacy ma anche spalancato la strada a fantastiche opportunità economiche, come risultò già chiaro il giorno seguente. Mentre Meghan decollava per il Canada, lasciando il marito a «sbrigare i dettagli» coi parenti, nelle redazioni giornalistiche dell'intero pianeta atterravano le prime valutazioni potenziali del brand Sussexroyal a opera di primarie agenzie di marketing: le stime più prudenti parlavano di almeno 100 milioni di sterline l'anno.

Per la stampa popolare dell'isola l'annuncio dei Sussex era l'occasione per regolare i conti con una coppia di nemici giurati. I commenti più moderati li accusavano di «*wanting to have their cake and eat it*», versione inglese di volere la botte piena e la moglie ubriaca. Il monarchico *Daily Mail*, che Meghan aveva trascinato in tribunale per violazione della privacy, scelse la strada del sarcasmo, chiedendosi che cosa significasse in termini di impronta ambientale la costante navetta transatlantica di questi due valenti ecoguerrieri: «I numeri mostrano che una persona che vola in prima classe su un volo commerciale Londra-Toronto andata e ritorno scarica nell'atmosfera terrestre 6,77 tonnellate di CO_2. Questo vuol dire che perfino se Harry, Meghan e Archie dovessero fare un solo viaggio, il totale della loro impronta ecologica sarebbe la bellezza di 20,31 tonnellate».

A Palazzo nessuno aveva voglia di ridere dell'incoerenza dei Sussex. Allo choc dell'annuncio era seguita prima la rabbia e poi l'indignazione. Tanto più che Harry aveva comunicato la decisione alla famiglia solo dieci minuti prima di renderla pubblica. I testimoni hanno raccontato che a Sandringham la regina e il principe Filippo erano rimasti letteralmente devastati dalla notizia. Ancora una volta il nipote aveva agito di testa sua, unilateralmente. Anche se questo voleva dire, di nuovo, spaccare la famiglia.

Carlo, appena tornato da una visita ufficiale in Medio Oriente, aveva reagito con una delle sue tipiche fitte di rabbia. E William? Vedremo tra poco. Adesso bisogna registrare la risposta dell'ufficio stampa di Buckingham Palace, giunta alla velocità della luce: appena un quarto d'ora dopo la sortita della coppia, uno stringatissimo comunicato ufficiale stabiliva che «le discussioni con il duca e la duchessa di Sussex sono solo a uno stadio iniziale», e che pur «comprendendo il loro desiderio di seguire un diverso approccio, questi sono argomenti complicati che richiederanno tempo per essere risolti». Era con ogni evidenza un secco altolà, ma Harry aveva comunque raggiunto lo scopo di costringere la famiglia a replicare.

L'indomani mattina, il 9 gennaio, il principe ribelle baciò la moglie augurandole buon viaggio e si preparò alla videoconferenza con Carlo, William e la regina, che aveva improvvisamente trovato spazio per lui nella sua fittissima agenda. Non ci furono testimoni della discussione, perciò non si conoscono i dettagli, ma com'è ovvio l'atmosfera era carica di tensione e recriminazioni, e sull'onda di emozioni molto accese (anche i reali hanno un cuore, talvolta...) fu presto chiaro che non si sarebbero fatti passi avanti. Da esperta statista, Sua Maestà conosceva la virtù del rinvio per rinvigorire le chance della diplomazia anche sull'orlo di una guerra, figuriamoci in una bega di famiglia. Concluse dunque la riunione con l'invito perentorio a figlio e nipoti di raggiungerla a Sandringham il lunedì successivo, 13 gennaio, accompagnati dai rispettivi segretari privati, per mettere a punto nei minimi dettagli l'accordo che si *doveva* trovare.

Come sempre, William si dispose a obbedire alla nonna, ma molto a malincuore. Avrebbe preferito, confidò a un amico, lasciare allo staff l'inevitabile mercanteggiamento. La verità è che la condotta del fratello, che non sentiva da mesi, lo aveva molto ferito. Ancora fino all'incidente della foto di Natale si era preoccupato delle sue reazioni, ma il colpo di mano perpetrato nell'ombra dai Sussex lo aveva assai offeso. Nell'intento di riparare rapporti umani profondamente lesi, Elisabetta aveva invitato solo i parenti per il *lunch* a Sandringham, prima di spostarsi con i consiglieri in biblioteca per il vertice sugli affari. Stavolta William si rifiutò pure alla venerata nonna. Sarebbe arrivato alle 14 in punto per l'incontro, fece sapere, ma voleva unicamente discutere i problemi sul tappeto. Niente pasto condiviso, niente finzioni, niente abbracci fasulli. Il futuro re d'Inghilterra era furioso con il fratello, su cui aveva tanto contato per disegnare il futuro della monarchia e che ora lo abbandonava senza nemmeno offrirgli una spiegazione. Per chiunque altro il gesto di Harry poteva essere un colpo di testa, una ripicca, un atto di ingratitudine. Per William era puro e semplice tradimento nei suoi confronti. Nelle ricostruzioni dei suoi amici, la rabbia del duca di Cambridge verso il cadetto era tale da impedirgli di sopportare l'ipocrisia dei sorrisi al tavolo da pranzo.

William non ha mai confermato né smentito. I suoi sentimenti sono però chiaramente espressi dalla frase che lasciò arrivare al pubblico: «Ho messo il braccio attorno a mio fratello per tutta la nostra vita. Ora non posso farlo più. Siamo entità separate». Divisi, infine. E anche nemici?

PARTE PRIMA

Fratellanza

1
Oddio, i capelli rossi...

Confesso che per questa parte iniziale della storia, che ora coincide col principio della vita di uno dei nostri due eroi, mi era entrata irresistibilmente in testa una delle battute più esilaranti di quel capolavoro di comicità napoletana che è *Miseria e nobiltà*. Ricordate il bimbetto che essendo figlio di Totò deve invece fingere di essere il rampollo del maggiordomo? «Vincenzo *m'è pate a me...*» continua a ripetere a chiunque, anche quando non glielo chiedono. Avete già capito che stiamo per occuparci dell'elefante nella stanza: che Harry fosse il figlio adorato di Diana è indubbio, ma chi è veramente il papà?

L'imbarazzante domanda accompagna da sempre la vita del principe. E nell'impossibilità di accedere alle relazioni di psicologi e psichiatri che lo hanno avuto in cura dopo la morte della madre, nessuno è in grado di dire quanto i dubbi sulla sua paternità abbiano contribuito a formarne il carattere. Si può stare certi che qualcuno gli avrà riferito il commento del principe Carlo quando lo vide subito dopo il parto, poi ripetuto di fronte a un pubblico famigliare più vasto al momento del battesimo. «*Another boy*», sbottò profondamente deluso perché non era femmina, e aggiunse con evidente disgusto: «E ha pure i capelli rossi».

La mamma di Diana, Frances Shand Kydd, lo rimproverò perché si lamentava invece di ringraziare Iddio, e soprattutto non lasciò scivolare l'implicazione del biasimo cromatico: «Molti Spencer hanno i capelli rossi, compresi i tre fratelli di Diana», gli ribatté puntuta, e in effetti la capigliatura di suo figlio Charles, l'erede del titolo e della tenuta di Althorp, è di un bel rosso rame, un po' più brillante di quello delle due sorelle maggiori. Ma il principe e la suocera sapevano bene qual era il soggetto del loro scambio di battute cifrato. Il resto del mondo l'avrebbe scoperto quando, crescendo, Harry avrebbe mostrato una somiglianza impressionante con il rossocrinito James Hewitt, valoroso ufficiale dell'esercito britannico, cavallerizzo e Casanova impareggiabile, istruttore della principessa Diana in entrambe le funzioni, e nella seconda per ben cinque anni amante appassionato di Lady Di. Già, da quando a quando, per la precisione?

L'interrogativo appare giustificato ben oltre un'indecente curiosità. Alla sua nascita, Harry del Galles era terzo in linea di successione al trono. Com'è evidente, la questione del suo concepimento non era soltanto un volgare affare di corna ma un delicatissimo segreto di Stato che toccava direttamente la legittimità dinastica. Oddio, i troni d'Europa, e quello d'Inghilterra non fa eccezione, hanno una certa esperienza di uova di cuculi. Per dire, lo stesso marito della regina Vittoria, il principe consorte Albert, pare che fosse il frutto di una relazione adulterina della madre. I dubbi su Harry furono a lungo sussurrati tra cortigiani e giornalisti, ma difficilmente giunsero all'orecchio del principino e del fratello maggiore (nonché del grande pubblico) prima di una data in un certo modo fatidica: il 3 ottobre 1994, giorno della pubblicazione del libro di Anna Pasternak dal titolo *Princess in Love*. Si trattava del resoconto, un mix di sciropposo e scandalistico, del lungo *love affair* tra Diana e James Hewitt, che aveva vuotato il sacco con l'autrice. Lo stesso uomo che i due ragazzini, per molti anni della loro infanzia, avevano imparato a chiamare affettuosamente «zio James».

Bello, affascinante, coraggioso, come dimostrò da comandante di carri armati nella Guerra del Golfo del 1990-91, con la sua aria spavalda Hewitt aveva facilmente catturato sia l'attenzione dei principini sia quella della loro madre, quando era stato scelto per dare lezioni di ippica a Diana, nel 1986. William e Harry avevano trascorso molte ore in sella assieme a lui, approfittando della sua indubbia maestria per migliorare stile e capacità di cavalcare. E lui se li era definitivamente conquistati portandoseli dietro nella caserma della Cavalleria Reale, dove potevano sperimentare la vita di soldati veri, lo spirito di cameratismo e la cura dei cavalli. Lì i ragazzi, indossando le divise kaki che Hewitt aveva fatto cucire appositamente per loro dal sarto del reggimento, si divertivano follemente a imitare gli esercizi militari dei «grandi»: marce, saluti, confidenza con le armi. Secondo la tradizione principesca, il loro destino era nelle forze armate, e probabilmente il capitano Hewitt contribuì a farglielo amare. «Da grande farò il soldato», qualcuno una volta sentì Harry dichiarare mentre si infilava nella torretta di un carro armato. È stato di parola, ed è entrato anche lui nel reggimento delle Guardie a cavallo, proprio come Hewitt.

Grazie a lui, comunque, i due principini hanno vissuto probabilmente i momenti più allegri della loro infanzia agitata. Con una certa regolarità salivano in macchina con Hewitt e la mamma diretti nel Devon, per passare bei periodi di vacanza nel maneggio gestito dalla madre dell'ufficiale, una donna simpatica e affabile di nome Shirley. Lì non c'erano cameriere, bambinaie e maggiordomi, e dopo pranzo i ragazzini aiutavano Diana a sparecchiare e a lavare piatti e posate. Era un raro assaggio di quella vita ordinaria e normale che il privilegio della loro condizione reale rendeva affascinante, favolosa e remota tanto quanto la loro vita lo era agli occhi delle persone comuni.

Che cosa il brillante ufficiale rappresentasse per la loro mamma i due fratelli lo scoprirono nel modo più urticante in quell'ottobre 1994, quando ogni capitolo della relazione narrata da Pasternak finì spiattellato per giorni su tutta la stampa del regno. Compresi i dettagli più scabrosi, che – come si scoprì in seguito – lo stesso Hewitt aveva fornito a pagamento. Fu così che Harry e William appresero che «zio James» aveva fatto l'amore con la loro madre in un bagno della casa di famiglia a Highgrove mentre i bambini aspettavano dall'altro lato della porta. Nella circostanza, lui aveva risposto – secondo la prosa barocca di Pasternak – «a un grido d'aiuto della principessa, come il grido d'agonia di un animale ferito... Dopo, lei si abbandonò tra le sue braccia e pianse».

In verità, la metafora dell'agonia meglio si accorda allo stato d'animo dei due ragazzi quando si accorsero che condividevano con l'intera Inghilterra le descrizioni più lubriche dell'intimità di Diana con l'amante. Che ufficiale era senz'altro, ma gentiluomo per niente. Un gentiluomo non vende le sue storie d'amore, nemmeno per 400.000 sterline, che pare siano state il suo compenso per spifferare tutto alla spregiudicata Pasternak. Editore e autrice sapevano bene che l'investimento sarebbe stato straordinariamente fruttuoso. Il giorno che il libro raggiunse gli scaffali, le settantacinquemila copie della prima tiratura andarono esaurite entro l'ora di pranzo. Chi non voleva dare una sbirciatina sotto le lenzuola peccaminose di Diana?

Per la verità, stando all'autrice Pasternak, era stata la stessa principessa a incoraggiare Hewitt a rendere pubblica la storia, «così che il mondo potesse vedere che il loro amore era genuino e, a fronte del rigetto di Carlo, non la condannasse». Come che sia, da quel momento prese anche il via la giostra dei sospetti, che ancora non smette di girare, sull'effettiva paternità di Harry. I lineamenti del ragazzo richiamavano da vicino la mascella squadrata e il naso leggermente all'insù del capitano (intanto promosso maggiore); quanto ai capelli rossi, non si registravano precedenti in casa Windsor. La spiegazione offerta a Carlo dalla mamma di Diana andava bene come toppa ufficiale ma non bastava a mettere la parola fine ai pettegolezzi. Figuriamoci se poteva soddisfare quegli impiccioni dei reporter inglesi.

Certo, la vulgata comunemente accettata, prendendo per buona la ricostruzione di Anna Pasternak, fissava tra il 1986 e il 1991 il rovente *affaire* tra Hewitt e Lady Di. Harry è nato il 15 settembre 1984, di conseguenza – come scrisse Ken Wharfe, fidatissima guardia del corpo della principessa che come tutti vendette alla stampa i suoi segreti – «una semplice comparazione di date prova che è impossibile che sia Hewitt il padre di Harry». Non fidandosi dell'anagrafe, quei ficcanaso del defunto *News of the World*, la corazzata sensazionalistica di Rupert Murdoch (chiusa nel 2011 per lo scandalo delle intercettazioni illegali, a danno di Harry tra gli altri), ebbero una bella pensata. Nel febbraio

2003 allestirono, nello stile canagliesco tipico del loro giornalismo, quella che nel gergo delle spie si chiama *honey-trap*: reclutarono una bella ragazza argentina con il compito di strappare un capello al giovane principe dopo una partita di polo. Non per tenerselo come souvenir ma per confrontare il prezioso reperto con uno di Hewitt: il responso del DNA sarebbe stato inappellabile.

Come andò a finire? Non si sa. Stranamente, la storia del complotto del *News of the World* circola tra i *royal watchers* ma non è mai arrivata sulle pagine del settimanale che l'aveva orchestrato. Né di qualsiasi altro giornale. Gli esperti della Casa Reale ne sono al corrente, però offrono versioni vaghe e non collimanti. Un'autorità come Robert Lacey, tra i maggiori consulenti della serie tv *The Crown*, sostiene che il complotto sia fallito, magari anche contribuendo a rafforzare nella vittima designata il desiderio di liberarsi finalmente della famiglia e dell'Inghilterra. Ma fallito in che senso? Che Harry non sia caduto nella trappola o che il test del DNA non sia risultato conclusivo? Un'altra nota biografa dei reali, Penny Junior, si affretta invece a dedurre che la mancata pubblicazione dell'ipotetico scoop sia in realtà un'indiretta conferma della verità ufficiale: «Se fosse stato dimostrato che Harry è figlio di James Hewitt, potete star sicuri che lo avremmo saputo».

Il fatto è che la prova principale per stabilire che il maggiore non c'entra, ovvero la non coincidenza delle date, è tutt'altro che a tenuta stagna. La love story con Diana diventò di dominio pubblico con la pubblicazione del libro di Anna Pasternak, e tanto l'autrice quanto la principessa sostennero all'epoca che il primo incontro con Hewitt era avvenuto nel 1986. Ma i conti non tornano, perché già nel 1982 – appena un anno dopo il matrimonio – Carlo era al corrente delle voci di società che davano la giovane moglie infatuata del bell'ufficiale di cavalleria. Com'è possibile, dal momento che la versione contraria di Pasternak è basata proprio sulla testimonianza di Hewitt?

Strano, perché è lui stesso a contraddirla. Sorprendentemente, nel 2005, accettò di essere intervistato sotto ipnosi. È in quella circostanza che dichiarò di aver incrociato per la prima volta l'allora lady Diana

Spencer nel giugno 1981, sei settimane prima del suo matrimonio con Carlo, precisamente a una partita di polo a Tidworth, nel Wiltshire. Il capitano giocava nella squadra dell'esercito, il principe del Galles in quella della Marina. In quel momento il mondo intero era innamorato della splendida fidanzata dell'erede al trono. Impossibile che una tale bellezza sfuggisse all'occhio esperto del nostro irresistibile Casanova.

Infatti, dice lui a proposito di quel primo, fugace incontro: «Lei era divertente, affascinante e civettuola». E, quanto all'aspetto, «alta, flessuosa, straordinariamente bella e assolutamente adorabile». Parecchi giorni dopo, se dobbiamo credere a Hewitt (ipnotizzato sul serio?), Diana fece in modo di invitarlo a cena a Londra in casa di amici comuni. E lì, seduti sul sofà uno accanto all'altra, la giovane lady Spencer rubò un bacio al capitano approfittando di una distrazione dei padroni di casa. Ma come, in procinto di maritarsi, la virginale Diana avrebbe flirtato in modo indecente, oltre che sconsiderato, con un noto rubacuori? Lei stessa, racconta sempre Hewitt, si sarebbe spiegata: anche se era decisa ad andare avanti con il matrimonio con il principe del Galles, sapeva però perfettamente che Carlo non la amava.

Tutto finito con un bacio clandestino? Sembrerebbe proprio di no. La relazione continuò a cuocere a fuoco lento finché nell'autunno 1982, circa quattro mesi dopo la nascita di William, Hewitt fu introdotto a Kensington Palace nascosto nel baule di una macchina (tecnica che sarebbe diventata abituale per Diana). La giovanissima principessa era disperata per quel matrimonio che somigliava a una galera. Avrebbe poi detto che aveva la sensazione di essere costantemente «esaminata, analizzata, criticata», e molto probabilmente era proprio così. All'amica lady Bowker confessava «crisi di pianto e di panico, l'impressione di stare precipitando in un buco nero». Fu allora che il capitano divenne suo amante.

Se questa ricostruzione risponde a verità, la versione ufficiale che sposta in avanti di quattro anni il loro primo incontro giustifica evidentemente il bisogno del Palazzo di evitare lo scandalo e non mettere in dubbio la posizione di Harry nella linea di successione reale. Ci sono testimoni credibili del semplice fatto che Diana e Hewitt si conoscessero bene già molto prima della nascita del secondogenito dei Galles. Nicholas Davies, giornalista e biografo dei Windsor, giura di averli visti cavalcare insieme nel Gran Parco di Windsor all'inizio degli anni Ottanta: «Si baciavano ed era chiaro che erano amanti». Era una storia d'amore fisicamente molto intenso. «Lui mi trattava», disse Diana all'amica cartomante Simone Simmons, «come una schiava del sesso.» La relazione si consumava ovunque possibile tra Londra, Highgrove e il cottage di Hewitt nel Devon, quello dove spesso anche i bambini erano ospiti. «Lì era felicissima», ha raccontato l'amante ricordando che spesso lei si lasciava andare a fantasticherie, come quella di diventare la semplice «moglie di un ufficiale. Pensava che sarebbe stata brava nel ruolo. Naturalmente non era possibile. Penso che fosse un sogno».

All'inizio del 1984, la gravidanza di Diana riportò gli amanti coi piedi per terra. A chi confida lei di essere incinta, prima ancora che alla regina e alla famiglia? A Hewitt, e la circostanza non potrebbe essere più significativa. La principessa era «angosciata ma anche felice», rammenta lui, perché «forte della verità». Che cosa significa? E perché aggiunge di «aver avuto l'impressione che lei non avesse voluto dirgli di più»? A parte che sperava fortemente di avere una femmina, forse per assecondare il desiderio espresso a chiare lettere da Carlo. Non ci furono più rapporti sessuali fino al parto, assicura Hewitt, spiegando che «sembrava più rispettoso». Strano aggettivo per una relazione adulterina che aveva già ampiamente ignorato questa preoccupazione. In ogni caso, poche ore dopo la nascita di Harry, Diana si affrettò a chiamarlo dall'ospedale. E la reazione del capitano fu opposta a quella del principe: «È una magnifica, felice notizia».

Ma la battuta indispettita dell'erede al trono sui capelli «ruggine» del secondogenito fece squillare campanelli d'allarme nella testa di Hewitt. Cominciò a temere che tutti i sotterfugi adottati per tenere nascosta la tresca non fossero stati sufficienti. Ad aumentare la sua apprensione furono soprattutto misteriose telefonate anonime che lo avvertivano che sarebbe stato più salutare se avesse smesso di vedere la principessa del Galles. Ma nessuno dei due voleva interrompere la relazione, che anzi qualche settimana dopo il parto riprese con maggiore passione. A quel punto, però, la preoccupazione di costruirsi un qualche schermo prese consistenza nella testa di Hewitt, che si rivolse per un consiglio a uno dei più noti esperti di comunicazione del mercato inglese, Max Clifford. Fu proprio lui a proporre l'uovo di Colombo: anziché nascondere la relazione, renderla pubblica ma all'apparenza lecita, e nel modo più naturale. L'eccellente cavallerizzo avrebbe dato lezioni di equitazione alla principessa sotto gli occhi del mondo. Così, nella sua qualità di istruttore ippico per l'intera famiglia, bambini compresi, Hewitt diventò una presenza fissa anche nella vita di William e Harry. E indisturbato poté continuare il rapporto con Diana – giura Clifford – molto più a lungo di quanto si immagini.

Il guaio di appartenere a una famiglia di sovrani è che in nome della sicurezza devi rinunciare alla privacy. Il grande pubblico era certamente all'oscuro della storia, che però non poteva sfuggire agli agenti incaricati di vegliare giorno e notte sulla principessa. Ken Wharfe, diventato un confidente intimo di Diana, ha raccontato come stavano le cose al momento in cui prese servizio come agente di scorta. Il suo predecessore, l'ispettore Graham Smith, lo aveva informato senza mezzi termini che «il capitano Hewitt della Household Cavalry è l'amante del boss». Poi, nel racconto di Wharfe, fu la stessa Diana a chiarire a lui e ad altri che il suo matrimonio con il principe del Galles era ormai soltanto una finzione: «Io ci ho provato, onestamente ci ho provato, ma lui non mi vuole. Non dormiamo nello stesso letto da due anni». Nella sua ansia, o necessità, di comunicare ad altri l'angoscia che la opprimeva, la principessa non risparmiò – sostiene Wharfe – nessun dettaglio, compresi i vari tentativi di suicidio: «Erano gridi d'aiuto ma nessuno si è curato di ascoltare», commentò lei.

Nel flusso delle confessioni consegnate alle persone che le stavano attorno, Diana non sembrava affatto preoccuparsi che la relazione con Hewitt si venisse a conoscere, ma piuttosto che risultasse acquisito il momento in cui era iniziata. Lo aveva incrociato per la prima volta a un party organizzato dalla sua dama di compagnia Hazel West, dice lei. È strana la precisione con cui ricorda il primo incontro, e la completa mancanza di remore a condividere queste memorie con Wharfe e altri estranei senza mai cambiare il minimo dettaglio. Come se fosse una lezione mandata a memoria. «Chiaramente la principessa era meno preoccupata che si sapesse del suo *affaire* piuttosto che fosse messa in dubbio la paternità di Harry», osserva un attento *royal watcher* come Christopher Andersen. È difficile non concedere a questa sensazione, sulla base delle circostanze e delle confessioni dei protagonisti appena ricapitolate, almeno il beneficio di un legittimo sospetto.

Naturalmente, qualcuno che sa tutto per filo e per segno, fuori da ogni ragionevole dubbio, c'è e vive a Palazzo. Ma è altrettanto certo che la sua bocca rimarrà chiusa per sempre. Sulla scrivania di Sua Maestà arrivano ogni mattina i rapporti più riservati dei servizi segreti e della squadra di protezione reale di Scotland Yard. Come sapeva vita, morte e miracoli delle amanti del marito – «le amichette di Filippo», nelle sue parole –, così Elisabetta fu avvertita per tempo della love story tra la nuora e il suo baldo cavaliere. Consapevolezza che deve essere risultata particolarmente spiacevole per Carlo e contribuisce forse a spiegare le circostanze riassunte all'inizio: la sua trattenuta esplosione di rabbia verso i capelli rossi del figlio appena nato, l'acido scambio di battute con la suocera, la coincidenza tra la nascita di Harry e il totale collasso del matrimonio.

La Corona, com'è ovvio, si è sempre ben guardata dall'affrontare pubblicamente la questione e si è adoperata sotto traccia per assicurare una permanente credibilità alla narrazione del primo incontro tra gli amanti *dopo* la venuta al mondo del principino. Questo non è bastato a mettere a tacere le voci, né a spegnere i sospetti sulla legittimità dinastica dell'uomo che oggi porta il titolo di duca di Sussex. Ma quel che sarebbe davvero prezioso sapere è se anche lui si è portato dietro per tutta la vita questo rovello, che magari lo tortura anche oggi. E se, e quanto, questo dubbio può aver contribuito ad avvelenare attraverso gli anni il rapporto con il fratello maggiore, già in se stesso complicato per la radicale differenza di ranghi stabilita tra i due dalla pura casualità della nascita. Se a questo aggiungete la drammatica infanzia vissuta da entrambi, tra le tensioni e le risse di due genitori che loro possono ricordare solo come perennemente in lotta, viene forse da sorprendersi che il legame fraterno abbia resistito così a lungo prima di spezzarsi fatalmente.

Se si vuole uno studio sui danni permanenti che un matrimonio disastrato può infliggere alle vittime innocenti, ossia i figli, la guerra dei Galles offre un caso esemplare. La scoperta che i genitori non si amano è un colpo al cuore per ogni bambino. E lo fu tanto più per William e Harry, che lo vennero a sapere assieme a decine di milioni di persone in Inghilterra e nel mondo. Lady Di ha raccontato che cosa accadde quando i suoi figli lessero nei titoloni dei giornali il riassunto dell'intervista-biografia del padre a opera di Jonathan Dimbleby: in poche parole, che Carlo non aveva mai amato Diana e l'aveva sposata solo perché il principe Filippo lo aveva spinto a farlo per ragioni dinastiche. «È vero?» le chiese il più grande, che all'epoca aveva solo dodici anni. «È vero che papà non ti ha mai voluto bene?»

Nella stanza c'era anche Harry, appena dieci anni, sguardo basso e muto come un pesce. Era chiaro che i bambini avevano già discusso della cosa tra di loro, concordando che fosse il più grande a sollevare la questione. La domanda, e l'angoscia che poteva leggere sul volto dei figli, raccontò in seguito Diana, «mi trapassarono il cuore come un pugnale. Volevo soltanto piangere». Invece riuscì a mantenere la compostezza. E a tentare di ridurre il danno.

«All'inizio, quando ci siamo sposati», disse, «ci amavamo l'un l'altra tanto quanto amiamo oggi voi due.»

«Una risposta senza risposta», la definì dopo, ma la migliore che le fosse venuta in mente in quel momento.

Se per la regina l'*annus horribilis*, come lei stessa notoriamente lo definì, era stato il 1992, non c'è dubbio che per i suoi nipoti fu invece il 1994. La separazione dei genitori nel '92 aveva finalmente prodotto una specie di tregua armata di cui i ragazzi beneficiarono nell'anno successivo. Se fino ad allora erano stati strattonati di qua e di là, nel tipico doloroso tiro alla fune di cui sono vittime i figli in un divorzio rancoroso, nel 1993 poterono godere di un precario equilibrio comunque positivo per la loro stabilità mentale. Erano assieme in collegio a Ludgrove, scuola d'élite dove si era formata una congrega di amichetti fedeli, vivevano praticamente in simbiosi nonostante i due anni di differenza e vedevano l'uno o l'altro dei genitori secondo un calendario concordato e prestabilito. Ma gli eventi di cui Carlo e Diana furono, volenti o nolenti, protagonisti l'anno seguente spazzarono via quel falso senso di sicurezza.

La prima bordata venne dal principe del Galles, nella nota intervista tv dell'estate '94 con Jonathan Dimbleby, in cui ammise la sua relazione adulterina con Camilla Parker Bowles. Lo choc per i figli fu enorme. Diana si precipitò da loro a scuola per sentirsi chiedere, da William che era sempre il solo a parlare, che cosa stesse succedendo. Era la storia di Carlo con Camilla la ragione che aveva mandato in frantumi il loro matrimonio? La principessa rispose con la frase che, ripetuta un anno dopo nella famosa intervista a *Panorama* sulla BBC, avrebbe racchiuso per sempre l'unione dei Galles: «Gli dissi: 'Beh, eravamo in tre in questo matrimonio, era un po' affollato. La pressione dei media era un altro fattore, e le due cose insieme rendevano la situazione molto difficile. Così, sebbene amassi ancora papà, non potevo più vivere sotto lo stesso tetto con lui'».

Sappiamo, sempre dalle parole di Diana, quale fu la reazione di William: «Lui è un ragazzo molto riflessivo, e per qualche anno non sapremo come l'ha assorbito. Ma io l'ho spiegato senza risentimento o rabbia». Nessuno invece ha descritto la reazione di Harry. Ma ce lo possiamo immaginare, questo bambino che anche fisicamente è ancora minuto e infantile, chiuso in un mutismo fatto a un tempo di dolore, impossibilità di comprendere quel che sta accadendo e paura per il futuro.

Pochi mesi dopo, a ottobre, arrivò il libro-rivelazione di Anna

Pasternak sulla relazione della madre con Hewitt, e infine l'*uppercut* della biografia di Carlo con la confessione di non aver mai amato Diana. Tutto squadernato in tv e sui giornali, tutto avidamente letto e discusso da milioni di persone nel mondo. Un'ordalia per i due principini. Soprattutto per il più piccolo, sul quale le infedeltà della madre, pubblicamente ammesse, proiettavano l'ombra inquietante di una nascita illegittima.

Difficile che tra pagine di giornale e ammiccamenti maliziosi dei compagni di scuola, o dei loro genitori, Harry non ne avesse piena consapevolezza. Ma anche se avesse voluto chiudere occhi e orecchie di fronte a quelle voci disturbanti, ci avrebbe pensato Carlo a renderglielo impossibile. Accadde pochi anni dopo, nell'estate 1998. Il principino si preparava ormai a entrare a Eton, dove lo aveva già preceduto il fratello maggiore e, prima che lasciasse casa per la storica *public school*, il padre gli comunicò che voleva affrontare con lui «un'importante conversazione». Di che cosa si trattasse lo sappiamo dalla viva voce di Harry, che nel 2017 rivelò alla giornalista Angela Levin, in una lunga e rarissima intervista a cuore aperto, i contenuti di questa chiacchierata estremamente intima tra padre e figlio.

All'apparenza, Carlo si preoccupava che l'ultranota relazione tra Diana e Hewitt potesse offrire ai nuovi compagni di scuola di Harry, non più bambini ma adolescenti, occasione per prenderlo in giro e magari bullizzarlo. Per questo avrebbe deciso di sollevare la questione direttamente con il figlio, che ovviamente ne era già al corrente. Ma lo era anche delle voci sulla sua incerta paternità? Il principe del Galles scelse di non correre rischi e rassicurarlo «che senza ombra di dubbio lui e non Hewitt era suo padre». E su questo, aggiunse, la prova certa veniva dal calendario. Impossibile, spiegò, che il ragazzo fosse frutto dell'amore clandestino, dal momento che Diana non aveva incontrato l'amante se non due anni dopo la nascita del secondogenito. Come si vede, anche l'erede al trono si preoccupa di accreditare l'alibi temporale già propalato dalla moglie divorziata.

Non sono un educatore, e non so giudicare l'opportunità dell'iniziativa del principe. Certo, il tempismo appare alquanto sospetto. Nell'estate 1998, ad appena un anno dalla morte della *People's Princess*, e con i suoi figli che facevano sforzi titanici per lasciarsi alle spalle la tragedia, l'ex marito fedifrago era impegnato a ricostruire la propria vita attorno alla donna che ne era sempre stata il fulcro: Camilla. Ogni suo passo era diretto a rendere l'amante accettabile al pubblico, e prima ancora a William e Harry, che la identificavano come responsabile della distruzione della famiglia e fonte del loro dolore. Era del tutto casuale che Carlo avesse scelto proprio quel momento, mentre tentava di riconciliare il secondogenito con la sua nuova compagna, per mettere in evidenza l'infedeltà di Diana? E per quanto all'epoca Harry fosse solo un ragazzino di quattordici anni, si può escludere che il sospetto abbia attraversato anche la sua mente?

Probabilmente non lo sapremo mai, perché anche con la «confessora» Angela Levin il principe rimase estremamente abbottonato sulle sue reazioni nel corso dell'incontro con il padre. Dobbiamo accontentarci delle parole che Levin attribuisce a una fonte che non vuole essere nominata. Così veniamo a sapere che «Harry ascoltò attentamente, ma non disse una sola parola né mentre il padre parlava né quando ebbe finito». E che cosa avrebbe potuto dire un adolescente di fronte a un dubbio che scardinerebbe il sistema di relazioni e di affetti di ognuno di noi? Del resto, gli avevano insegnato da tempo, sin dai giorni della tragedia sotto il Pont de l'Alma, che il silenzio poteva essere il rifugio migliore quando aveva di fronte un problema o un dolore troppo grosso. Così era stato per la perdita della madre, quando gli incubi rovinavano le sue notti e l'unico rimedio suggerito era quello di rimuovere il dolore e l'angoscia semplicemente non parlandone, ignorandoli.

Qualche anno dopo, questo lo avrebbe portato diritto sul lettino dello psicanalista. Ma allora era ancora troppo presto e dopo tutto Harry, che non poteva fare affidamento sugli adulti, aveva almeno una persona su cui sapeva di poter contare ciecamente. Il fratello maggiore. Anche se erano stati protagonisti di mille baruffe, lui sapeva che William l'amava teneramente sin dal giorno in cui era venuto al mondo.

2

Crescete e moltiplicatevi

Il precetto biblico (*Genesi*, 9, 1) assume, com'è noto, valore di obbligo costituzionale quando alla funzione riproduttiva è chiamata ad assolvere una coppia reale. Fermo rimanendo che il primo dovere di un principe è di generare l'erede che assicura la continuità dinastica, il compito successivo è di metterne al mondo un altro che garantisca lo stesso obiettivo nel caso il primogenito, vuoi per ragioni naturali vuoi per cause politiche, non ce la faccia. Il lavoro, si sa, non è molto complicato ma può diventarlo quando la principesca coppia interessata non dorme più assieme da parecchio tempo. È stato, notoriamente, il caso dei Galles.

Diana, che nella sua breve vita dimostrò di possedere molte virtù ma non quella della discrezione, informò ampiamente la cerchia degli amici, i quali a loro volta misero al corrente la stampa, che dopo la nascita di William i rapporti coniugali si erano in pratica interrotti. Nel breve periodo di corteggiamento premaritale la coppia aveva goduto di una sana, fortissima attrazione fisica. Ma già pochi mesi dopo l'arrivo del primogenito, nel 1982, questa sembrava evaporata. I dissapori coniugali, l'infelicità che la giovanissima Diana pareva incapace di controllare e i suoi disturbi psico-metabolici, aggravati da una gravidanza travagliata, ebbero un effetto devastante sulla coppia. Carlo cercò riparo a modo suo. Si immerse completamente nella lettura dei suoi guru filosofici e, soprattutto, si tenne ben lontano dalla moglie. Alla fine, la fresca mamma ne aveva abbastanza dell'inazione del marito in camera da letto.

«Lui è morto dalla cintola in giù», esplose esasperata con la sua confidente lady Colin Campbell. Non avrebbe potuto sceglierne una peggiore. Regina del pettegolezzo nei salotti di Londra, la nobildonna era lei stessa un personaggio molto colorito. Nata in Giamaica in una ricca famiglia di commercianti libanesi immigrati, gli Ziadie, all'anagrafe era stata denunciata come maschio, George William, a causa di una deformazione vaginale corretta solo quando aveva ventun anni. Dopo l'intervento diventò a tutti gli effetti donna e sposò lord Colin Campbell, il figlio minore dell'undicesimo duca di Argyll. Il matrimonio durò appena quattordici mesi, sufficienti però per fare di lady Campbell a tutti gli effetti una presenza fissa nella cerchia dei reali. Fissa, e indiscreta.

In effetti è lei a raccontare (anche se c'è solo la sua parola) che Diana, fortemente provata da mesi di astinenza sessuale dopo la nascita del primogenito, fosse ansiosa di tornare a vivere qualche brivido erotico. Ma secondo la gran pettegola di Corte non fu Hewitt il prescelto. Sostiene invece che la principessa avesse messo gli occhi sul focoso conte di Pembroke, l'affascinante Henry Herbert, più vecchio di lei di dodici anni. L'aristocratico, erede di una delle più grandi e antiche famiglie del regno, fece il proprio cavalleresco dovere – se si vuol credere a lady Campbell –, abbastanza da rassicurare la principessa sulla non diminuita efficacia del suo sex appeal. Guarita almeno temporaneamente dalla perenne insicurezza che la attanagliava, chiuse il flirt e tornò nel talamo coniugale decisa a ottenere che Carlo si comportasse da buon marito e padre.

Data la situazione, la stessa Diana avrebbe detto in seguito di considerare il concepimento di Harry una specie di miracolo. Abbiamo visto che le ipotesi sull'essere non soprannaturale a cui attribuirlo sono svariate. In ogni caso, quel che è certo è che nella primavera del 1984 la principessa era di nuovo incinta, e la vita sembrò tornare a sorriderle. Il marito pareva aver riscoperto una capacità di tenerezza e attenzione nei suoi confronti che era svanita già poco dopo le nozze. Un episodio minimo accaduto qualche mese prima aiuta a capire le ragioni di questo cambiamento. In uno degli abituali incontri di folla coi sudditi – quello che in gergo reale si definisce *walkabout* – il principe si fermò davanti a un giovane padre con la sua bambina, e indicando la piccola se ne uscì in una battuta inattesa: «Penso che sarebbe tempo che anche noi ne avessimo una...» Adesso che l'erede era assicurato, e a tempo di record, il desiderio di Carlo era di avere una figlia. E la gravidanza di Diana prometteva di realizzare la sua speranza.

Non si trattava soltanto della tipica aspettativa di ogni coppia. Senza dover ricorrere al lettino dell'analista, è facile osservare che nell'appassionata attesa di una femminuccia l'erede al trono inconsciamente immaginava, forse, di riprodurre una dinamica famigliare simile a quella della sua infanzia. Lui aveva goduto con la sorellina Anna di un legame straordinario, rimasto invariato per tutta la vita. I loro caratteri erano così diversi da renderli complementari come le due metà di una mela: lui riservato e introverso, lei esuberante e divertente, lui timido e lei sfacciata, lui sempre titubante e lei altrettanto decisa, al limite dell'aggressività. Carlo, che faticava – e molto – a tener testa al padre, sapeva di poter sempre contare sulla complicità di Anna, che era invece identica al papà e di conseguenza la sua cocca. La scarsa differenza d'età – lei più piccola di appena due anni – aveva favorito dalla prima infanzia sino alla giovinezza un formidabile cameratismo fraterno, uno dei pochi sostegni su cui il principe aveva potuto contare in quegli anni per lui assai difficili.

La seconda gravidanza di Diana fu dunque quasi un idillio. Lo fu certamente a confronto della prima. Le crisi violente che l'avevano accompagnata sono ormai largamente note, testimoniate dalla stessa principessa al suo biografo Andrew Morton. Vale comunque la pena, qui, ricapitolarle brevemente, perché rappresentano il prologo della tragedia che sarebbe esplosa appieno solo dopo la nascita di Harry.

Fu la Regina Madre a trovarla dolente, in lacrime, stesa in posizione innaturale ai piedi delle scale a Sandringham. Diana ci si era appena gettata, come raccontò poi lei stessa a Morton. Era il Natale 1981, e come al solito i Windsor si erano tutti dati appuntamento nel castello del Norfolk per celebrare le feste con Elisabetta. Teoricamente era una vacanza, ma non per la nuora, incinta al terzo mese.

«Mi buttai giù per le scale. Carlo mi accusava di gridare 'al lupo, al lupo', io dicevo che mi sentivo disperata e non facevo altro che piangere, ma lui rispondeva: 'Non starò qui a sentirti. Mi fai sempre questo. Adesso vado a cavalcare'. E così mi gettai lungo le scale. Arriva la Regina, assolutamente orripilata, tremante... era così spaventata... Carlo se n'era andato a cavalcare, e quando rientrò, beh, fu sbrigativo, sprezzante. Semplicemente se ne tornò fuori casa.»

Per molto meno qualunque giudice potrebbe condannare un marito per crudeltà mentale, se non incitamento al suicidio. Eppure, nel caso di Carlo non si trattava né dell'una né dell'altro. Era soltanto l'abisso di educazione e di età che separava questi due prigionieri di un matrimonio male assortito. Per tutta la vita all'erede al trono era stato insegnato a dominare sentimenti ed emozioni, e a fare il proprio dovere in qualsiasi situazione. Non era stato facile, per un tipo sensibile e riflessivo come lui. Ma la necessità di controllarsi in ogni frangente lo aveva convinto che questo fosse possibile per tutti. Non riusciva nemmeno a immaginare che una ragazza di vent'anni gettata in pasto alla vorace curiosità del mondo intero, trasformata in merce pregiata da una stampa senza scrupoli, potesse crollare sotto il peso dell'inadeguatezza e della paura.

E poi c'era la differenza d'età a peggiorare le cose. Carlo e i suoi amici erano il prodotto delle durissime *public schools* inglesi, tutta gente a cui i maestri avevano insegnato a colpi di canna sul fondoschiena la tecnica dello *stiff upper lip*, il labbro superiore rigido – né riso né pianto – delle classi alte del regno. E tutti avevano imparato *to pull oneself together*, a darsi un contegno, a farsi forza anche quando avrebbero voluto disperarsi e piangere. Ecco, ripetevano gli intimi a Carlo, era tempo che anche Diana apprendesse questa lezione. E non capivano non solo la sua fragilità ma anche che lei apparteneva a un'altra generazione, per la quale la debolezza non era qualcosa da nascondere ma anzi da confessare, da gridare, in modo che gli altri finalmente ti dessero aiuto.

Era questo che chiedeva Diana, e alla fine anche suo marito, che non era uno stupido e nemmeno un Barbablù, riuscì a capirlo. Perché se sua moglie era sopraffatta da un'infelicità tale da spingerla a farsi del male, questo non era a causa di una malattia mentale ma semplicemente dell'eccezionale pressione a cui la esponeva la circostanza di portare in grembo il futuro erede al trono. Il principe finalmente percepì, come avrebbe poi confessato lui stesso, che «le attese erano troppo grandi, le pressioni troppo scoraggianti, la perdita di libertà troppo soffocante». Da quel momento il suo atteggiamento cambiò. Negli ultimi mesi di gravidanza passò più tempo con la moglie, anche guadagnandosi qualche velata critica dalla madre (sempre guardiana del dovere...), e quando il momento arrivò, all'alba del 21 giugno 1982, fu lui ad accompagnare Diana al St Mary's Hospital a Paddington, nella più riservata Lindo Wing. Anche se la principessa avrebbe poi offerto a Morton una versione piuttosto sarcastica di questa maritale disponibilità: «Avevamo trovato una data in cui Carlo poteva scendere dal suo cavallo da polo per permettermi di partorire».

Il travaglio durò sedici ore, e infine la principessa diede alla luce, alle 21.03 del 21 giugno 1982, un robusto maschietto di 3 chili e 220 grammi. William Arthur Philip Louis Mountbatten-Windsor, il re d'Inghilterra del Ventunesimo secolo, rappresentava la garanzia della continuità del trono e della dinastia, e fu adeguatamente accolto con gli onori che la tradizione gli riservava: i quarantun colpi di cannone della Royal Horse Artillery schierata a Green Park e i sessantadue della Torre di Londra, i rintocchi a festa delle campane di Westminster Abbey, nonché il fragoroso scampanellio del banditore comunale che, come da usanza medievale, annunciava la nascita davanti a Buckingham Palace e poi in giro per Londra, anche a beneficio dei turisti estasiati.

A differenza del padre Filippo, che non aveva potuto assistere alla sua venuta al mondo e aveva dovuto sfogare il nervosismo dell'attesa giocando a squash nei sotterranei della reggia, Carlo decise di infrangere il protocollo. In una prima volta assoluta per un principe di casa Windsor, rimase accanto alla moglie per tutto il lungo, dolorosissimo travaglio. Ne fu ricompensato dall'autentica esplosione di gioia popolare che accolse la nascita.

L'attaccamento dei sudditi a Elisabetta II, testimoniato dalle folle che ancora oggi la sua presenza riesce a mobilitare, nella circostanza si riversò sul nipote. Decine di migliaia di persone si radunarono davanti al St Mary's per tutta la giornata, portando mazzi di fiori e intonando cori augurali. «Ho sentito che l'intero Paese era in travaglio con me», disse poi Diana, cullando il piccolo che aveva anche lui già stabilito un primato: era il primo erede al trono a nascere in una clinica, sia pure di lusso, anziché come da tradizione nella reggia o in qualche castello reale.

Nel tripudio popolare, anche Carlo fu felicemente avvolto da un'ondata di popolarità quale non avrebbe mai più conosciuto in vita sua. Fuori dalla Lindo Wing tutti cantavano in coro: «*We want Charlie, we want Charlie*», e quando lui finalmente si affacciò sulla porta dopo le dieci di sera, elegante e levigato come sempre, la folla eruppe in applausi ed evviva. Una signora entusiasta gli stampò addirittura un bacio sulla guancia, che gli lasciò una stria di rossetto. «Lei è molto gentile», la ringraziò il principe fingendosi deliziato, e si concesse volentieri a uno di quei siparietti autoironici in cui è specializzato. Ma anche questa era una novità, che il futuro re d'Inghilterra si prestasse a scambiare due chiacchiere per strada con i sudditi. «Il bambino le somiglia?» gridò qualcuno. E lui: «No, è abbastanza fortunato, non è così». Il giorno seguente anche la regina, in visita alla clinica per il primo incontro con il futuro successore, ribadì giocosamente il concetto: «Grazie al cielo il bimbo non ha preso le orecchie del padre».

Carlo e Diana furono, in quei giorni, felici insieme come non lo sarebbero stati mai più. Sembrò che l'arrivo del bambino potesse davvero rinsaldare la coppia minata dall'infedeltà di lui e dalla sofferenza di lei. Entrambi, sebbene per ragioni diverse, non sapevano che cosa fosse un'infanzia serena, e ciò che più volevano per il loro bambino era che almeno lui potesse goderne. Se come marito e moglie erano un disastro, come genitori erano invece coscienziosi ed entusiasti. Avevano fatto i loro bravi compiti a casa, leggendo i libri giusti di educatori e pedagogisti per prepararsi ad allevare la prole. Peccato che tutti gli sforzi e i progetti di crescere i figli avvolgendoli nell'affetto che era a loro mancato fossero destinati a essere cancellati dagli effetti collaterali del loro perenne conflitto. Questo sarebbe avvenuto da lì a non molto, ma per il momento erano entrambi sopraffatti dalla gioia, letteralmente innamorati del loro piccolo. Nel ricordo di Diana, quei primi tempi dopo la nascita di William hanno il sapore della fiaba, forse quella che lei sognava e non avrebbe mai avuto. «Eravamo tutti così eccitati», raccontò in seguito. «Ci sembrava di toccare il cielo con un dito.»

Il viaggio in paradiso durò incredibilmente poco. Una tipica depressione post partum riportò a galla tutte le turbe psico-alimentari che la principessa aveva manifestato come reazione all'angoscia per la sua nuova vita. Bulimica lo era diventata da un giorno all'altro, quando poco prima delle nozze Carlo le aveva cinto la vita con il braccio osservando, più o meno scherzosamente: «Bella cicciottella qui, eh?» Da allora lei alternava abbuffate nervose a corse in bagno per provocarsi il vomito. Riprese a farlo dopo il parto. Ossessionata dalla forma fisica, smise di allattare il bimbo al seno dopo sole tre settimane e ripiombò in pieno nella spirale di bulimia e autolesionismo. Le sue condizioni fisiche peggiorarono rapidamente, e in breve tempo si manifestò un grave stato di squilibrio ormonale. «Ero completamente a pezzi», confessò in seguito. E lo stesso poteva dirsi del suo matrimonio.

La reazione di Carlo alle crisi di pianto e lamenti della moglie tornò a essere quella di sempre. Fastidio e distacco. Più lei singhiozzava e gridava, più lui si rinchiudeva metaforicamente in se stesso, e fisicamente nella biblioteca di Highgrove, in compagnia dei suoi amati volumi. In assenza del marito, Diana non aveva nessun altro su cui contare: non la dissestata famiglia d'origine, e men che meno i reali parenti, tutti ormai convinti di avere a che fare con una persona seriamente affetta da squilibrio mentale, pertanto un'autentica mina vagante per la Corona. La sua intima amica lady Bowker ha raccontato un suo sfogo di quei tempi: «Chi è pazzo è da buttare via. E la pazza sono io». In effetti, la principessa fu sottoposta all'umiliazione di esami psichiatrici e le furono prescritte massicce dosi di psicofarmaci, a cominciare dal Valium.

Non bastò a evitare la crisi innescata dal battesimo di William nell'abituale sontuoso scenario di Buckingham Palace, con tutti i Windsor schierati sorridenti attorno all'erede. Dietro la facciata si consumava il dramma. Nella cerimonia la fresca mammina si sentì trascurata e messa da parte, e protestò a modo suo: una manciata di pillole mandate giù con mezza bottiglia di whisky. La cosa incredibile è che alla stampa fosse sfuggita la successiva corsa in ambulanza all'ospedale e l'indispensabile lavanda gastrica. Pentita, Diana promise di non attentare mai più alla propria vita, e implicitamente al futuro di William. Promessa più volte violata negli anni successivi, e comunque la quiete sotto il tetto dei Galles non si sarebbe mai più ritrovata.

Diana si convinse che Carlo fosse tornato dalla sua amante Camilla. E fu quello il momento in cui decise di rendergli pan per focaccia, se ha ragione chi sostiene che quattro mesi dopo la nascita di William lei allacciò la scandalosa relazione con Hewitt. Nemmeno questo, però, fu sufficiente per placare la sua gelosia verso Camilla e la rabbia verso il marito. Il risultato fu un penoso alternarsi di crisi di pianto e panico a scenate condite di urla e porte sbattute. Lo racconta dettagliatamente nelle sue memorie (trovatemi un dipendente reale che dopo un po' non spifferi tutti i segreti del principale...) Wendy Berry, all'epoca governante di casa Galles sia a Londra sia a Highgrove: «Certe volte era un vero e proprio manicomio».

Con tutte le loro letture pedagogiche, i coniugi in guerra sembravano sottovalutare drammaticamente l'impatto che le loro scenate rischiavano di avere su William, considerando quella materia così plastica che è un cervello infantile. Solo in seguito Diana sembrò rifletterci: «Anche se era così piccolo, deve aver sentito la tensione che c'era in casa».

Una felice distrazione fu fortunatamente offerta dal viaggio di Stato dei Galles in Australia in rappresentanza della regina. Era stato programmato un lungo tour di sei settimane e la principessa non voleva assolutamente lasciare solo il suo bambino per un tempo simile. Perciò, anche qui con una radicale innovazione e il concomitante mugugno del Palazzo, nel marzo 1983 il piccolo William, di appena dieci mesi, prese il volo con i genitori. Il Paese-continente era all'epoca scosso da una delle sue periodiche ondate antimonarchiche. Fortemente sostenuto dal nuovo premier laburista Bob Hawke, sembrava che il progetto di sostituire Elisabetta con una repubblica avesse il vento nelle vele. Arrivò Lady Di, e il temuto ciclone repubblicano si trasformò d'incanto in Diana-mania. Solo per la visita di Elisabetta appena incoronata, trent'anni prima, si erano viste folle altrettanto massicce e deliranti.

La fotografa reale Jayne Fincher ricorda quello che successe a Sydney: «L'idea era di fare una foto di lei con l'iconica Opera House, ma eravamo appena arrivati lì che l'intera città sembrò rovesciarsi sul posto. Era veramente un mare di gente, e l'unica cosa che si riusciva a vedere era la sommità di questo cappello rosa [indossato da Diana] che ondeggiava da una parte all'altra». Alla fine anche il premier Hawke sembrò soccombere al fascino della principessa, e la moglie Hazel arrivò addirittura a prodursi in un inchino davanti a Sua Altezza Reale.

Ma anche il piccolo William giocò la sua parte nell'accaparrarsi le simpatie dei futuri sudditi australiani. Nemmeno fosse stato tutto programmato in anticipo, il bebè reale aspettò proprio una conferenza stampa dei genitori per alzarsi in piedi da solo per la prima volta, in diretta tv. Fu un'apoteosi. Non erano solo mamma e papà a osservarlo estasiati, ma l'intera Australia. Alla madrina del piccolo a Londra, lady Susan Hussey, dama di compagnia e intima della regina, Carlo scrisse: «Ridevamo e ridevamo, presi da puro, isterico piacere, e adesso non possiamo impedirgli di gattonare dappertutto».

Una settimana dopo, il padre orgoglioso riferiva che il bambino si muoveva ormai «a tutta velocità, tirando giù tutto dai tavoli e provocando un'incredibile distruzione. Tra breve camminerà e non c'è divertimento più grande... Si è comportato come un vero professionista davanti alle telecamere e ha fatto quello che ci si poteva aspettare da lui». Forse per effetto di questa letizia paterna, la popolarità di Diana che oscurandolo lo irritava, stavolta sembrava infastidirlo meno. «Non è assolutamente meravigliosa?» chiese Carlo al fotografo della Press Association che li seguiva, Ron Bell. «Sono così orgoglioso di lei.» E anche la principessa, rassicurata dalla magia che la sua apparizione operava sulle persone, sembrava più rilassata e affettuosa. Quando la loro auto scoperta fendeva la calca, più volte fu possibile notare che la mano di Diana cercava quella del marito e la stringeva forte, come a cercare conforto. Agli occhi del mondo non c'era famigliola più felice.

Non durò molto nemmeno stavolta. Carlo cominciò a lamentarsi con il suo addetto stampa, Victor Chapman, sugli ettari di colonne d'inchiostro dedicati alla moglie mentre a lui andavano briciole d'attenzione. Non aveva tutti i torti. Volente o nolente, la principessa gli rubava la scena in modo anche comicamente visibile. Ogni volta che la loro auto si fermava tra la folla tenuta a bada dietro le transenne per l'ormai consueta passeggiata e chiacchierata con il pubblico, sul lato da cui scendeva Diana si levavano esplosioni di entusiasmo, dalla parte di Carlo invece chiari mormorii di delusione. Una volta lui non ne poté più e sbottò, fingendo di sorridere su qualcosa che lo feriva profondamente: «Non è giusto, vero? Fareste bene a chiedere i soldi indietro». Ma alla fine, com'era nel suo carattere, si rassegnò e al fastidio si sostituì una genuina preoccupazione per l'impatto che questo gigantesco clamore mediatico avrebbe avuto sulla moglie: «Mi sento *disperato* per Diana... Ma che gli è preso a tutti? Non riescono a vedere oltre la punta del naso e capire cosa le stanno facendo? Come ci si può aspettare che qualcuno, lasciamo stare ad appena ventun anni, esca indenne da tutta questa folle, ossessiva attenzione?»

Sembrano parole terribilmente profetiche ma rivelano anche la totale cecità di Carlo di fronte alla crescente e pervasiva cultura della celebrità. È singolare perché, dopo tutto, proprio la monarchia rappresentava il più rilevante esempio britannico in tema di *celebrity culture*. La regina certo si offenderebbe, eppure nemmeno lei potrebbe negare che per tutto il Novecento la popolarità dell'istituzione ha dovuto molto di più agli amori e scandali dei suoi membri che non al senso del dovere di cui la sovrana senza dubbio abbonda.

Le dinamiche comunicative della società contemporanea, così ostiche per i suoi parenti acquisiti, erano invece intuitivamente chiare per Diana. Il viaggio in Australia era stato un trionfo grazie a lei. «*Princess Superstar!*» strillavano i titoloni dei giornali. E il «sinistro» *Mirror* inzuppava il pane nelle taciute rivalità famigliari dichiarando che Lady Di aveva «fatto di più per la monarchia in cui si è sposata di altre principesse che ci sono nate». Tutti sapevano che era una punzecchiatura per Anna, la cognata che non poteva soffrirla.

Il rientro a Londra fu il ritorno a un inferno conosciuto. Ma il viaggio aveva profondamente cambiato Diana, come lei stessa avrebbe raccontato in seguito. «Quando tornammo dal nostro tour di sei settimane ero una persona differente. Ero cresciuta, più matura... Imparai a essere reale, tra virgolette, in una settimana.» Ma non solo questo. Comprese il potere che le offriva il suo status di icona mediatica planetaria. Adesso non era più, come si era sempre raffigurata fino ad allora, un agnello indifeso tra i lupi Windsor. E questo peggiorò rapidamente i rapporti di coppia. Gli aspetti più assertivi e capricciosi del carattere di Diana presero il sopravvento, e la reazione di Carlo fu la solita: evitare le discussioni. Diceva di sì finché poteva, altrimenti si rinchiudeva in biblioteca o usciva di casa. Più lui arretrava, più lei scambiava questo atteggiamento rassegnato per arrendevolezza e accresceva le pretese.

I giorni felici della nascita di William sembravano lontani. La tensione e l'ostilità tra i due si respiravano nell'aria, e anche l'attrazione sessuale sembrava svanita. Come Diana aveva confessato anche a lady Bowker (e non solo), con Carlo le occasioni di intimità erano «limitate»; l'amica interpretò come «inesistenti». Perciò quando il «miracolo» della seconda gravidanza, che fosse opera del marito o di un aiuto extraconiugale, planò sui Galles, sembrò che una nuova alba potesse rianimare il matrimonio.

Anche la principessa, al pari del marito, sperava che fosse una femmina, per quanto in definitiva il sesso del nascituro non le importasse molto. Quando la prima ecografia utile rivelò che era un maschio, lei commise un errore forse fatale. A Carlo, che desiderava ardentemente la bambina, non disse niente. Forse lo fece per inesperienza o per mancanza di confidenza col marito, ma fu comunque un errore terribile. Anche se lì per lì i risultati furono invece gratificanti. Quei mesi di attesa furono i più caldi e affettuosi della loro unione, il momento in cui – raccontò la principessa a Morton – «siamo stati più vicini che mai, mai». Per questo non fece parola dell'ecografia. Temeva di deludere Carlo e mettere fine al loro stato di grazia. Precisamente quello che accadde nel momento in cui Harry uscì dal grembo della madre.

«Sono così contrariato», sbottò il principe, «pensavo che sarebbe stata una femmina.» La moglie lo sentì e strinse più forte al petto il neonato. «Da quel giorno le saracinesche si sono abbassate», disse Diana. «Questo è quello che lui fa quando trova qualcuno che gli ribatte… Semplicemente, il nostro matrimonio è andato a sbattere, tutta la storia è finita nella fogna.»

Ci fu però qualcuno, oltre alla madre, che accolse il nuovo bebè con entusiasmo inatteso. William. Com'è ampiamente risaputo, uno dei compiti più complicati che si prospetta a ogni genitore è far accettare al primogenito l'arrivo di un secondo figlio senza che scattino il senso d'abbandono e la gelosia. Ligi al dovere, i medici della Lindo Wing fecero del loro meglio per preparare i Galles ad affrontare la situazione. Ma Diana si era già abbeverata alle dottrine di Benjamin McLane Spock, all'epoca massima autorità mondiale per la cura dell'infanzia. E in merito il medico era categorico, come spiegò la stessa principessa a un'infermiera del reparto: «È importante che la prima volta che William vedrà suo fratello io tenga il neonato nelle mie braccia».

Oggi le indicazioni degli psicologi dell'infanzia vanno piuttosto nella direzione contraria: secondo gli specialisti, tenere in braccio il nuovo arrivato quando lo si presenta al fratellino rappresenta un grave errore. In questo modo il maggiore ha la sensazione che il neonato sia un oggetto estraneo, che per di più gli impedisce di prendere il proprio posto abituale aggrappato al collo della madre. Insomma, l'ortodossia del Ventunesimo secolo è che il bambino più grande deve essere tra le braccia materne quando conosce il nuovo bebè. Per pura coincidenza, e contrariamente al piano accuratamente predisposto da Diana, fu proprio così che andarono le cose quando William, tenuto per mano da Carlo, arrivò alla Lindo Wing in quel settembre 1984.

Padre e figlio non fecero in tempo a metter piede fuori dall'ascensore che il pestifero Wombat lasciò la mano di Carlo e si lanciò lungo il corridoio, chiamando a gran voce la mamma. La guardia del corpo di Diana, seduta fuori dalla camera, balzò in piedi allarmata e nel farlo gettò a terra il paravento che tutelava la privacy reale. Il trambusto allarmò la principessa, che scese dal letto per vedere cosa stesse succedendo. Aprì la porta e si trovò davanti la sua piccola peste che le correva incontro. All'istante, e per puro istinto, Lady Di spalancò le braccia per accogliere il piccino (l'abbiamo vista in questo gesto dolcissimo nella famosa foto a bordo del panfilo *Britannia*, qualche anno dopo) e cominciò a coprirlo di baci e carezze. Perciò fu proprio da quel punto di osservazione privilegiato, nel caldo abbraccio della madre, che William diede un'occhiata alla culla e vide per la prima volta Harry, avvolto in una coperta bianca. Saltò giù e corse verso di lui per stampargli un bel bacio sulla fronte. Poi, come raccontava Diana, sedette sul letto e lo strinse amorevolmente tra le braccia.

La gioia del piccolo principe per l'arrivo del fratellino sembra andare oltre le esperienze comunemente vissute. Al ritorno a Kensington Palace, fu lui a pretendere di presentare il nuovo bebè al personale di servizio, mentre lo ricopriva di baci. E non c'è testimone di quegli anni che non racconti del modo affettuosamente possessivo in cui il bellicoso Wombat mostrava a tutti il neonato, con l'orgoglio che di solito i bambini provano nell'esibire il loro giocattolo preferito. William aveva poco meno di ventotto mesi, e in quei primi giorni di vita di Harry fu forgiato il legame che sarebbe durato, infrangibile, per i successivi trentacinque anni. Per il primogenito l'orgoglio si sarebbe trasformato in istinto di protezione verso il più piccolo, e la comune infanzia tempestosa non avrebbe fatto altro che rinforzarlo.

3

Una certa vena Tudor

Sui guasti spesso irreparabili di un'educazione reale, i miei venticinque lettori – come direbbe Manzoni – conoscono la mia prognosi profondamente pessimistica. Ho dedicato un intero libro, *Royal baby*, a indagare i danni prodotti sulla psiche di un bambino destinato al trono dalla doccia fredda a cui viene sempre sottoposto, tra eccessi di disciplina da caserma e manifestazioni di ossequio servile. Ma è l'idea di essere qualcuno di speciale con un destino speciale ad apparire più devastante: si radica rapidamente nella prensile mente infantile, e ne condiziona per sempre aspettative e comportamenti. Aggiungeteci una specie di guerra civile permanente tra i due genitori, e il risultato sarà William nei suoi primi sei anni di vita.

Ben lontano dal somigliare al pacifico, soffice marsupiale australiano dal quale mammà aveva preso a prestito il vezzeggiativo, il piccolo Wombat manifestò presto le capacità distruttive di una tigre della Tasmania. Un assaggio del bambino terribile che sarebbe diventato, William l'aveva già offerto non appena aveva cominciato a sgambettare. Aveva spento la sua prima candelina con i genitori assenti, impegnati in una visita di Stato in Canada. A malincuore Diana si era rassegnata a partire lasciandosi dietro l'adorata creatura, ma al ritorno due settimane dopo aveva trovato «una vera peste, correva ovunque, andava a sbattere contro tavoli e lampade, rompeva tutto quello che trovava davanti». La principessa ne sembrava sorpresa ma all'osservatore esterno appare evidente, anche senza cedere a triti psicologismi, che questo bambino iperattivo reagisse in qualche modo all'atmosfera elettrica che regnava in famiglia.

Soprattutto, l'agitato Wombat rivelò ben presto un'irresistibile attrazione per il water, che gli sembrava il posto giusto per buttarci dentro qualsiasi cosa, dallo spazzolino da denti della madre alle scarpe di papà. Negli intervalli, si arrampicava come un gatto sugli scaffali delle librerie, oppure si lanciava estasiato lungo la ringhiera delle scale, o arrivava quasi a provocare l'infarto di tate e camerieri issandosi sui davanzali delle finestre. A Balmoral, in visita dai nonni, la squadra di protezione della regina irruppe nel castello armi in pugno quando William, inciampando, fece scattare le sirene del sistema d'allarme.

Normale irrequietezza di bebè? Lecito dubitarne. Le birichinate del piccolo facevano sorridere tutti gli adulti di casa, a cominciare da papà e mamma, peraltro molto indulgenti come d'uso per genitori innamorati del loro bambino. Ma erano gli unici momenti di alleggerimento in una quotidianità domestica dove la tensione tra Carlo e Diana si tagliava a fette. Il mondo esterno ancora si cullava nella favola del matrimonio reale, senza sapere che a Kensington Palace gli sposi vivevano da separati in casa. La solita lady Bowker, da amica intima di Diana anche depositaria di tante sue confidenze, testimonia che «le sole parole che si scambiavano erano piene di animosità». William era ovviamente troppo piccolo per capire che cosa stesse succedendo, ma quando, dopo la nascita di Harry, le liti tra i Galles ripresero con rinnovata ferocia, il primogenito si trovò immerso in un'atmosfera emotiva pesante e livorosa. Sorprende semmai che, già gravato inconsciamente di questo fardello, il bimbo abbia invece superato con un grande slancio affettivo l'improvvisa apparizione in scena di un fratello/rivale.

Sin da quel primo bacio in culla, nella clinica di Paddington, l'atteggiamento di Wills, come pure lo chiamavano in casa, era sempre stato ferocemente protettivo nei confronti di Harry. Spendeva tutto il tempo – ha raccontato Diana – a «rovesciare un'inesauribile caterva di baci e di abbracci» sul fratellino, «e a noi era concesso a malapena di avvicinarci». Il piccolo, non appena fu in grado di muoversi e capire, ricambiò con la pura adorazione del fratello maggiore. Se William lo trattava come una specie di giocattolo preferito, Harry appariva ben felice di lasciarglielo fare. A partire dall'infanzia, si abituarono a fare fronte comune in qualsiasi situazione. Del resto, Carlo e Diana, per quanto pessimi coniugi, si sforzavano invece di essere ottimi genitori. Incoraggiavano i figli a volersi bene, e anche – qui dottor Spock *docet*, sebbene il principe non ne fosse ammiratore – a manifestare questo affetto reciproco, cosa che loro già facevano senza incitamenti. Nei giochi con gli altri bambini, che i Galles si curavano di mettere loro accanto anche se di estrazione sociale molto meno elevata, i fratelli si presentavano sempre come un blocco unico. E lo sarebbero rimasti fino alla soglia dei quaranta.

La loro prima *nanny* Barbara Barnes, prontamente ribattezzata Baba, fece di tutto, in ossequio allo spirito di clan della speciale famiglia cui appartenevano, per rafforzare questo sentimento di fratellanza. I due bambini tendevano a svegliarsi attorno all'alba, e a quel punto la tata li portava entrambi nel suo letto per farli scatenare e giocare finché arrivava l'ora della colazione. Poi li consegnava ai genitori, quando si svegliavano, e anche in quel caso i due sapevano di poter contare sulla massima tolleranza.

Con Carlo e Diana sempre più alienati l'uno dall'altra, *nanny* Baba diventò fatalmente una specie di madre putativa. Coi bambini aveva la mano ferma, imponendo un minimo di disciplina sulle cose essenziali. Niente coperte di Linus a scopo consolatorio, per capirci, e nemmeno scarpine ai piedi finché non avessero imparato a camminare come si deve. In ogni caso niente *trainers*, che non le sembravano adeguate allo status dei principini, perciò quando finalmente arrivò il momento delle scarpe, Baba decise che dovevano essere solo le classiche Start-Rite con le chiusure a strappo. È certo comunque che i suoi metodi di allevare i piccoli produssero il notevole risultato di farli stare dritti in piedi prima ancora che compissero l'anno. Ed è sempre suo il merito, stando alla biografa reale Ingrid Seward, se i due impararono a dire «grazie» e «prego» non appena cominciarono a parlare.

Questi modesti tratti di urbanità confliggevano con il comportamento assai poco civile che i reali infanti avevano di solito, specialmente il più grande, con il piccolo che lo seguiva come un'ombra. Il fatto è che, a parte il minimo sindacale di regole sociali che Baba cercava di insegnare, per il resto i bambini godevano di una libertà decisamente fuori dal comune, e probabilmente eccessiva. Le ragioni di questa scelta educativa erano in essenza due. Quella più rilevante appare il progressivo sbriciolamento del matrimonio dei Galles, che a metà degli anni Ottanta subì un'accelerazione definitiva. Dopo la nascita di Harry nel settembre 1984, Diana e Carlo presero a dormire in camere separate, e la decisione non fu più revocata. Avrebbero ancora diviso il letto in occasioni sempre più rare, ma la freddezza fisica rifletteva ormai quella emotiva. Certo, il conflitto coniugale non diminuì l'amore e la cura dei figli da parte di entrambi i belligeranti, però occupava così tanto del loro tempo ed energie da spingerli a lasciare la prole sempre più nelle mani della bambinaia.

E qui arriviamo al secondo fattore decisivo: *nanny* Barnes, in ossequio alle convinzioni del tempo, condivideva con Diana l'adesione alla pedagogia ultraliberale del dottor Spock. Ai bimbi va assicurata la libertà di esprimere capricci, sentimenti e pulsioni, per non coartare in alcun modo la formazione della loro personalità più autentica. Mescolando questi precetti con l'assoluta indulgenza dei genitori, il risultato fu un cocktail altamente esplosivo: il comportamento scatenato e indomabile del piccolo William.

Lasciato libero di essere se stesso, il principino manifestò da subito qualche preoccupante assonanza con i tratti tirannici degli antenati Tudor. I primi segni di una tendenza assolutistica divennero evidenti già al battesimo del fratellino, nel dicembre 1984. Davanti all'intera tribù reale riunita per il sacramento nella cappella di St George a Windsor, continuava a dimenarsi e guizzare da una parte all'altra, e quando il padre gli proibì di prendere in braccio Harry come pretendeva, lui levò gli occhi al cielo in un gesto di sfrontata insolenza. Le foto di famiglia scattate dopo la cerimonia nella Music Room del castello testimoniano il suo assoluto protagonismo: è lui, col suo caschetto di capelli biondi, a occupare la scena correndo davanti ai famigliari in posa, relegando in secondo piano Diana e il nuovo arrivato. Alla fine della giornata perfino i reali parenti avevano coniato per lui un fresco nomignolo: «Sua Impertinenza Reale», piuttosto che Altezza Reale.

Negli anni successivi il bambino fece di tutto per accreditare il suo nuovo titolo. Prese l'abitudine di fare la linguaccia a tutti gli ospiti mentre li bersagliava senza ritegno con la sua pistola ad acqua: tra i malcapitati, ci fu una sentinella di guardia a Highgrove che resistette senza muovere un muscolo finché fu completamente inzuppata. I salotti di Buckingham Palace risuonavano frequentemente dei suoi latrati quando si metteva a quattro zampe per imitare i corgi di nonna, e nessuno intervenne fino a quando tentò di azzannare i polpacci dell'arcivescovo di Canterbury, come peraltro avevano già fatto i corgi veri. Ma non c'è dubbio che l'abitudine più imbarazzante, imparata chissà dove, era quella di pizzicare il sedere delle signore, sicuramente incoraggiato dagli scoppi di risa che questo provocava alla mamma. La faccenda prese una piega meno divertente quando il piccolo principe cominciò a pizzicare anche il fondoschiena di domestiche e cameriere a Kensington e a Buckingham Palace. Non potendo denunciarlo per molestie sessuali (del resto, l'era del politicamente corretto era ancora assai lontana), le povere donne scelsero la strada del rassegnato silenzio. Proprio come la sentinella. I genitori scrollavano divertiti la testa e sorridevano.

La nonna invece no. All'inizio anche lei non aveva fatto una piega davanti all'eccessiva esuberanza di William, che a ogni capitombolo per i saloni di Buckingham Palace strillava: «Gary, Gary!» Chi è questo Gary? si chiedeva stupito il personale, finché Sua Maestà spiegò: «Sono io Gary. Non ha ancora imparato a dire Granny». Ma la maleducazione e l'aggressività (soprattutto verso i subordinati) del nipote ormai cresciuto risultavano incomprensibili e inaccettabili a una sessantenne allevata nelle vecchie buone maniere vittoriane e edoardiane. Tanto più che il chiasso prodotto dalle gesta belluine di William presto raddoppiò quando si aggiunsero le urla di Harry. Messi assieme i due erano peggio di un ciclone.

Elisabetta li amava sinceramente, forse più di quanto avesse amato i figli, ma il loro arrivo a Windsor metteva a dura prova la sua pazienza e imperturbabilità. I saloni dell'avito castello diventavano il loro campo di battaglia, strepiti e fracasso segnavano il loro passaggio, litigi e pianti esplodevano furiosi, presto accantonati dalla ritrovata armonia distruttiva dell'altrui quiete. Sua Maestà si convinse che era tempo di intervenire quando sentì ricorrere spesso sulla bocca del futuro erede una frase minacciosa: «Quando io sarò re, farò una nuova regola che...» e giù il dettaglio del presunto editto.

Elisabetta, in realtà già provata dalle frequenti visite di Diana per lamentarsi del figlio e chiederle di ordinargli di lasciare l'amante, convocò Carlo. Ma non per impicciarsi della sua vita amorosa, come pretendeva la nuora, bensì per invitarlo a curare meglio l'educazione dei figli. «William mi sembra un po' fuori controllo», osservò l'augusta nonna. «Hanno bisogno di disciplina», concluse. Forse un cambio di bambinaia?

Il principe, che come la madre tendeva a sottrarsi ai confronti, si limitò a riportare a *nanny* Barnes le reali riserve. Ma Baba si sentiva così sicura del fatto suo che fece spallucce. Anzi, con un collega del personale andò pure oltre, sostenendo che il comportamento del piccolo Wills era solo naturale in presenza della regina. «Che cosa si aspettava, in nome di Dio, un mini principe Carlo?» Il giudizio così poco lusinghiero non fu fortunatamente riferito al principe del Galles, ma il regno di tata Barnes non era destinato a durare a lungo.

Convinta che i fratellini fossero al più «vivaci e simpatici», lei continuava a voltarsi dall'altra parte mentre loro mettevano le regge a soqquadro e sfasciavano preziosi mobili d'antiquariato. Il guaio è che i segugi di Fleet Street (allora le sedi dei giornali erano ancora tutte lì) annusarono presto che l'iperattività di William offriva ampio spazio al gossip e trasformarono in una clava mediatica gli epiteti affettuosi che Diana usava verso il figlio. Per quanto ormai allarmata e dispiaciuta davanti alla vastità dei danni prodotti, la principessa, lungi dallo sgridarlo, si limitava a chiamarlo «il mio minitornado» e perfino «il picchiatore». Ma rimase di sasso quando i tabloid, riportando l'ennesima impresa vandalica del principino, titolarono: «Il picchiatore colpisce ancora! William il terribile perde la testa!»

L'amica lady Bowker, che conosceva tutti gli altarini della famiglia, una sua idea sulle ragioni di tanta furia in verità l'aveva: «A volte i bambini, quando sono confusi, menano colpi alla cieca». Harry era ancora troppo piccolo ma Wills era abbastanza grande per registrare, pur senza comprendere, le sfuriate, le grida, i pianti della madre. Una donna semplice ma percettiva come la governante Wendy Berry osservava che «era normale che William picchiasse. Se i tuoi genitori si dilaniano con le unghie e con i denti, qualcosa devi fare. William era arrabbiato e ferito, e quello era il suo modo di affrontare la situazione».

Troppo difficile per la coppia scoppiata riconoscere di avere gran parte della responsabilità per i problemi comportamentali del primogenito. Più semplice affidare la soluzione a qualcuno che basta pagare. Così Diana concluse, probabilmente in buona fede, che ciò di cui il bambino aveva bisogno per superare le sue tendenze antisociali era soprattutto stare a contatto con i coetanei, anziché rimanere isolato nella reggia. Di conseguenza, sfidando secoli di tradizioni reali, rifiutò di trasformare in giardino d'infanzia una sala di Kensington Palace e di affidare la prima formazione del suo Wombat a un'istitutrice. Decise piuttosto di iscriverlo all'asilo privato della signora Mynor, che sebbene fosse situato in un vecchio edificio vittoriano nel quartiere multietnico di Notting Hill, o forse proprio per questo, era molto popolare tra le giovani mamme affluenti di Londra appartenenti all'*upper class*.

Il risultato non fu quello sperato. Probabilmente per nessuno. Resta infatti da vedere quanto la signora Mynor fosse lieta di dover accogliere ogni mattina il suo piccolo allievo con un codazzo di agenti di polizia che, da allora in poi, sarebbe diventata la costante nella vita del principe. Lui, il diretto interessato, certo non ne era contento (e non lo sarebbe stato nemmeno negli anni a venire), e lo dimostrava trattando malissimo gli sfortunati poliziotti incaricati di non perderlo mai d'occhio, uno piazzato nel corridoio, l'altro seduto in fondo all'aula in mezzo a una tribù di ululanti bambini in età prescolare. Soprattutto, l'auspicato effetto calmante del trovarsi spalla a spalla con creaturine della stessa età sortì in effetti il risultato opposto. William sembrava trovare irritanti i suoi compagnucci e anche verso di loro si mostrava sgarbato e aggressivo. Non partecipava ai giochi che non gli interessavano e litigava costantemente con gli altri. Se le maestre intervenivano a mettere ordine o a riportare pace, lui non solo digrignava i denti e mostrava i pugni ma le minacciava di rinchiuderle direttamente nella Torre di Londra. «O di farci tagliare la testa da una delle sue guardie del corpo. Delizioso», ricorda sarcastica una di loro.

Stavolta per la *nanny* Baba non ci fu più niente da fare. Non è chiaro se fu più per le pressioni della regina o per l'intollerabile violazione delle regole non scritte dello snobismo inglese, che impongono di non varcare mai il confine invisibile tra le classi. Fatto sta che quando la tata Barnes, non paga di aver accettato l'invito al compleanno dell'ex datore di lavoro lord Glenconner nella favolosa isola caraibica di Mustique, apparve pure sui rotocalchi fotografata accanto a celebrità come la principessa Margaret e Raquel Welch, Diana decise che si era montata la testa. Al ritorno, in tempo per il Natale 1986, Baba trovò i suoi bagagli già chiusi e la busta con la liquidazione, licenziata su due piedi. Sparì così, da un momento all'altro, e nessuno la vide mai più. Era stata per quattro anni la madre surrogata di William e per due di Harry, ma evaporò senza poter nemmeno dire loro addio. Le fu perfino proibito di mandare una cartolina ai bambini. Per loro la scomparsa, imprevista e repentina, della figura materna incarnata da Baba dev'essere stata un'esperienza traumatica. Quando, undici anni dopo, persero in modo così ingiusto e inatteso la madre vera, forse inconsciamente attinsero a quel primo trauma per affrontare il dolore insopportabile della morte della principessa. Che nessuno e niente poteva rimpiazzare, a differenza di tata Barnes.

4

Il problema del Numero Uno

La nuova tata, Ruth Wallace, sapeva farsi amare dai bambini. Anzi, ben presto la adorarono. Se *nanny* Baba era stata per loro una madre surrogata, *nanny* Roof (tetto), come presero presto a chiamarla, era se possibile ancora più affettuosa e protettiva. Probabilmente le era chiaro che, coi genitori ai ferri corti, lei era l'unico diaframma che separasse i principini dal caos. Ma questo non contribuì a rendere più socievole William e più gentile il suo comportamento. A scuola il futuro erede continuava a comportarsi come se fosse già il padrone del destino di tutti. Saltava la coda per i pasti e non mancava una battaglia con i suoi compagni. Sentiva di avere il diritto di fare quello che gli pareva, per una semplice ragione...

«Il mio papà può picchiare il tuo papà», ripeteva come un mantra agli altri bambini. «Perché il mio papà è il principe del Galles.»

Il piccolo non faceva che esibire, senza saperlo, l'arroganza di generazioni di *royal baby* prima di lui. Ma c'era una differenza. In passato non c'erano tabloid e televisioni a spiare ogni passo falso dei reali. E alla torma di *royal watchers* assiepati a Westminster Abbey per il matrimonio dello zio Andrea con Sarah Ferguson, nell'estate 1986, non poteva sfuggire la sceneggiata messa in piedi dal paggetto William. Non solo la piccola peste trascinò lungo la navata la cuginetta Laura Fellowes, sei anni, ma non fece che agitarsi durante tutta la cerimonia. I reporter annotarono che arrotolava i fogli delle preghiere a mo' di trombetta, si grattava la testa, si nascondeva la faccia dietro la mano aperta, mostrava la lingua a Laura, e alla fine lasciò l'abbazia con il suo cappellino alla marinara tutto di traverso. Né Carlo né Diana se la sentirono di rimproverarlo: «Lui è così», lo giustificò la principessa. «Si butta a capofitto in tutto quel che fa.»

Tata Roof cercò di mettere un freno con il ricorso a una modesta dose di disciplina e qualche scapaccione. Nell'autunno 1987, il futuro re d'Inghilterra fu costretto a subire la sua prima umiliazione pubblica. Invitato al compleanno di un amichetto, pretendeva di essere lui a spegnere le candeline sulla torta. All'ovvio rifiuto cominciò a bombardare i presenti con tutto ciò che trovava, dai sandwich ai gelati. La bambinaia prima lo costrinse a ripulire tutto, nonostante le sue minacce di decapitazione, e poi lo trascinò via dalla festa. Ma intanto la fama della cattiva condotta del principino gli aveva già fatto guadagnare un posto tra le caricature di *Spitting Image*, il programma televisivo satirico che per decenni ha messo alla berlina tic e vizi dei reali. William compariva in video in tenuta da combattimento, con coltello e fucile mitragliatore, costantemente all'attacco del fratellino che aveva appena tre anni.

Non era comunque questa la sfortuna maggiore che aspettava Harry. O, come lo chiamava mamma, «No. 2», il Numero Due. Mentre William coi suoi capricci e le sue intemerate mostrava di aver inconsciamente già assorbito il destino di Numero Uno, il minore era ovviamente ben lontano dal realizzare che cosa questo significasse per la sua vita. Per il momento, come sintetizzò Diana, «Harry è più tranquillo e si limita a osservare. Il Numero Due si adatta quieto a tutto. Ma la sfortuna nell'essere il Numero Uno è che si procede per tentativi ed errori, perciò siamo di larghe vedute su William».

Tanto, a sopportarne la furia erano altri. L'autunno dell'87 fu anche il momento in cui il principino lasciò l'asilo, con gran sollievo della signora Mynor, e fu iscritto alla prescuola materna Wetherby, a Notting Hill, poco distante da Kensington Palace. Il passaggio di scuola e il cambio di compagni lì per lì non produssero alcun mutamento.

Se alzava la mano e non veniva chiamato per primo si infuriava. Se a pranzo gli davano qualcosa che non gli piaceva, la scaraventava per terra e cominciava a urlare. La sua prima proposta di nozze, alla piccola Eleanor Newton di cinque anni, è rimasta memorabile: «Se non mi sposi, ti mando in prigione». La piccola scoppiò a piangere, mentre alle maestre veniva da ridere. A fare un po' di psicologia spicciola, è facile dedurre che la pessima condotta di William era una richiesta d'attenzione da chi non gliene dava abbastanza, ovvero i genitori. La prima, opportuna risposta terapeutica sarebbe stata comunque una giusta razione di scappellotti, che nessuno però si sentiva autorizzato a somministrare. L'unica che ne avesse titolo era tata Ruth, ma lei li lesinava per altre ragioni.

La verità è che, da donna intelligente e sensibile, Ruth Wallace aveva una profonda compassione per i suoi due protetti. Quello che passava sotto i suoi occhi in quel «manicomio» che era il matrimonio Galles le faceva intuire che inferno potesse esserci nel cuore dei piccoli. Le sfuriate di cui era involontaria, e forzata, testimone la sconvolsero a tal punto che, nonostante l'affetto per i piccoli, nel 1989 si licenziò in tronco e si prenotò un viaggio sul Rio delle Amazzoni per riprendere fiato. A qualche collega confidò che non ce la faceva più ad assistere alle scene di guerra coniugale, «erano troppo per lei, troppo spiacevoli», di più, «tossiche». Ma prima di lasciare il suo lavoro fece in tempo, forse, ad aiutare William a scoprire un altro possibile sé.

Qualcosa che la *nanny* non riusciva a tollerare era il manifesto disprezzo del principino verso le persone di servizio, anche se si trattava magari di anziani domestici reali che avevano prestato la loro opera per decenni. Pure qui, il comportamento del bambino non spuntava dal niente sotto i cavoli: imitava semplicemente i modi bruschi che il padre usava nei confronti dei suoi servitori. Saggiamente, tata Ruth non si limitò a un rimprovero. «Prova a pensare», disse a William, «che cosa senti quando qualcuno ferisce i tuoi sentimenti, e poi pensa a cosa provano gli altri quando tu li tratti male.» Fu come schiacciare un interruttore. «Gli si accese una lampadina», raccontò poi Diana. «Allora anche gli altri hanno dei sentimenti.»

Fosse effetto delle gocce di saggezza della bambinaia, fosse un autentico miracolo di Natale, fatto sta che sotto l'albero quell'anno di grazia 1987 il mondo si ritrovò un William completamente diverso. A dire «grazie» e «prego» aveva imparato con l'adorata Baba, ma la novità è che adesso cominciò a usarli. Da un momento all'altro si trasformò in un perfetto piccolo lord Fauntleroy. Forse lo affascinava l'idea di apparire gentile, con l'aria di compiacimento che vedeva dipingersi sul volto dei più grandi, come commentò *nanny* Roof. Adesso, tutto compito, allungava la mano per presentarsi e si preoccupava di tenere la porta aperta per far passare qualcun altro. Aveva capito – per stare ancora alle parole della tata – che «buone maniere e comportamento corretto sono modi di essere cortesi con gli altri». L'esempio, del resto, l'aveva sotto gli occhi: la madre. Quegli erano gli anni di una specie di sdoppiamento di personalità della principessa. Tanto era capace di rendere la vita infernale al marito, come rappresaglia per il suo disinteresse e tradimento, quanto di apparire angelica – e di esserlo veramente – con la gente comune, soprattutto con le persone svantaggiate.

L'uscita dalla prima infanzia per William non segnò solamente la scoperta delle buone maniere ma anche degli interessi e dei tratti più autentici della sua personalità. Uno l'aveva sicuramente ereditato dalla madre, e lo avrebbe condiviso con il fratello minore. Diana aveva lo spirito di un'eterna ragazza e conservava una natura giocherellona. La perla di saggezza consegnata ai suoi bambini in quegli anni era, come sappiamo, la seguente: «Se vuoi fare il birichino, fallo. Ma non farti scoprire». E loro ne fecero tesoro, appropriandosi della vena sbarazzina che la madre non aveva mai perduto: a cominciare dalla perfetta imitazione di Sua Maestà, che la suocera non le perdonava. William e Harry non toccavano i santi ma non risparmiavano i fanti. Si erano specializzati negli agguati con la pistola ad acqua: ne rimasero vittime la mamma, Carlo e una volta (e mai più) perfino la nonna. Questi, dopo tutto, erano gli scherzi più gentili. Ai più sfortunati toccavano bombe d'acqua tirate dai balconi del palazzo. E i pizzicotti al sedere delle signore, in cui abbiamo già visto William eccellere, finirono solamente quando la mamma di un compagno di scuola non lo trovò per niente divertente.

I ragazzini si divertivano invece moltissimo all'aria aperta, e nel loro amore per qualsiasi attività motoria tradivano i geni ereditari della famiglia del padre. Il maggiore era uno spericolato. Correva a rotta di collo per i campi in bicicletta o si esibiva in rischiose acrobazie sullo skateboard. La Jaguar giocattolo che aveva ricevuto come dono di compleanno, uno splendido modello XJS cabriolet, finì distrutta in men che non si dica, e la *nanny* seguì col cuore in gola il recupero a opera dei pompieri del reale discolo che era salito troppo in alto su un albero e non sapeva ridiscendere da solo. Ovviamente, non poteva che eccellere in quello che è sempre stato considerato lo sport dei re, e nel caso dei Windsor è una vera ossessione di famiglia: cavalcare. Sulle orme di *Granny*, saltata in groppa al suo pony Peggy a cinque anni, William a quattro anni cavalcava il suo Trigger senza sella e a sei perfino stando in piedi. L'orgoglio della nonna davanti a tanta prodezza le fece perfino ignorare il rischio che il nipotino, e soprattutto erede, potesse rompersi la testa.

Questi furono del resto i momenti felici di un'infanzia travagliata dall'astio tra i genitori, tracimato ormai ben oltre il livello di guardia. Quando si ritrovavano sotto lo stesso tetto, a Kensington Palace o nella residenza di campagna di Highgrove, Diana evitava ogni contatto col marito chiudendosi in camera sua. Ma qualche faccia a faccia era inevitabile, e terminava immancabilmente con scenate terribili, urla e strepiti assai poco principeschi da una parte e dall'altra. Diana non lesinava i *fuck off* (fottiti) all'indirizzo del marito, e lui rispondeva come minimo sbattendole la porta in faccia. Ogni dipendente dei Galles di quegli anni può riferire episodi di violenza inusitata. Il cameriere personale di Carlo, Ken Stronach, ha raccontato il suo sbalordimento di fronte alla principessa che insegue il marito da una stanza all'altra della reggia di Kensington rinfacciandogli la relazione con Camilla, finché il principe si volta e le urla: «Come osi parlarmi così? Non sai chi sono io?» «Certo che lo so», replica lei paonazza in volto. «Tu sei un fottuto animale.»

I bambini erano costretti ad accontentarsi di una famiglia a metà. Stavano bene e senza pensieri solo quando erano in compagnia di un genitore o dell'altro. E bisogna riconoscere che, presi individualmente, i due belligeranti erano esemplari verso i figli. Appare incredibile (del resto, è quel che accade comunemente) che non si rendessero conto dei guasti prodotti nella psiche infantile dalla loro rissa continua. Ma in compenso, quando si trovavano singolarmente con i bambini, ognuno era capace di dedicare loro tempo di qualità.

Carlo, da sportivo e amante della campagna, assecondò in ogni modo il loro istinto naturale verso questo stile di vita. Prestissimo cominciò a portarseli dietro sui campi da polo, iniziandoli a quella che sarebbe diventata una passione condivisa. Pur in mezzo ai suoi innumerevoli impegni, si curò sempre di mantenere e rafforzare il legame affettivo con loro, che avrebbe resistito anche alle durissime prove degli anni a venire. Il nomignolo che i piccoli affibbiarono in quel periodo al padre era Big Bad Wolf, Lupacchione cattivo, e nasceva dai corpo a corpo pieni di strilli e risate che ingaggiavano con lui sul pavimento della nursery.

Questa intimità affettiva si sviluppava nelle gite a tre in campagna, che era invece così invisa alla «cittadina» Diana. Nella meravigliosa natura di Balmoral o tra i campi grigi e paludosi del Norfolk, la regione dove si trova Sandringham, William e Harry impararono dal padre la pazienza necessaria nella pesca, o nell'attesa del capo di selvaggina a cui mirare. Fu un apprendistato con molti risvolti. Servì a sviluppare abilità quasi naturali in qualsiasi membro della famiglia Windsor, storicamente adepta dei piaceri di Diana (la dea, non la principessa). Ma anche a costruire, secondo i sentieri più tradizionali dei passatempi reali, una sensibilità ambientalista di cui entrambi i principini avrebbero dato prova negli anni della maturità. Infine, cementò il legame col padre nella memoria comune di momenti di pura felicità.

Lo erano in pari misura quelli trascorsi con la madre da sola. Diana non amava la campagna e odiava la caccia (sebbene come ogni buona aristocratica avesse sparato al suo primo cervo ad appena tredici anni), ma fu abbastanza intelligente da non inquinare con il suo risentimento gli spazi comuni tra marito e figli. Non tentò mai di ostacolare il loro rapporto o i loro divertimenti assieme, semmai cercava di offrire ai ragazzi occasioni di svago o di incontro di segno molto diverso, più vicine alla vita della gente comune. Difficile dire se questo facesse parte di un consapevole programma pedagogico o fosse un riflesso istintivo della sua attitudine verso il mondo. Sta di fatto che se con Carlo i ragazzi sperimentavano la vita dell'élite a cui appartenevano, con lei si immergevano nel quotidiano e nei modesti divertimenti delle persone ordinarie. Che per loro però prendevano il sapore di un'escursione nello straordinario.

Fu con la madre che provarono l'eccitazione del primo hamburger in un McDonald's (e quando mai si era visto un principe al tavolo di un fast food?) o del pollo fritto in un Kentucky Fried Chicken. Fu ancora lei a portarli al cinema, sulle piste da go kart, ai parchi giochi e alle grandi fiere popolari, accanto a ragazzini senza «pedigree». Consegnata all'iconografia del Ventesimo secolo rimane la foto di loro tre insieme sullo scivolo d'acqua a Disneyland Paris. Ma Lady Di voleva anche che i figli, sebbene ancora bambini, conoscessero il mondo della sofferenza fuori dal loro recinto dorato. Perciò, quando ritenne che fossero pronti, li portò con sé a toccare con mano la sostanza dolente della sua attività filantropica. Le visite ai centri d'assistenza per disabili gravi, ai ricoveri per senzatetto, a ospedali pediatrici e asili per i malati di AIDS furono lezioni che segnarono profondamente William e Harry, e anche nell'immenso privilegio della loro condizione non le avrebbero mai dimenticate.

Diana, com'è noto, non era colta, e anzi a dirla tutta era proprio poco istruita. Mascherava l'imbarazzo, talvolta la vergogna, per questa carenza con un atteggiamento autodenigratorio: «Tanto si sa che sono stupida», diceva prendendosi in giro ma in realtà per difendersi. Naturalmente non lo era affatto, e l'istintiva saggezza del suo educare i figli con l'esempio è comprovata dai risultati. Si può pensare quel che si vuole dei due ragazzi di Lady Di, adesso che sono diventati uomini, ma nessuno può negare la loro sincera compassione, ed è forse l'eredità più importante ricevuta dalla madre.

Alla lunga, anche la sua intuizione di spedire l'erede in una scuola normale, sottraendolo all'ipoteca claustrofobica di un'istruzione privata tra le mura della reggia, si rivelò la scelta giusta. Dico alla lunga perché inizialmente, a giudicare dal comportamento di William, l'idea di metterlo a contatto con bambini «ordinari» aveva sortito l'effetto contrario a quello sperato. Se lo scopo era di togliere dalla testa del principino ogni pretesa di eccezionalità, proprio il confronto con i coetanei «comuni», i suoi futuri sudditi, lo aveva radicato nella sua presunzione di superiorità. Ma Diana era nel giusto a rivendicare «larghe vedute», anziché metodi disciplinari, davanti alle bizze e alle sfuriate del primogenito. E lo prova proprio il radicale cambio di comportamento che William manifestò a partire dal Natale 1987.

È una maturazione improvvisa che deve molto all'aria di tregenda continua che respirava in famiglia. Se le liti furibonde tra i coniugi riuscivano a sconvolgere persino i domestici, figuriamoci l'effetto che potevano fare sui bambini. «Avranno bisogno di un grosso aiuto», disse Jessie Webb, la tata che aveva sostituito *nanny* Ruth, «se non vogliamo che diventino pazzi furiosi come i loro genitori.» Il piccolo Wills non aveva alcuna possibilità di razionalizzare quel che vedeva accadere attorno a sé. I pianti della mamma lo spingevano naturalmente a prendere subito le parti di Diana, non solo passandole fazzolettini di carta sotto la porta quando lei in lacrime si chiudeva in bagno, ma anche affrontando il padre: «Perché fai soffrire la mamma?» gli gridava piangendo di rabbia. «Ti odio, ti odio!» Mentre tutto si sbriciolava attorno a lui, questo intelligente e sensibile bambino di nemmeno sei anni cercò disperatamente qualcosa che desse un senso alla sua vita, ora che il sostegno più ovvio – la famiglia – veniva meno.

La consapevolezza della sua «eccezionalità», stavolta però in positivo, divenne la risposta. A un'età in cui i ragazzini fantasticano di diventare eroi o imperatori, lui si rese conto che ciò che per gli altri era un sogno, per lui era un destino. Non aveva bisogno di giocare al re, perché lo sarebbe diventato davvero. E avrebbe potuto godere della stima e dell'autorità che già vedeva ispirare negli altri la nonna regina.

Così il bambino che a sei anni e pochi mesi, nell'uniforme grigia e rossa dell'istituto, mise piede alla Wetherby per il suo secondo anno di scuola preparatoria era notevolmente diverso dalla piccola peste dell'anno precedente: molto più quieto, con maggior autocontrollo e molta meno arroganza. Il cambiamento non poteva sfuggire agli insegnanti, che invece ignoravano – come il resto del mondo – i mutamenti non meno radicali che dietro la cortina devastavano la casa dei Galles. Il 1988 è l'anno che vede riprendere a vele spiegate la relazione tra Carlo e Camilla, e anche quello in cui l'amante di Diana, James Hewitt, diventa una figura fissa nella vita dei principini. Nemmeno William sapeva i particolari, ma percepiva chiaramente il cataclisma intorno a lui. E la sua risposta fu di crescere alla svelta.

Era un bambino sveglio, che aveva già mostrato la capacità di ottenere buoni voti a scuola. Adesso applicò l'intelligenza allo sforzo di salvare la propria vita dal naufragio del matrimonio dei suoi. Capì di dover abbandonare l'egotismo infantile dei primi anni e cominciò a sviluppare un'idea diversa del suo futuro ruolo di monarca. Fondamentalmente scoprì, in modo assai precoce, quella cosa che si chiama senso del dovere. Un sovrano vive in una condizione di privilegio, ma se vuol essere un buon re il senso della sua «chiamata» sta nel rendere un servizio agli altri, al Paese, alla comunità.

Significativamente, mentre il comportamento di William prendeva una piega verso il meglio, quello del fratello più piccolo andava in direzione opposta. Sino ad allora il più quieto dei due, adesso che a quattro anni cominciava a farsi un'idea di chi era e di che cosa l'aspettava, Harry era sempre più irrefrenabile, assertivo e attaccabrighe. Ken Wharfe, la guardia del corpo di Diana e dei figli nei tardi anni Ottanta, racconta di un litigio tra i fratellini sul sedile posteriore della macchina mentre andavano con la madre da Londra a Highgrove. La bambinaia tentava inutilmente di mettere pace tra i due, finché il più piccolo esplose all'indirizzo dell'altro: «Tu sarai re, un giorno. Io no. Così posso fare quello che voglio». È una drammatica quanto inconsapevole anticipazione del fossato che un giorno avrebbe diviso le loro vite.

Lì per lì Diana rimase sorpresa, racconta Wharfe. «Dove diavolo l'ha presa, questa?» fu la sua reazione. In qualsiasi modo l'avesse capito, da quel momento Harry il bravo bambino, di carattere dolce e sottomesso, timido e gentile, sparì dalla scena. E fu sostituito da Harry il casinista, l'incurante, lo sfacciato perdigiorno che incarna tipicamente – in mancanza di scopo nella vita – l'erede di ricambio. Il fratello maggiore si mise invece, senza più esitazioni, sul sentiero verso il trono. Ed essendo uno che, come diceva la madre, «si butta a capofitto in tutto quel che fa», decise in quel momento di diventare ciò che anche Diana sognava: il «buon re William».

5
Lady Dorothy dell'East End

E ORA è tempo di lasciare i quartieri alti per spostarci in quella parte di Londra che molto raramente gode di una visita dei reali.

Aveva un bel dire la bisnonna di William e Harry, dopo che una bomba nazista incenerì un'ala di Buckingham Palace: «Adesso posso guardare negli occhi gli abitanti dell'East End», vittime per anni dei costanti bombardamenti tedeschi su Londra. Sì, fu una magnifica frase per la propaganda bellica, ma non diminuì di una virgola la distanza siderale tra i Windsor e i popolani dell'East End. La parte orientale della capitale, povera e proletaria, rifugio di gang criminali e schiere di derelitti sin dai tempi di Jack lo Squartatore, in quegli anni era ancora un posto accuratamente evitato dai ceti benestanti, figuriamoci dalla famiglia reale.

Avrebbe mai potuto immaginare, la Queen Mum, che un giorno il destino della sua nobile schiatta avrebbe incrociato una famiglia uscita da queste viuzze sconnesse, dove la gente solitamente faticava a tirare la carretta? Nemmeno la potente fantasia di Charles Dickens, crudo narratore di questi luoghi, avrebbe potuto concepire un simile intreccio. Eppure, è proprio qui che affondano le radici del povero albero genealogico della futura regina Catherine (Kate) Middleton, nata il 9 gennaio 1982, cinque mesi prima dell'uomo che avrebbe sposato. «Middle», ovvero media, veramente in tutto, dal cognome al reddito, alla classe, allo stile di vita, sebbene questo approdo borghese già volesse dire per almeno metà della famiglia un salto sociale rispetto agli avi, recenti e lontani.

Incapace di rassegnarsi all'evidenza di una plebea sul trono, l'usuale snobismo inglese si è messo affannosamente alla ricerca di antenati altolocati. L'esperto di araldica Patrick Cracroft-Brennan, che con un nome così merita un posto negli ilari romanzi *upper class* di P.G. Wodehouse, ha annunciato al mondo che William e Kate sono nientemeno cugini. Beh, non proprio vicini: per la precisione cugini di quindicesimo grado. Che vuol dire? Che andando indietro di quindici generazioni potrebbero avere un antenato comune, il quale nella fattispecie sarebbe l'uomo di Stato sir Thomas Fairfax, progenitore comune degli Spencer (Diana) e dei Middleton (Michael, il padre di Kate). Un po' come vantarsi che siamo tutti figli di Adamo ed Eva e cugini di Caino e Abele.

Lasciamo pertanto perdere i vani, per quanto indefessi, sforzi di attribuire alla signorina Kate Middleton qualche sedicesimo di sangue blu. Oltretutto, se siamo qui nelle stradine poco accoglienti dell'East End è perché proprio la totale mancanza di nobiltà di Kate fa notizia. Pare che una volta Camilla Parker Bowles, attuale duchessa di Cornovaglia, abbia osservato che il mondo si divide tra quelli che ereditano i mobili di casa e quelli che se li devono comprare. Ruvido criterio di distinzione che però calza a perfezione alla castale società britannica. Se Camilla e i suoi amici, in cima a tutti ovviamente i reali, si collocano nella prima fetta, i Middleton con ogni evidenza stanno dall'altro lato della faglia. Il loro background sociale è quanto di più distante si possa concepire dall'ambiente in cui è nato e cresciuto il secondo erede al trono d'Inghilterra in linea di successione.

Che cosa ha reso possibile questa improbabile congiunzione astrale di un principe e una borghese (piccola piccola)? Forse non ha pesato poco la circostanza che, negli stessi anni in cui William affrontava la sua tormentata infanzia, la sua futura sposa godesse invece del calore di una famiglia felice. L'acquisto dei mobili (e anche di un piccolo maniero) non era stato facile per i Middleton, ma ce l'avevano fatta, e in più non avevano problemi a riempire d'amore la loro casa. È stato quello a illuminare il percorso di Kate dall'oscurità dei suoi antenati allo splendore della Corona.

Piuttosto che l'albero genealogico, l'unico punto di contatto accertato tra Kate e William sono le miniere di carbone. Dopo le regine Catherine di Valois, Catherine d'Aragona, Catherine Howard, Catherine Parr, Catherine di Braganza, la prossima Catherine sul trono d'Inghilterra discende per via materna dal minatore John Harrison, il trisavolo che scavava coke nella contea di Durham, al confine con la Scozia. Guarda caso, le miniere in cui lavorava appartenevano ai Bowes-Lyon, la famiglia della Queen Mum, ovvero la bisnonna di William. E fu il prolifico John Harrison (nove figli con la moglie, una domestica di nome Jane Hill) a mettere al mondo il bisnonno di Kate, Thomas, che era abbastanza in gamba da evitare i pozzi di carbone.

Da bravo falegname, negli anni Trenta del secolo scorso si trasferì a Londra con la moglie Elizabeth, sistemandosi nel sobborgo di Southall, vicino al deposito delle ferrovie dell'Ovest. Evidentemente gli affari gli andavano bene, se partendo da zero riuscì perfino a comprarsi una casetta con due camere da letto sulle rive del Grand Union Canal, la via d'acqua lunga oltre duecento chilometri che collega Londra a Birmingham. E lì venne al mondo e fu cresciuta Dorothy, la formidabile nonna materna di Kate.

Se ci fate caso, questo è un altro tratto che accomuna la famiglia numero uno del regno con una delle ultime. La forza delle donne. Non c'è storico che non concordi: senza le sue regine, la monarchia in Inghilterra probabilmente non sarebbe sopravvissuta. La grande Vittoria, con la sua esaltazione dei valori della famiglia, salvò la Corona dall'universale disprezzo in cui l'aveva precipitata la dissolutezza degli avi Hannover. La Queen Mum contribuì a restituirle rispetto dopo l'abbandono di Edoardo VIII. Ed Elisabetta II ne ha fatto l'icona planetaria venerata dai sudditi. Nel suo piccolo, Dorothy Harrison si issò sui gomiti per tirar fuori dalla penuria e dall'anonimato il suo piccolo clan, e la sua ambizione indicò la strada alle due intelligenti, abili, determinate discendenti, la figlia Carole e la nipote Kate.

Dorothy, come tutte le donne del popolo a quel tempo, lasciò presto la scuola e trovò un posto come commessa in un negozio della catena di moda Dorothy Perkins. In qualche modo era già un salto di classe – dai lavori servili all'impiego commerciale –, ma non era solo per questo che la ragazza veniva motteggiata da parenti e amici come «lady Dorothy». Non è che si desse proprio delle arie, però si considerava evidentemente lontana dalla parentela proletaria. «Si comportava come se fosse superiore a tutti noi», ha ricordato acidamente il cugino Pat Chapman quando la nipote di Dorothy ha portato la famiglia all'onore delle cronache. «Pensavamo tutti che fosse un po' snob», ha fatto sapere la nipote acquisita Ann Terry, che ha lavorato al suo fianco in una gioielleria. «Voleva sempre migliorare la sua vita.» Non avrebbe potuto avere maggior successo.

Nel 1951 «lady Dorothy», appena diciottenne, sposò il muratore ventiduenne Ron Goldsmith. E in fatto di donne forti e volitive nemmeno i Goldsmith scherzavano: mamma Edith, fumatrice accanita da un pacchetto al giorno, aveva messo al mondo sei figli e, rimasta vedova, era andata a lavorare in una fabbrica di marmellate per tirarli su al meglio. La vita di Ron e Dorothy si prospettava meno dura ma certo non una passeggiata. Agli inizi, rimasero a vivere nella periferica Southall, costretti ad accontentarsi di un appartamentino esiguo e senza riscaldamento in una *council house*, una casa popolare sovvenzionata dal Comune.

Fu lì che nacque Carole, nel 1955, e i sogni di Dorothy si concentrarono sulla figlia sin dal primo giorno. Per lei voleva il meglio, a cominciare dal passeggino. Così, tra l'invidia e le maldicenze dei parenti, la bebè dei Goldsmith fu adagiata in una sontuosa Silver Cross, la Rolls-Royce delle carrozzine, acquistata a caro prezzo in uno di quei grandi magazzini in cui nessuno della famiglia si era mai sognato di entrare.

Il passo successivo per i Goldsmith, dopo una dozzina d'anni nel buchetto all'ultimo piano di Southall, proprio sotto la linea d'atterraggio e decollo dell'aeroporto di Heathrow, fu l'acquisto della loro prima vera casa. Una comoda abitazione a Norwood Green, vicino a Ealing, all'estremità elegante di Southall. Avevano finalmente messo piede sul primo gradino della scala proprietaria. Carole, crescendo, imitava in tutto e per tutto la madre, secondo i ricordi dell'antipatizzante cugina Ann Terry: «Le piaceva vestire bene, sentire musica pop e ballare in camera. Era una bambina molto femminile, dolce e educata».

Frequentò la locale scuola pubblica fino a sedici anni, poi lasciò perdere lo studio, visto che comunque papà Ron non si sarebbe potuto permettere la spesa del college. Andò a lavorare ma, per la prima volta nella storia della famiglia, come «colletto bianco»: impiegata presso la Prudential Insurance Company, che gli inglesi chiamano affettuosamente «la Pru», nel centralissimo quartiere di Holborn. Buckingham Palace diventava più vicino.

Chiunque osservi questa bella signora dai capelli castano chiaro, elegantemente vestita, con l'eccentrico cappello d'ordinanza, che sfila in carrozza al seguito della regina nella tradizionale processione d'apertura delle corse di Ascot, non può sottrarsi a una doppia ammirazione: per le doti personali che l'hanno condotta dalla casa popolare di Southall ai saloni della reggia e per il funzionamento dell'ascensore sociale britannico, capace di assicurare una simile, straordinaria mobilità verso l'alto. Tanto più incredibile in un Paese che ancora conserva l'ossequio per le distinzioni di casta. Per capire come Carole e il suo piccolo clan ce l'hanno fatta bisogna riandare agli anni Ottanta, all'esplosione di quelle «energie animali» del capitalismo innescata dall'arrivo al potere di un'altra donna, Mrs Thatcher (ancora ben lontana dal diventare, da infelice pensionata, la baronessa di Kesteven). Ma prima d'arrivarci, torniamo alla sedicenne Carole impiegata della Pru.

Non durò molto. Da ragazza sveglia, capì che non aveva grandi prospettive di carriera se non migliorava il suo livello d'istruzione. Perciò tornò da papà Ron pregandolo di fare un ultimo sforzo e lasciarle completare la scuola almeno fino all'esame di maturità, quello che gli inglesi chiamano A Level. Le sue materie erano economia, geografia, letteratura inglese e arte. Ce la fece benissimo, e i buoni risultati le guadagnarono un posto in un molto ambito corso d'addestramento per manager commerciali presso il più snob dei grandi magazzini londinesi, John Lewis. Carole fece esperienza di gestione nel reparto vetri e porcellane della sede più chic della società, la branca Peter Jones sui cinque piani del lussuoso edificio déco che si affaccia su Sloane Square, il cuore di Chelsea. Un altro pianeta rispetto alla natìa Southall. Fu talmente esaltante da convincerla che quello era il lavoro che le interessava. Purtroppo, i dirigenti di John Lewis avevano altri programmi per lei e la retrocessero per sei mesi al ruolo di semplice commessa dietro il bancone. Lei li mandò al diavolo senza pensarci due volte, come confessò in un'intervista al *Telegraph* nel 2018: «Fare quello per sei mesi! Era troppo noioso».

Perciò, addio John Lewis e fantasie manageriali. Ancora diciottenne, nel 1973, entrò nella BEA, antenata dell'odierna British Airways, certamente ignara che il suo temporaneo lavoro di hostess avrebbe guadagnato alla primogenita Kate gli sfottò più crudeli degli amici snob di William. «*Hands to manual*» – Consultate il manuale – era il saluto degli aristocratici compagni di spasso del principe quando lei compariva: un'allusione all'ordine impartito dalle hostess della B.A. in caso di emergenza. In realtà di voli Carole ne fece ben pochi, ottenendo di essere assegnata al personale di terra. Fu il suo cuore invece a spiccare un gran balzo quando incontrò sul posto di lavoro Michael Middleton, un dirigente del traffico aereo sei anni più vecchio di lei. Scoppiò il grande amore e nel 1980 arrivò il matrimonio.

A Southall, lady Dorothy gongolava. Il genero non avrebbe potuto corrispondere meglio ai suoi sogni di avanzamento sociale. Michael era un bell'uomo, aperto, simpatico e di buone maniere, parecchio più in su nella scala sociale, e pure – cosa che non guasta mai – con un po' di denaro. Non mostrava un carattere forte ma, quanto a questo, meglio così: Carole ne aveva in abbondanza per entrambi. A differenza dei Goldsmith, che come tutti i poveri non avevano storia, i

Middleton erano in grado di rintracciare i loro antenati sino all'epoca Tudor e di rivendicare l'appartenenza alla *gentry*, vale a dire la classe dei proprietari terrieri non titolati.

Sono loro gli avi che gli esperti di araldica si sforzano di collegare, sia pure a distanza di anni luce, ai reali progenitori di William. Ma soprattutto, in tempi meno nebulosi e pur senza insegne araldiche, erano stati in grado di ammassare una cospicua fortuna con la produzione della lana in piena rivoluzione industriale. Il quadrisavolo paterno di Kate, Frank Lupton, aveva fatto della sua società una primaria ditta di manifattura tessile e alla morte, nel 1884, aveva lasciato proprietà terriere di valore equivalente a 40 milioni di euro attuali. I soldi, ben investiti, erano serviti ad alimentare il benessere famigliare per qualche generazione. Purtroppo, alla nascita del padre di Kate, nel 1949, erano quasi completamente esauriti. Le residue rendite del trust di famiglia erano bastate appena ad assicurare al ragazzo i privilegi di un'educazione privata. Michael aveva frequentato il Clifton College, la migliore *public school* di Bristol, che poi aveva lasciato con la speranza di diventare pilota della B.A. Il sogno si era infranto contro i problemi di una vista debole, che gli lasciava solo la possibilità di una carriera a terra. Si occupava quindi della gestione dei voli e degli equipaggi, e questo gli aveva offerto l'occasione di incontrare Carole. Dopo tre anni di convivenza, decisero di metter su famiglia.

Si sposarono il 21 giugno 1980, nella chiesa medievale di St James the Less, nel Buckinghamshire, con una cerimonia in stile, con tanto di carrozza trainata da una coppia di cavalli. «Lady Dorothy» era raggiante per il successo della figlia e fu ben attenta a invitare al matrimonio solo un paio di parenti della vasta tribù Goldsmith, quelli che riteneva «più presentabili». Carole era d'accordo, e almeno qualcuno tra gli esclusi manifestò comprensione: «Si sposa con un uomo che viene da una famiglia ricca e con le conoscenze giuste. Non vuole che qualcuno la metta in imbarazzo o le ricordi la classe sociale da cui proviene». Il denaro (residuo) di Michael bastò a comprare una casetta nel pittoresco paesino di Bradfield Southend, e fu nel vicino

Royal Berkshire Hospital di Reading che il 9 gennaio 1982 venne al mondo la nostra eroina, Catherine Elizabeth Middleton, una bella e sana bambina dagli occhi verdi.

La famigliola fa appena in tempo ad arricchirsi, l'anno dopo, di un'altra bimba, Pippa, che è tempo di fare le valigie: nel 1984 papà Michael viene trasferito ad Amman, in Giordania, a dirigere lo scalo della B.A. e le sue donne lo seguono. Tornano tutti in patria nel 1987. Carole, a trentadue anni e incinta del terzo figlio James, si chiede cosa fare del suo tempo, visto che ha lasciato il lavoro alla B.A. e la vita a Londra è decisamente più cara che ad Amman. Non che le manchi il daffare, con tre bambini piccoli a cui badare: su e giù tra la casa e la chiesa di St Peter, dove Kate e Pippa frequentano l'asilo, e le mamme siedono a chiacchierare mentre tengono d'occhio i più piccoli.

Probabilmente proprio tutto il tempo passato con i bambini, i suoi e quelli delle altre, fa germogliare il progetto che cambia la sua vita, e se è per questo, anche quella dell'intera nazione. Un'idea semplice ma geniale. Dopo aver organizzato un'infinità di festicciole per infanti di ogni taglia, confezionando personalmente tutto il necessario, dai gioiellini colorati ai giocattoli, Mrs Middleton decide di sfruttare la sua abilità per diventare imprenditrice. Mette in piedi una società di ordini postali per offrire ai genitori indaffarati la possibilità di scegliere e farsi spedire in un colpo solo tutto il necessario per le feste dei loro capricciosi pargoli: piatti e tovaglie di carta, posate e tovaglioli, coriandoli, striscioni, trombettine, corone, candeline, abiti di fantasia, palloncini di ogni forma e misura… Per le mamme in carriera e affluenti, le *yuppie mummies* dell'era thatcheriana, è una manna. E lo è anche per lei, la vulcanica Carole.

Nell'estate 1987, con James appena nato e Kate di cinque anni, fa due mosse cruciali: affitta un capannone industriale dismesso non lontano da casa, poi prende la macchina e va a Birmingham. Lì, alla Spring Fair, la Fiera di primavera, contatta un certo numero di produttori di piatti e bicchieri di carta. Poi prepara da sola un dépliant pubblicitario che elenca tutti gli articoli da lei realizzati e lo infila in mezzo agli esempi della sua merce, di cui inzeppa le coloratissime *party bags* esposte sul tavolo della cucina. Le mamme degli amichetti dei suoi figli sono le prime clienti, a conferma che l'intuizione è giusta. È nata Party Pieces, la società che farà dei Middleton dei nuovi milionari.

«Eravamo praticamente gli unici a fare questo genere di cose quando abbiamo cominciato», ha ricordato con legittimo orgoglio Carole nella citata intervista al *Telegraph* del 2018, in occasione del trentesimo anniversario della fondazione della ditta. «Ero sicura che avrebbe funzionato. Dopo tutto, gestire un business è davvero molto semplice: compri delle cose e le rivendi per un profitto.»

La verità è che a far esplodere il nuovo business fu soprattutto l'arrivo di Internet. I Middleton furono tra i primi imprenditori a comprenderne le potenzialità, e conseguentemente a beneficiare della rapidità offerta dalla Rete. Soprattutto della sua capillarità, che diventò ben presto la polpa più succosa della loro attività. I ricchissimi elenchi di mamme dal borsellino gonfio diventarono rapidamente merce preziosa per chiunque volesse vendere qualcosa, qualunque cosa, on line. Una lista di mille nomi valeva 100 sterline a ogni giro di pubblicità. Più che piatti di carta e palloni colorati, probabilmente è questa la fonte più generosa della fortuna dei Middleton.

La differenza con qualsiasi altro tipo di affari condotto lontano da casa stava però nella qualità della vita famigliare che questo consentiva. Carole e Michael, che una volta decollata la ditta aveva lasciato il lavoro, non permisero mai che l'impresa commerciale ostacolasse il loro lavoro di bravi genitori. Amavano profondamente i figli, e ne erano ricambiati. In più, i bambini furono coinvolti da subito nella nuova attività. Ovviamente soprattutto Kate, che era la più grande. Indossava per prova gli scintillanti abitini da principessa, i diademi di carta, i gioielli di plastica prima che fossero impacchettati e spediti ai clienti. Spesso era, coi fratellini, una deliziosa modella per le brochure che mamma preparava con le sue stesse mani, e Kate finì col vestitino della festa su uno dei primi cataloghi di Party Pieces: si può star sicuri che diventerà oggetto da collezionisti il giorno stesso dell'incoronazione.

Con il tempo, tutti e tre i ragazzini presero a contribuire in modo sostanziale all'azienda famigliare, che li stava rendendo ricchi. Kate in particolare dimostrò, stando alla madre, formidabili doti di negoziatrice, pari almeno alle sue. Tanto per dare un'idea di cosa parliamo, il soprannome che le controparti commerciali avevano affibbiato a Carole era «Hurricane», Uragano: a contraddirla o a tirare troppo sul prezzo si rischiava un'esplosione di urla che andavano ben oltre la cornetta del telefono. La figlia sembra più suadente ma pare sia solo questione di stile, perché – giura l'orgogliosa genitrice – «Catherine aveva tutti i numeri di un fantastico commerciante». Le torneranno utili anche sul trono.

Figli e ditta crescevano assieme. La richiesta c'era e gli ordini fioccavano a migliaia. A sette anni, per Kate si aprirono le porte di una scuola che nonna Dorothy non avrebbe potuto nemmeno immaginare. La retta della St Andrews, nella vicina Pangbourne, costava la bellezza di 20.000 sterline ma le valeva tutte. La scuola era una residenza vittoriana circondata da 21 ettari di bosco e prati, completa di campi per ogni tipo di gioco, dal tennis al cricket. Insomma, nella descrizione di Carole, «il genere di scuola a cui sognavo di andare ma non me lo potevo permettere». Poteva però permetterlo ai suoi figli, e lascia interdetti e ammirati il salto compiuto dalla famiglia in due generazioni.

Kate bambina rispondeva a meraviglia alle aspettative dei genitori. Era cresciuta molto, più alta delle coetanee, matura nello studio ed eccezionale nello sport. Primeggiava in tutte le discipline, dal basket al tennis, dalla pallavolo all'hockey, all'atletica leggera (suo il record di salto in alto rimasto imbattuto per anni nella scuola). Michael e Carole non appartenevano alla deprecabile categoria dei genitori tifosi, che spingono costantemente i figli, ma nelle descrizioni degli insegnanti dell'epoca appaiono sempre molto presenti e partecipi. Non mettevano pressione sulla bambina, o sui due più piccoli, ma certamente li stimolavano, desideravano che dessero il meglio e riuscissero in tutto quello che facevano. Insomma, una coppia amorevole e ambiziosa, capace di trasmettere ai figli un forte spirito di competizione, soprattutto a Kate. D'altronde, era l'*ethos* del tempo, il mantra del thatcherismo imperante.

Studiosa, tranquilla, riservata, la piccola Catherine appariva però precocemente portata per le luci della ribalta. A dieci anni cantava *I Could Have Danced All Night* come Eliza Doolittle in *My Fair Lady*, e nella recita scolastica si esibì, registrata su video, come la protagonista femminile di un dramma vittoriano, *Murder in the Red Barn*, di John Latimer. Per chi crede nelle premonizioni, ecco un caso di scuola. All'indovina che le predice l'incontro con «un bell'uomo, un ricco gentiluomo», Kate – vestita in un lungo abito bianco e coi nastri intrecciati nei capelli – risponde: «È quello che ho sempre sperato di incontrare. E si innamorerà di me?» «Certo.» «E mi sposerà?» «Sì», risponde l'indovina, «ti sposerà.» «Oh, il mio cuore palpita di gioia», è la battuta finale di Kate mentre porta le mani al petto. Manca solo la data dello sponsale, ma noi l'abbiamo: 29 aprile 2011...

Mentre la piccola palpitava, i Middleton prosperavano (oggi sono accreditati di una fortuna attorno ai 40 milioni di euro). Nel 1992 Carole lanciò il sito web di Party Pieces ed ebbe la sagacia di registrarne subito il nome. Gli ordinativi esplosero. Nel 1995 l'azienda si trasferì in un capannone più grande ad Ashampstead Common, nel Berkshire, i dipendenti arrivarono a sfiorare la trentina e le sedi si moltiplicarono, quattro nel mondo, con un fatturato annuo di circa 2 milioni di euro. Era tempo che la famiglia si spostasse in una residenza adeguata. La trovarono nei pressi dell'azienda, nel villaggio di Bucklebury, sempre in quel Berkshire che nella classifica del *countryside* inglese è il massimo dello chic (dopo i Cotswolds). Oak Acre era una villa signorile in stile Tudor, coi muri ricoperti di glicine, e all'interno sei camere da letto, cinque caminetti e un solarium, il tutto celato agli occhi del volgo da alte siepi perfettamente curate. Insomma, una magione adeguata per una famiglia che a buon titolo adesso poteva dire di essere *gentry*. Fino a un certo punto.

I Middleton erano sempre presenti alle feste del paese e alle sagre di beneficenza, ma dei gentiluomini di campagna certo non condividevano la tipica passione venatoria e nemmeno quella per la caccia alla volpe. Se la prima cosa che i Windsor insegnano ai loro cuccioli è come tenere in mano una doppietta, per i piccoli Middleton valeva invece il contrario. Papà e mamma amavano circondarsi di animali d'ogni genere e avevano trasmesso questi sentimenti ai bambini. Per loro la caccia era pura e semplice crudeltà. Anche se questo per Kate apriva un problema. Come tutte le sue coetanee, la graziosa adolescente bruna si mangiava con gli occhi quel biondo virgulto reale di nome William ogni volta che lo vedeva in tv o ritratto sui giornali. Sembrava un tipo dolce, ma verso gli animali non lo era per niente. Lei però riuscì a scusarlo anche quando gli animalisti menarono scandalo per i due conigli che il principino aveva ammazzato in due ore a Balmoral: «Può essere che glielo abbia ordinato la regina», disse alle amichette la sempre ragionevole Kate.

Lo snobismo inglese non risparmia i ragazzini. E il profumo di denaro fresco anticipò Catherine nell'istituto d'élite, esclusivamente femminile, dove mamma l'aveva iscritta nel settembre 1995, proprio mentre William cominciava il primo anno a Eton. Downe House era la classica scuola privata *posh*, ovvero elegante e pretenziosa, dove i Middleton si sentivano ormai in diritto, per censo e status sociale, di spedire la loro prole. Purtroppo per Kate, le viziate fanciulle che erano sue compagne di scuola non erano dello stesso parere. Presto finì bullizzata e ostracizzata, presa di mira in classe e sui campi da gioco, dove veniva spintonata e strattonata. Insomma, un inferno, e trattandosi – come d'abitudine per le classi alte dell'isola – di una *boarding school*, ovvero un pensionato, non poteva nemmeno contare sul sostegno e il calore di una famiglia vicina. Lei – ricorda una compagna del tempo – «era una ragazza molto dolce e cordiale ma le altre ce la mettevano tutta per farla sentire a disagio».

Ex malo bonum, insegna sant'Agostino. Agli inizi del 1996, preoccupati per il benessere della figlia ormai quattordicenne, i Middleton la ritirarono da Downe House e la iscrissero al ben più celebre ed esclusivo Marlborough College: una delle migliori *public school* dell'isola, e anche un'autentica autostrada verso il mondo dorato dei *great and good*, i potenti del regno. Né Kate né alcun altro al mondo potevano saperlo, ma la profezia della finta indovina cominciava a realizzarsi.

PARTE SECONDA

Tragedia

6
«Her true story»

ABBIAMO lasciato William sul finire della sua esperienza scolastica a Wetherby profondamente cambiato rispetto all'*enfant terrible* dei primissimi anni. Molto più maturo, riflessivo, studioso. Anche certamente introverso, e il cielo sa se ne avesse ampie ragioni, con quel che succedeva in casa.

Il successivo capitolo della sua vita si apre su uno scenario completamente diverso. Come da tradizione aristocratica, a otto anni Wills fu spedito in una *boarding school* d'élite, e la scelta della Ludgrove era stata forse uno dei pochi punti su cui Carlo e Diana avevano pienamente concordato. Si trattava di una *prep school* (elementare-media inferiore) collocata in 50 ettari di meravigliosa campagna del Berkshire, gestita su base famigliare, e tanto la qualità dell'insegnamento quanto l'ambiente accogliente e riservato sembravano ideali per ospitare, l'uno dopo l'altro, entrambi i principini nell'età scolare tra gli otto e i tredici anni. Questo per William implicava non solo la separazione dai genitori ma anche il temporaneo distacco, per un paio d'anni, dal fratellino a cui continuava a mostrarsi legatissimo.

Ludgrove aveva la fortuna di poter contare su dirigenti consapevoli del trauma che gli scolari dovevano affrontare lasciando casa. Quasi tutti i bambini appena arrivati soffrivano di malinconia e nostalgia del loro nido. Perciò la scuola si sforzava di presentarsi come una grande famiglia e i due presidi lavoravano in coppia con le rispettive mogli per incoraggiare negli allievi il senso di appartenenza a una larga comunità amichevole. Non che le memorie casalinghe dei bambini fossero sempre dolci ricordi. La guerra dei Galles presentava caratteri particolarmente truculenti, ma le dolorose esperienze infantili di William e Harry erano decisamente comuni tra tanti loro compagni intrappolati nella faida coniugale di genitori separati o divorziati. Per questa ragione Ludgrove si preoccupava di aggiungere alle tante altre *amenities* – a cominciare dalle dotazioni sportive di prim'ordine – anche un servizio speciale di aiuto psicologico.

Non risulta che William vi abbia fatto ricorso, anche se il preside Simon Barber si era assunto il compito di tenere un occhio particolarmente attento sulle necessità del futuro re. Certamente invece il principino, che nutriva un'autentica passione per ogni genere di attività sportiva, fece buon uso dei campi da golf e di squash così come della piscina e del tiro al piattello, frequentando anche i laboratori dedicati alla musica, alle ceramiche e all'arte in generale. Insomma, si lasciava guidare dalla filosofia della scuola, che era quella di tenere impegnate le giovani menti affidate alle sue cure. «Non devono occuparsi di quello che succede a casa», era la spiegazione del preside Barber, «perché possono immergersi completamente in quello che stanno facendo qui. Per loro può essere più facile trovarsi qui che non a casa a combattere con l'angoscia.»

Questo non significava isolarsi dal mondo, anzi i ragazzini potevano tenersi costantemente informati su quanto accadeva oltre i cancelli della scuola grazie alla consegna dei quotidiani, puntuale come un orologio. Stranamente, domenica 7 giugno 1992 i giornali con i loro seguitissimi magazine settimanali non furono recapitati. Il preside e la moglie sostennero che si trattava di un problema di rifornimento, che si ripeté rare altre volte durante la permanenza di William. E cessò con la sua partenza. La soluzione del mistero non sta in un incidente del camion che trasportava i giornali ma nello scontro frontale dei Galles.

Fino ad allora la catastrofe del matrimonio reale era rimasta circoscritta alle pareti delle loro tante magioni. William e (in minor misura) Harry ne avevano sofferto le conseguenze ma non avevano dovuto leggerne i dettagli nei quotidiani. Certo, avevano vissuto sei, sette anni della loro infanzia tra gli urli e le scenate dei genitori, però gli era stata almeno risparmiata la pena di veder trasformata la loro angoscia in vergogna agli occhi del mondo.

Il 1992 è l'anno che cambia tutto. Da quel momento ogni particolare, anche il più scabroso, della discesa agli inferi dei Galles finisce stampato in prima pagina o sugli schermi televisivi, in un'orgia di vojeurismo planetario che fruga ogni angolo delle poco immacolate lenzuola coniugali. E la cosa peggiore è che questo avviene non perché tabloid o televisioni abbiano infranto il codice di riservatezza imposto dall'«età della deferenza», ma perché sono gli stessi protagonisti a darsi in pasto alla curiosità morbosa del pubblico. Totalmente incuranti dell'impatto che questo avrà sul benessere e la salute mentale dei figli, che pure dichiarano di amare tanto.

Il 1992 è l'anno in cui esce *Diana. La sua vera storia*. Pochi libri al mondo sono altrettanto famosi o hanno venduto un ugual numero di copie. E, di più, hanno così influito sul destino di molti individui e sulla vita di un'intera nazione. La «vera storia», sebbene firmata da Andrew Morton, è in realtà narrata dalla voce della principessa stessa, incisa sui nastri recapitati al giornalista con sotterfugi da agente segreto. Il *Sunday Times* ne aveva acquistato i diritti per anticiparla a puntate, e la prima era stata pubblicata quella domenica 7 giugno. È per impedire a William di leggerla che il preside Barber aveva fatto sparire i giornali a Ludgrove, per evitare che scoprisse ciò che la madre non gli aveva mai rivelato e adesso confidava al mondo intero. Come, per esempio, che aveva cercato di uccidere entrambi quando, con lui nel grembo, si era gettata giù per le scale.

Difficile immaginare lo choc di una simile dichiarazione su un figlio di dieci anni. Niente di paragonabile, si capisce, per il grande pubblico, ma pure sui sudditi l'effetto fu di una doccia gelata. Lo sbalordimento per la fine di una storia vissuta come una favola collettiva era palpabile. Il fatto è che fino ad allora anche la tribù dei *royal watchers*, sebbene consapevole dei molteplici segnali di crisi della coppia – a partire dall'evidente reciproca freddezza –, si era attenuta ai protocolli di comportamento riguardanti i reali. La famiglia di Elisabetta aveva sicuramente, come tutte, colpe e peccatucci ma la convinzione generale, a cui nemmeno la stampa si sottraeva, era che si sforzasse comunque di vivere in coerenza con l'ideale che incarnava agli occhi dei sudditi. In breve, i Windsor venivano accreditati di una dignità e di un senso di regalità che le rivelazioni di Diana, e il diluvio di quelle successive sue e del marito, riducevano in brandelli.

Che ci fosse del marcio in Inghilterra, o meglio a Corte, si era in verità cominciato a capire qualche mese prima di quel fatidico giugno 1992. Lady Colin Campbell, che abbiamo già incontrato nelle pagine precedenti, dopo la fine dei dieci mesi di matrimonio con il figlio del duca di Argyill si era «accampata» nel quartiere più chic di Londra, il modaiolo Belgravia. Lì, a metà degli anni Ottanta, aveva affittato un appartamento nello stesso palazzo che aveva ospitato l'esordio delle vite londinesi di stelle del *royal set*: ci avevano dormito Camilla Parker Bowles (da giovane anche con Carlo) e Lucia Santa Cruz, l'amica cilena che all'Università di Cambridge si era assunta il compito di alleggerire l'erede al trono della sua verginità. In buona sostanza, il condominio di Cundy Street era una specie di residence per i pochi eletti con buone connessioni a Palazzo. E lady Colin era una signora che sapeva far fruttare le sue relazioni.

Così, fu proprio lei a strappare per prima il velo di Maya che copriva la cadente facciata del matrimonio dei Galles. Fu lei a raccogliere e mettere nero su bianco le prime voci che riguardavano i disordini alimentari di Diana, il suo autolesionismo, le scenate di gelosia e anche la sfilza di giovani e prestanti amici maschi che le offrivano la spalla per piangere. Il libro si intitolava *Diane in Private*, Diana in privato, e come d'uso nel Regno Unito fu pubblicato a puntate sul *Sun*, nel febbraio 1992, prima di uscire in volume nelle librerie. Fece scandalo, ovviamente, ma il largo ricorso dell'autrice a storie fantastiche intrecciate a notizie autentiche ne minò rapidamente la credibilità.

Sarebbero riusciti, gli *spin doctors*, a ripetere l'operazione discredito anche con la biografia firmata da Andrew Morton?

Era molto più complicato, perché stavolta a vuotare il sacco era la diretta interessata. Qualche anno dopo, Morton stesso ha raccontato come andarono le cose. Lui, giornalista freelance che si era già occupato di reali per il *Sunday Times*, si era messo a scrivere una biografia di Lady Di. I suoi articoli erano stati notati dal dottor James Colthurst, osteopata di Diana oltre che una sorta di consigliere spirituale (lei aveva sempre bisogno del sostegno di qualche guru), il quale avvicinò Morton con una proposta che sembrava troppo bella per essere vera: la principessa si offriva di collaborare alla narrazione della propria vita, evitando contatti diretti con l'autore per scansare i sospetti del Palazzo e usando come tramite l'osteopata. Attraverso di lui, Morton le inviava una lista di domande, firmandosi con lo pseudonimo «Noah», e Diana registrava le risposte su nastri consegnati al suo confidente. Il sotterfugio serviva a offrirle un alibi. Se all'uscita del libro qualcuno le avesse contestato di essere stata lei a spifferare tutto all'autore, avrebbe potuto giurare senza mentire di non essersi mai incontrata o di aver mai parlato con lui.

Quando Morton ansiosamente s'infilò le cuffiette e si mise all'ascolto del primo nastro, in uno dei tanti caffè take away del centro, rimase senza fiato. Era pura dinamite. «Wow, che diavolo ho mai ascoltato?» ricorda di aver pensato. «Era la più incredibile esplosione del più profondo, intimo dolore. Furia, frustrazione, rabbia... uno se ne sentiva travolto.» Editori e direttori ne erano intimoriti, stentavano a credere a quel che leggevano. Per cominciare la pubblicazione a puntate, il *Sunday Times* pretese una garanzia scritta di autenticità dall'ex compagna di appartamento di Diana, Carolyn Bartholomew, e non bastò. Morton dovette dare assicurazioni che le dichiarazioni erano state controllate e approvate dalla diretta interessata: «Potete trattare questo libro come se Diana avesse firmato ogni pagina», disse a Stuart Higgins, che ne aveva negoziato i diritti secondari per il *Sun*.

La prima puntata sul *Sunday Times*, quella domenica 7 giugno

1992, venne trasmessa a Carlo via fax (Internet muoveva solo i primi passi...) nella residenza di Highgrove. La sua reazione, di una calma inquietante in mezzo ai bisbigli pettegoli e sbalorditi del personale di servizio, fu una specie di bollo di autenticità. Disse che poteva sentir parlare Diana medesima. La quale peraltro gli sedeva di fronte allo stesso tavolo del breakfast, ignara di cosa ci fosse sui fogli oggetto dell'attenzione del marito.

Lei finì per prima la colazione e tornò su in camera sua; Carlo, senza lasciar trapelare niente, terminò la lettura e cortesemente accompagnò fuori in giardino per una passeggiata gli ospiti del fine settimana. Poi tornò in casa stringendo in pugno i fax come una prova di colpevolezza e andò dritto in camera della moglie. Quel che accadde lì dentro nessuno dei due lo ha mai raccontato, ma cinque minuti dopo Diana si precipitò giù per le scale, rossa in volto e lacrime negli occhi, prese con sé Harry, che aveva portato per il week-end in campagna, e tornò di gran carriera a Londra. Il bambino non aveva ancora otto anni e seguì la madre con gli occhi sbarrati, nello spavento e nell'incomprensione.

Il clamore sensazionale prodotto dal libro era qualcosa che Diana non aveva previsto. Di fronte al racconto che squadernava agli occhi del mondo nei minimi dettagli lo stato comatoso del matrimonio, il Palazzo tentò disperatamente di correre ai ripari. Come per il volume di lady Campbell, la strada più semplice sembrò quella di screditare gli amici della principessa che nel libro apparivano gli autori delle rivelazioni. Per gli *spin doctors* di Buckingham Palace non erano altro che una manica di bugiardi, e la stessa Lady Di fu pressata da tutte le parti, marito in testa, perché rilasciasse una dichiarazione in cui disconosceva loro e «tutte le loro bugie». Lei, al contrario, ricorse a un'elaborata sceneggiata per far capire che avallava i loro racconti.

La sera del 10 giugno Ken Lennox, fotografo del *Daily Mirror*, ricevette una telefonata anonima che lo invitava ad appostarsi, alle 21 in punto, all'angolo della casa di Carolyn Bartholomew. Lui obbedì e sul luogo dell'appuntamento trovò un poliziotto che conosceva, il quale gli chiese: «Puoi scattare le tue foto da qui, Ken?» La porta di casa era a 30-35 metri, e il fotografo non ebbe esitazioni: «Certo». Alle nove precise, la porta si aprì e nel vano si stagliò la figura di Diana, accompagnata da Carolyn e dal marito. La principessa guardò dritto verso il fotografo, poi tornò a salutare i padroni di casa e baciò l'amica due volte sulle guance, ripeté il gesto col marito e depositò un ultimo bacio sulla fronte del neonato che lui stringeva in braccio. Solo a quel punto si voltò per andare via, guardando sempre dritto in camera, e una volta salita in macchina ebbe cura di passare lentamente davanti a Ken. Nessuno al mondo poteva più dubitare che ciò che i suoi amici avevano raccontato a Morton avesse la sua piena approvazione.

7
Un colpo di Stato (o quasi)

A RIFLETTORI spenti e passioni sopite, adesso che né l'Inghilterra né il resto del mondo si dividono più tra fan di Diana e suoi antipatizzanti, è forse possibile mettere freddamente in dubbio la saggezza di certi suoi comportamenti di quegli anni. La biografia «dettata» a Morton fu, si dice con qualche ragione, un atto di autodifesa. E i figli, che amava così tanto? Che cosa sapevano, che cosa capivano? Si chiese, la principessa, quale impatto avrebbero avuto le sue rivelazioni su due bambini, uno di appena dieci anni e l'altro di nemmeno otto?

Uno strano cono d'ombra oscura qui le reazioni dei protagonisti. Stando alle stesse parole della madre in quel periodo, «William è uno che interiorizza tutto, Harry è un *survivor*», un superstite, cioè uno capace di superare tutto. In realtà, il fatto che entrambi siano così personalmente coinvolti sul tema del disagio mentale, animando fondazioni e iniziative benefiche, è un indizio della sofferenza personale che hanno patito nella loro infanzia e adolescenza. Ma è anche vero che entrambi considerano fonte del dolore confessato pubblicamente la perdita improvvisa della madre, la cesura tragica e inattesa che li ha separati da lei, troncando la sua vita. Nessuno dei due ha mai affrontato con estranei, e men che meno con la stampa, il capitolo oscuro dell'infelicità sperimentata *prima*, frutto della disintegrazione della famiglia sotto gli occhi avidi del mondo. È stata forse un'inconscia strategia di sopravvivenza dopo la tragedia dell'Alma. La rimozione di atti che li avevano profondamente feriti è servita ad assolvere la memoria della madre. E anche a permettere ai ragazzi, seppellendo in profondità il risentimento, di conservare il rapporto con il genitore superstite: per quanto intimamente incolpato del disastro, restava ormai l'unica àncora in una vita da orfani.

Il libro di Morton era del resto solo l'inizio dell'ordalia che furono quegli anni per William e Harry. Il peggio, con il carico di uno scorno universale, doveva ancora venire. Ma non tardò. Era stata la stessa Diana, con le sue incaute confessioni, a spalancare le cateratte del diluvio. La foto con l'amica Carolyn non solo rappresentava un avallo delle sue scabrose rivelazioni, ma implicitamente assolveva ogni intrusione della stampa nella sua privacy. Se lei aveva messo in piazza i suoi cinque tentativi di suicidio, perché i giornali non avrebbero dovuto scavare e pubblicare quanto trovavano di imbarazzante nella sua vita intima? E ce n'era tanto, eccome.

Il 24 agosto 1992, appena dodici settimane dopo la pubblicazione a puntate del racconto di Morton, il *Sun* – portaerei dei tabloid, in mano all'antimonarchico Rupert Murdoch – decise di dare alle stampe i contenuti di una straordinaria conversazione telefonica che aveva tenuto nei cassetti per due anni. È il famoso *Squidgygate*, lo scandalo del nastro registrato con la conversazione amorosa tra Diana e il suo amante James Gilbey, erede della grande famiglia del gin e amico di vecchia data della principessa. Lui la chiama *Squidgy*, grosso modo Strizzolina, lei dice che con lui si scioglie come un sacchetto di gelatine, che la vita con Carlo – preso in giro con il titolo di «Suoi Pennini» per via della sua passione per il disegno – è una «vera tortura» e che la famiglia reale è decisamente strana, a cominciare dalla novantaduenne Queen Mum che la osserva «con uno strano sguardo negli occhi». Il resto della conversazione è pieno di tali scempiaggini, dallo shopping all'oroscopo, che John Casey, accademico di Cambridge, si sentì autorizzato a definire la principessa «un'egomaniaca dal cervello di un uccellino».

Secondo la versione ufficiale, l'intercettazione (registrata durante le vacanze di Natale 1989) era avvenuta casualmente a opera di un radioamatore che «surfava» le onde per curiosare nelle conversazioni telefoniche di ignari sconosciuti. Alla luce dello scandalo, nel 2011, dell'abituale hackeraggio dei giornali di Murdoch a danno di reali e celebrità, è lecito nutrire qualche dubbio. Nessun dubbio invece sulla valenza assolutamente politica dell'episodio. Se Morton aveva raffigurato la principessa come una vittima, un agnello sacrificale nelle mani degli spietati Windsor, il nastro di Strizzolina rovesciava completamente la prospettiva. Come minimo, anche lei non era innocente. E se il marito era un adultero, Diana non era da meno. Non era solo il pubblico (ormai planetario) a giungere a questa conclusione ma, ancora più grave, il figlio più grande. William, che era sempre stato il cavaliere bianco della madre, la spalla su cui piangere, lo spietato accusatore del padre, adesso aveva ampie ragioni di concludere che pure lei era molto meno candida di quanto pretendeva.

Quando il *Sun* pubblicò la trascrizione del nastro, i due ragazzi erano in vacanza col padre a Balmoral. Molto probabilmente, nel remoto recesso scozzese, per la famiglia fu facile evitare che leggessero i contenuti dell'imbarazzante chiacchierata. Ma una volta tornati a scuola dopo l'interruzione estiva, nel settembre 1992, appare improbabile che siano rimasti a lungo all'oscuro. Anche perché il tabloid, maestro nello sfruttare i suoi scoop, aveva provveduto a istituire un numero gratuito che i lettori potevano chiamare a loro piacimento per ascoltare integralmente i ventitré minuti di telefonata. A quel punto anche Harry, compiuti gli otto anni, aveva raggiunto William a Ludgrove, e sembra davvero poco plausibile che i compagni di scuola più grandicelli, certamente non ignari dello scandalo, abbiano risparmiato allusioni e frecciate ai principini.

All'arrivo nella *boarding school*, il più piccolo trovò ad accoglierlo lo stesso programma antinostalgia di casa che aveva funzionato con il maggiore. C'è però poco da stupirsi, alla luce degli eventi di quei mesi, se il problema non era rappresentato dalle prevedibili difficoltà di adattamento di Harry, quanto invece dal ritorno di William alle cattive abitudini del passato. Arroganza e rissosità erano la testimonianza più chiara del suo disagio psichico.

Ma anche a voler immaginare che lo *Squidgygate* sia stato risparmiato ai ragazzini, niente poté proteggerli dall'esplosione atomica del *Camillagate*. Stavolta era Carlo a coprirsi di vergogna e di ridicolo dichiarando per telefono all'amante che avrebbe voluto essere il suo Tampax. Secondo la versione ufficiale, anche questo nastro, come quello gemello, era stato abusivamente registrato tre anni prima, con le stesse modalità del precedente. Ed era parimenti rimasto a lungo a «riposare» nei cassetti di un paio di giornali, antagonisti del *Sun*. Sembra più probabile che la misteriosa manina dietro tutta l'operazione avesse deciso di massimizzarne l'effetto dividendo le rivelazioni tra la concorrenza. Stavolta, tuttavia, la pubblicazione era anche più delicata. In altri tempi, coinvolgere in un affare di corna e lenzuola l'erede al trono comportava la Torre, ma anche nel Ventesimo secolo bordeggiava se non il tradimento, quanto meno il reato di diffamazione. Il misterioso regista dello scandalo prese le sue precauzioni.

Le trascrizioni della conversazione – sei minuti rovesciati in 1.574 parole di un inglese decisamente sboccato – videro la luce prima nella remota Australia, sulle pagine di una piccola rivista di scarsa diffusione, *New Age*. Subito dopo, con le spalle ormai coperte dalla pubblicazione, il *Sunday Mirror* e *People* si affrettarono a rilanciare il trascritto in Inghilterra. Il 17 gennaio 1993 l'intera stampa dell'isola fu costretta a seguire l'esempio. Anche se fossero vissuti sulla luna, sarebbe stato impossibile per Harry e William restare beatamente ignoranti dello scandalo. E loro, lungi dal trovarsi sul nostro satellite, erano tornati a scuola da due giorni dopo le vacanze di Natale. In tempo per finire in mezzo ai lazzi dei compagnucci.

Per Carlo, che aveva sperato di neutralizzare con lo *Squidgygate* le simpatie attirate su Diana dalla biografia di Morton, il nastro del Tampax fu un colpo durissimo. È vero che, in quella telefonata con Camilla, l'aveva anche intrattenuta sul discorso che stava preparando per il congresso degli agricoltori biologici. Ma i lettori erano comprensibilmente più interessati alle ardenti dichiarazioni di reciproco furore sessuale dei due amanti, da lui che afferma di voler vivere nei pantaloni di lei a lei che gli chiede se vuole trasformarsi in un paio di mutande, e il principe che replica con l'idea del Tampax.

A Buckingham Palace stentavano a credere ai loro occhi. La stupefazione si trasformò presto in furia. Illustri studi legali vennero interpellati per valutare la possibilità di trascinare in tribunale il *Sunday Mirror* e *People*. La pubblicazione prima in Australia si rivelò un formidabile colpo di astuzia: come avrebbe osato il Palazzo proibire agli inglesi ciò che tutto il mondo stava già leggendo? I consiglieri reali suggerirono una saggia marcia indietro, per non rendere ancora peggiore il disastro. *People* arrivò a paragonare il discredito di Carlo a quello che si era procurato la monarchia con la crisi dell'abdicazione nel 1936, e la contestazione non si limitò alle pagine dei giornali. Alla prima uscita di Carlo in pubblico, qualcuno dalla folla gli gridò: «Non ti vergogni?» I sondaggi portarono notizie anche peggiori. Per la prima volta, l'idea che lui non dovesse succedere alla regina acquistava un seguito di massa: la pensava così il 37% dei sudditi intervistati per conto del *Daily Express*. E se il 64% si sentiva «tradito» dal principe, arrivavano al 70% quanti credevano che il *Camillagate* avesse provocato «un gran danno alla monarchia».

Fu forse questa spontanea levata di scudi che fece nascere nella testa di Diana, costretta dalla regina alla separazione a fine '92, un'idea apparentemente folle ma che non lo era affatto. Com'era accaduto nel 1936, di nuovo cinquantasei anni dopo, perfino settori dell'establishment auspicavano che Carlo rinunciasse alla successione. Certo, William era ancora troppo piccolo per salire al trono nella sciagurata ipotesi di una dipartita della sovrana prima della sua maggiore età, ma anche in quel caso nessun problema dal punto di vista costituzionale: la secondogenita Anna, la principessa reale, avrebbe potuto assumere la reggenza fino ai diciott'anni del nipote. Che nel frattempo avrebbe dovuto essere investito del titolo di principe del Galles al posto del padre.

Diana, come vedremo, cominciava a questo punto a rimuginare

una sua versione del piano, ma per il momento si limitava a godere dei guai del marito separato. E mentre queste nuvole tempestose si radunavano sul capo di Carlo, il 1993 fu invece inopinatamente tranquillo per i figli, dopo i tanti traumi dell'anno precedente, *horribilis* per loro non meno che per la nonna regina. Paradossalmente, ma non tanto, proprio la separazione dei genitori portò un po' di chiarezza e di calma per i ragazzi. Adesso che erano stati finalmente liberati della nevrotizzante finzione del matrimonio felice, i Galles sembravano almeno capaci di trattarsi più civilmente. E i figli potevano godere di vite più stabili e scandite da una rassicurante routine. Non era solo per effetto del nuovo ambiente scolastico, con le lezioni, le amicizie, gli sport, le competizioni. Adesso che vedevano i genitori uno alla volta, secondo un programma rigidamente prestabilito, anche il tempo passato con loro si era come scaricato della tensione del passato. C'era spazio per i giochi e per le chiacchiere, di volta in volta con la madre o con il padre, senza il timore che il rancore tra i due esplodesse di nuovo in scenate sotto i loro occhi.

Purtroppo, questo stato di inattesa quiete era destinato a protrarsi per poco. Sebbene non si consumasse più sotto l'occhio dei figli, la guerra dei Galles era in pieno svolgimento. Nel 1994 produsse la pubblicazione del libro-intervista di Carlo con Jonathan Dimbleby, e abbiamo già visto la sofferenza che questo inflisse ai figli, in particolare al più grande. Nel 1995 arrivò la controffensiva di Diana, con la famosa intervista a *Panorama*, quella dell'«eravamo in tre in questo matrimonio, era un po' affollato». Ma stavolta William aveva ormai tredici anni, i fatti della vita cominciavano a essergli noti, e il dolore per la confessata infedeltà anche della madre rischiava di essere davvero troppo per il principe adolescente.

Diana non aveva esitato a mettere in piazza la sua vita amorosa (come aveva fatto del resto il marito) pur di guadagnarsi – nella sua migliore rappresentazione di *mater dolorosa* – la simpatia e il sostegno dei sudditi per il progetto che aveva formulato, e anche già comunicato a grandi linee a Andrew Morton. «Se potessi scrivere io stessa il soggetto di questa storia», aveva detto al suo alter ego letterario, «mi piacerebbe che mio marito se ne andasse, se ne andasse via con la sua signora, risolvendo infine la faccenda, e lasciasse a me e ai figli il compito di portare il nome dei Galles fino al momento dell'ascesa di William al trono.»

Questa non è semplicemente la vendetta di una moglie tradita ma un vero programma politico sovversivo. Che nel novembre 1995, nell'intervista a Martin Bashir, acquista la forza di un autentico proclama di fronte ai venticinque milioni di spettatori. La domanda del giornalista è diretta: «Sarebbe suo desiderio che, una volta diventato maggiorenne, fosse il principe William a succedere alla regina, piuttosto che il presente principe del Galles?»

La risposta di Diana dev'essere suonata a Carlo come l'arringa del rivoluzionario Cromwell contro il suo antenato Carlo I, in procinto di perdere la testa. «Il mio desiderio», disse la principessa con uno dei suoi classici sorrisi tra il timido e l'intrigante, «è che mio marito trovi pace di mente, e a questo seguano altre cose… sì.» Aveva già elaborato piani dettagliati, forse ne aveva anche discusso con gli altri eventuali congiurati, ed è facile ricostruirli sulla base delle sue amicizie del tempo e delle indiscrezioni che si lasciava sfuggire con gli intimi. L'asse del suo progetto restava l'alterazione dell'ordine di successione, con l'estromissione di Carlo a favore del figlio. Ma lei non aveva alcuna voglia di vedere la reggenza, in caso di morte di Elisabetta, affidata alla principessa Anna, come suggerito da molti nell'establishment. Detestava la cognata, che peraltro ricambiava cordialmente e l'aveva sempre considerata una ragazza capricciosa e viziata, per di più mezzo svitata.

Anna non tollerava il clamore mediatico che circondava Lady Di, anzi secondo il *Mirror* ne era chiaramente «gelosa». Era in Messico per conto di Save the Children quando fu annunciata la nascita di William nel giugno 1982, e i giornalisti le chiesero un commento sul figlio di Diana: «Non sapevo che ne avesse uno», fu la sua risposta gelida. «Dolce come l'aceto, tagliente come un coltello», riassunse l'inviato del *Daily Express*. Perciò, mentre assaporava il gusto della vendetta nell'ipotesi di vedere Carlo privato del trono tanto ambito, Diana non aveva alcuna intenzione di fare un «regalo» alla nemica Anna. Il suo candidato alla reggenza era un altro, anche se la scelta rivela una preoccupante superficialità di giudizio: il principe Andrea, ovvero l'ex marito (ma sempre in rapporti strettissimi) della cara amica Sarah Ferguson.

All'epoca i peccati più gravi del duca di York non erano stati ancora consumati. Ma anche ignorando la vergogna che l'ha travolto per l'affare Epstein, i soli motivi per cui già allora risultava famoso erano l'arroganza e l'erotomania, che sulla stampa gli aveva guadagnato il nomignolo di «Randy Andy», Andreuccio Lascivo. Era nota anche la sua invidia per il fratello maggiore destinato al trono, che lui reputava di meritare di più in quanto «cocco di mamma» Elisabetta. Che Diana pensasse di affidare la reggenza del figlio a un simile personaggio suggerisce astuzia, piuttosto che ingenuità. Evidentemente, proprio i limiti intellettuali e i difetti di carattere di Andrea le facevano immaginare di poterlo manovrare con facilità.

Rimane un interrogativo: la principessa aveva manifestato al primogenito il suo desiderio di sbarrare al padre la via del trono? Martin Bashir non glielo chiese, e noi non sappiamo se lei e il figlio ne abbiano mai discusso. Ma sappiamo per certo che non fu questa parte dell'intervista a *Panorama* a lasciare sbigottiti i due ragazzi, soprattutto il maggiore. Lo choc, che rese William disgustato e furioso, venne quando Bashir domandò alla principessa della sua relazione con Hewitt, mai confermata: «Sì, lo adoravo», fu la sua risposta. «Sì, ne ero innamorata.» Per Wills fu come se il mondo si fosse capovolto. Si sentì tradito dalla madre, né più né meno come lei dichiarava di esserlo dal marito.

Con tutta l'Inghilterra davanti ai televisori per l'intervista annunciata con rulli di tamburi, ai docenti di Eton (dove il principino era arrivato a settembre) era apparso chiaro che era impossibile tenerne all'oscuro l'allievo più interessato. Ma il preside Andrew Gailey aveva avuto il tatto di offrire a William una visione privata e solitaria nel chiuso del suo studio. Quando tornò a prendere il ragazzo, a programma finito, lo trovò accasciato sul divano, gli occhi rossi di pianto. Cercò di ritrovare un minimo di controllo prima di precipitarsi fuori e chiudersi nella sua stanza. Ma quando Diana lo chiamò un'ora dopo al telefono della scuola, lui rifiutò di andare all'apparecchio.

È difficile comprendere come una mamma tanto innamorata dei figli, quale certamente era Lady Di, si fosse lasciata andare a un simile gesto di pura incoscienza nei loro confronti. Eppure sapeva perfettamente, perché ne era stata testimone, quanto le rivelazioni delle infedeltà di Carlo avessero sconvolto i ragazzi. Adesso lei aveva fatto esattamente lo stesso, e William non riusciva a perdonarglielo. Non solo si sentiva tradito nella sua venerazione per la madre, ma pensava che si fosse resa ridicola e sapeva che per questo anche lui avrebbe pagato un prezzo: temeva le prese in giro dei compagni di scuola, che puntualmente avvennero. Al ritorno a casa, quel fine settimana, si chiuse in camera con Diana e le fece una scenata terribile.

La principessa, ancora sconvolta e piangente, raccontò tutto per filo e per segno a Simone Simmons, la guaritrice cartomante diventata una delle sue intime confidenti. «Si scatenò l'inferno», ha riportato a sua volta Simmons. «Era furioso perché lei aveva parlato male del padre, furioso perché aveva menzionato Hewitt... Cominciò a gridare e a piangere, e quando lei cercò di abbracciarlo, lui la respinse.» Il giorno seguente il ragazzo si rese conto di aver esagerato. Fece le scuse alla madre e le offrì un piccolo mazzo di fiori. Ma l'umore di Diana rimase nero, testimonia ancora Simmons: «Era in qualche modo convinta che lui l'avrebbe odiata per il resto della vita, e quando la rividi aveva in faccia un'espressione disperata. Teneva ai figli più di qualsiasi altra cosa al mondo». Che cosa ho fatto? continuava a chiedersi la principessa. Che cosa ho fatto ai miei figli?

In realtà, la reazione di William era testimonianza del successo dei suoi sforzi educativi. Aveva cercato di formare i bambini stimolando la libertà di giudizio e l'autenticità della risposta emotiva, ed era precisamente quello che il primogenito adolescente aveva dimostrato nella prima grande crisi della sua vita. Ma questo non serviva in alcun modo ad alleviare il dolore di Diana. Tanto più che tra lei e i ragazzi si era formata una distanza totalmente inedita nei loro rapporti, che al momento appariva difficile da colmare. Ne ebbe conferma quando William fu chiamato a decidere chi voleva invitare per le celebrazioni del 4 giugno a Eton, per una festa della scuola con i genitori: replicò declinando di invitare sia il padre sia la madre. Evidentemente, per lui tanto l'uno che l'altra erano ormai ragione di imbarazzo. Il tempo dell'innocenza era finito. Gli anni di sofferenza avevano forgiato nel futuro re la forza di carattere, l'autonomia di giudizio e la capacità di manifestarlo (al limite della spiacevolezza) che dimostra oggi.

8
L'ultima chiamata

La telefonata li raggiunse a Balmoral. William e Harry erano nel castello di famiglia sulle Highlands scozzesi per passare le vacanze d'agosto con il padre e i nonni. Era il pomeriggio inoltrato del 30 agosto e fu il fratello più grande a prendere per primo la cornetta per parlare con la madre. Diana li aveva abbracciati all'inizio del mese per poi volare da Londra in Costa Azzurra e intraprendere con Dodi al-Fayed la loro romantica, e fatale, crociera. Adesso, a fine estate, non vedeva l'ora di stringere di nuovo i suoi ragazzi, e sarebbe volata volentieri direttamente dalla Sardegna a Londra, se Dodi non avesse insistito per fare tappa a Parigi. Ma l'indomani l'aereo privato dei Fayed l'avrebbe riportata a casa, ed era felice di risentire la voce dei figli.

L'appuntamento dei ragazzi con la scuola, tra l'altro, era ormai vicino. E William, sempre protettivo verso il più piccolo, approfittò della chiamata per manifestare alla madre le proprie preoccupazioni. Per il suo ritorno a Eton era stata predisposta una *photo op*, ovvero un incontro con i fotografi, ansiosi dell'opportunità di riprendere il futuro re nell'elegante uniforme della storica scuola, e lui temeva che l'occasione, ancora una volta, relegasse nell'ombra «l'erede di ricambio», che già rivelava segni di disagio per questa situazione. Diana voleva invece soprattutto parlare con lui della PlayStation che aveva comprato a Parigi come regalo di compleanno per Harry, ma William tagliò corto e passò la cornetta al più piccolo.

Di questa frettolosa conversazione tutti e due i fratelli si sarebbero rammaricati per il resto della loro vita. Ma erano ansiosi di tornare a giocare nei giardini di Balmoral coi cugini Peter e Zara Phillips, i figli di Anna, e dunque non vedevano l'ora di accomiatarsi dalla madre al telefono. «Se avessi saputo che cosa stava per accadere, non sarei stato così indifferente», avrebbe ricordato William anni dopo. «Ma quella telefonata mi è rimasta in testa, e pesa dannatamente.»

A quanto sembra dai suoi ricordi, quella chiamata rappresenta un fardello anche più pesante per lo «Spare», il Ricambio, come scherzosamente lo chiamavano in casa. Harry ricorda oggi la sofferenza che gli causavano le telefonate con un genitore mentre si trovava dall'altro, per l'alternanza imposta dalla separazione. «Noi rimbalzavamo tra loro due», aggiunge con malcelato risentimento. «Non vedevamo mai abbastanza nostra madre, e non vedevamo mai abbastanza nostro padre.» Il suo ricordo di quell'ultima chiamata è ancora più vivido e drammatico di quello del fratello: «William andò a parlare con lei, e poi: 'Harry, Harry, vieni, mamma al telefono'. Giusto, è il mio turno, così vado di corsa, prendo la cornetta, ed era lei che parlava da Parigi». E poi, che cosa è successo, che cosa vi siete detti? «Oh, non posso davvero ricordare quello che ho detto. Probabilmente continuerò a pentirmi per il resto della mia vita di quanto breve sia stata quella telefonata. Se avessi saputo che quella era l'ultima volta che parlavo con mia madre, le cose che le avrei detto!» Quello che è certo è che per lui «guardare indietro oggi è terribilmente duro. Dovrò fare i conti con questo per il resto della mia esistenza. Se avessi avuto il benché minimo indizio che la sua vita stava per essere presa quella notte...»

All'una, quella notte, l'ambasciatore britannico a Parigi, sir Michael Jay, telefonò a sir Robert Janvrin per avvertire del catastrofico incidente di Diana sotto il Pont de l'Alma. Janvrin, il vicesegretario privato che aveva accompagnato la regina a Balmoral con il resto della famiglia, svegliò Carlo e la sovrana. Riferì che Dodi e l'autista Henri Paul erano morti sul colpo e Diana era gravemente ferita. Due ore dopo Carlo ricevette un'altra chiamata: la sua ex moglie era spirata.

Comunicò la terribile notizia alla madre e presero a discutere in veste da camera. Sempre esitante di fronte alle decisioni, il principe non sapeva risolversi se svegliare i figli oppure no, e fu come sempre Elisabetta a fare una scelta. Non era nemmeno l'alba, meglio lasciarli dormire ancora, suggerì.

Carlo era chiaramente terrorizzato. Non solo dalla possibile reazione dei ragazzi, ma da quella del mondo intero. Si attaccò al telefono con il segretario privato Stephen Lamport, e com'era suo costume cominciò ad autocommiserarsi. Prevedeva facilmente quello che sarebbe accaduto: «Daranno tutti la colpa a me». Era quello che aveva già detto angosciato in una telefonata a Camilla, che si trovava nella sua casa nel Gloucestershire, vicino a Highgrove: «Il mondo darà di matto, vero? Vedremo una reazione che non si è mai vista finora. E che potrebbe distruggere tutto. Potrebbe distruggere la monarchia».

Nell'attesa il tempo non passava mai, perciò il principe si vestì di tutto punto e alle prime luci dell'alba affrontò una camminata solitaria nella brughiera. Non servì certo a calmarlo, in vista del durissimo compito che lo aspettava al rientro a casa. «Una delle cose più difficili per un genitore è dire ai tuoi figli che l'altro genitore è morto», avrebbe commentato Harry vent'anni dopo. «Come ci riesci, non lo so, ma so che lui era lì per noi.»

Il riconoscimento pubblico del secondogenito (sebbene prima delle frizioni di questi ultimi anni) testimonia che Carlo fu davvero capace di dare il meglio di se stesso. Aspettò le sette e un quarto prima di svegliare William, che appena aperti gli occhi gli disse di non aver dormito affatto bene. Il padre lo interruppe con l'annuncio atroce: c'è stato un incidente d'auto, ogni sforzo per salvare la vita della mamma è stato inutile. William scoppiò a piangere, rifugiandosi tra le braccia del principe, che ricambiò l'abbraccio in una stretta disperata. Piangevano entrambi, ma anche in quel momento il primo pensiero del ragazzo fu per il fratello minore: come dargli la notizia in modo da attutire il più possibile il colpo? Disse al padre che voleva accompagnarlo a svegliare Harry.

A due settimane dal compiere tredici anni, lo «Spare» sembrava fisicamente meno maturo della sua età e manifestava un attaccamento fortissimo alla madre. Lo choc di quella notte ne avrebbe segnato la vita. Come abbiamo già sentito dalle sue stesse parole, Carlo dev'essergli parso l'unico lembo di terraferma su cui poggiare i piedi. «Lui era quello rimasto dei due genitori, e cercò di fare del suo meglio e di assicurarsi che noi fossimo protetti e che si prendessero cura di noi. Ma il fatto è che lui stava attraversando lo stesso doloroso processo di elaborazione del lutto.»

Guardando oggi indietro a quei terribili momenti, William è in grado di offrirne una ricostruzione più lucida: «Lo choc è la cosa più grande, e io lo sento ancora. Il trauma di quel giorno è vissuto con me per vent'anni, come un peso. La gente pensa che lo choc non possa durare tanto a lungo, invece sì».

Quando i ragazzi si sentirono in grado di lasciare la stanza, Carlo disse loro che i nonni volevano vederli e li accompagnò lungo i corridoi del castello. I servitori, muti testimoni della scena, li videro avanzare tenendosi per mano come un desolato trio di sopravvissuti. Elisabetta e Filippo li aspettavano nel loro appartamento. Ci furono parole di cordoglio e di incoraggiamento, ma subito affiorò nell'atteggiamento della coppia reale quel retaggio di educazione vittoriana che tanto avrebbe contribuito alla crisi dei giorni seguenti: né l'uno né l'altra, stando ai successivi resoconti dei nipoti, fecero il minimo cenno di abbracciarli. Era la manifestazione estrema dello *stiff upper lip* di cui l'aristocrazia britannica era sempre andata fiera, l'imperturbabilità anche davanti alle emozioni più violente. Solo che la Gran Bretagna di fine secolo non era più quella su cui Elisabetta aveva cominciato a regnare nel 1952, e ben presto la regina se ne sarebbe accorta a sue spese.

Ma la disconnessione tra la sovrana e lo spirito del Paese si rivelò già nei primi momenti. Sia detto a sua lode, Carlo non ebbe la minima esitazione su ciò che andava fatto. Ordinò immediatamente all'aereo reale di prepararsi per portarlo in Francia il prima possibile, ma quando lo comunicò alla madre, la reazione lo gelò: «È proprio necessario questo viaggio così urgente? Anzi, è proprio il caso che tu vada a Parigi?» chiese la regina. Dopo tutto, Diana non era più membro della famiglia, dunque la sua morte non era quella di un «personaggio reale»…

Il principe del Galles stentava a credere alle sue orecchie. Era chiaro che Sua Maestà era incapace di percepire la magnitudo dell'onda di dolore popolare che pure già lambiva, di primo mattino, i cancelli di Buckingham Palace e della stessa Balmoral, con decine di persone accorse subito a deporre i primi mazzi di fiori. «Se non vuoi che vada col tuo aereo, vorrà dire che riporterò a casa mia moglie su un aereo di linea», replicò furioso alla madre. Ma non bastò. Spalleggiata dal marito Filippo, Elisabetta semplicemente si rifiutava di riconoscere la realtà, vale a dire che la morte tragica tramutava Diana in un personaggio di rilevanza storica, in quel momento assai più importante agli occhi dei sudditi di qualsiasi principe della Casa Reale, eccettuati i figli della defunta.

La santificazione fu istantanea, e nel caso dei quotidiani di quella domenica anche tragicomica. Nei giorni precedenti buona parte dei tabloid, in testa *News of the World* e *Sunday Express*, era uscita con prime pagine che vilificavano Diana per la sua relazione con Dodi e ironizzavano su di lei che, a bordo dello yacht di Fayed, «si godeva il suo ruolo di martire». All'alba, con i primi dispacci d'agenzia sulla morte di Lady Di, cominciò una corsa frenetica a ritirare le copie di quel giorno e ristampare le prime pagine, che adesso celebravano la principessa scomparsa come una martire vera.

A Balmoral in quelle stesse ore era in corso un'autentica battaglia, che Carlo si trovò a combattere da solo. Elisabetta sembrava irremovibile, confortata dal marito, che aveva sostituito la simpatia di un tempo verso Diana con una rancorosa intransigenza. Forse non le aveva perdonato che un paio d'anni prima, in un litigio, gli avesse rinfacciato: «La mia famiglia, gli Spencer, è molto più antica della tua». In ogni caso, la coppia non aveva nessuna intenzione di concedere all'ex nuora l'onore speciale di un ritorno con un volo di Stato, e men che mai la pompa e la solennità dei funerali riservati ai reali. In merito, Sua Maestà aveva dato precise istruzioni al suo segretario privato, Robert Fellowes, che era anche il marito della sorella maggiore di Diana: le spoglie della principessa, madre del futuro re d'Inghilterra, dovevano essere inviate con discrezione all'obitorio di Fulham Road, usato dal medico legale della Casa Reale.

Carlo reagì come una furia, consapevole che sulle sue azioni di quel momento sarebbe stato un giorno giudicato dai figli. Cercò di portare Fellowes dalla sua parte, ma dinanzi all'ostinazione del dignitario esplose dicendogliene di tutti i colori, e alla fine urlandogli: «Perché non vai a impalarti da solo sull'asta della bandiera?»

Ma il principe capiva che aveva bisogno di un alleato, e lo trovò in Tony Blair. Il giovanissimo premier laburista era arrivato al potere da appena quattro mesi ma aveva già dimostrato un'eccezionale capacità di trovarsi in sintonia con il Paese. Non si smentì nemmeno quella volta. Consigliato dal suo autentico mago della comunicazione Alastair Campbell, di primissima mattina convocò giornalisti e telecamere davanti alla chiesa di Sedgefield, nella contea di Durham. Apparentemente sull'orlo delle lacrime, abito scuro e cravatta nera, rilasciò una dichiarazione destinata a fare storia.

«Mi sento come chiunque altro oggi nel Paese. Sono totalmente devastato.» Le parole successive furono di cordoglio e conforto per la famiglia di Lady Di, particolarmente i suoi due figli, ma il resto fu un discorso politico, che costringeva la monarchia a cambiare. «Sappiamo che certe volte le cose sono state difficili per lei... Ma ovunque le persone, non solo qui in Gran Bretagna, hanno conservato la fiducia nella principessa Diana. A loro piaceva, la amavano, la consideravano una di loro. Lei era la Principessa del Popolo, ed è così che rimarrà per sempre nei nostri cuori e nella nostra memoria.» *The People's Princess* non era più neanche un personaggio della storia ma entrava direttamente nel mito. E nemmeno la regina poteva più negarle un funerale di Stato.

A Balmoral, i figli di Diana erano fortunatamente ignari dello scontro che si consumava attorno al corpo martoriato della madre. A parziale redenzione della freddezza mostrata verso il tragico destino dell'ex nuora, bisogna riconoscere che Elisabetta e Filippo furono invece magnifici nello sforzo di proteggere i nipoti e aiutarli ad assorbire il colpo. «Bisogna tenerli lontani dalla televisione», disse la regina di fronte al diluvio di immagini luttuose che scorrevano senza sosta sui teleschermi. E diede ordine di rimuovere anche le radio dalle loro stanze. «Portiamoli fuori, sulle colline.»

Il compito di distrarli con le escursioni all'aria aperta fu affidato a Peter Phillips, l'aitante e sportivo figlio della principessa Anna che i cugini, più piccoli di qualche anno, adoravano. Ogni mattina di buonora, in un settembre ancora luminoso e tiepido perfino sulle alture di Scozia, i tre si muovevano verso le brughiere, guidati da Peter che organizzava appostamenti per avvistare i cervi o battute di pesca nelle acque fredde del vicino fiume Dee. La sera il testimone passava al duca di Edimburgo, che radunava i ragazzi e il resto della famiglia attorno al barbecue. Della sua abilità alla griglia Filippo andava particolarmente fiero, e per essere all'altezza delle aspettative si era provveduto di un carrello mobile dotato di ogni genere di spiedi, graticole e pentolame. Il personale di servizio aveva il compito di farlo trovare pronto ogni sera presso una diversa capanna di caccia, delle tante nell'enorme tenuta di Balmoral, dopodiché i domestici scomparivano. Filippo era l'anima della cena: cuoceva, affettava e puliva, e in questi compiti si faceva aiutare dai ragazzi, tenendoli costantemente occupati.

All'inizio l'ergoterapia sembrò funzionare, poi qualcosa si ruppe nella capacità di resistenza di William. Il primogenito di Diana aveva una relazione speciale con il nonno. Il «duro» Filippo gli era profondamente legato, con un'intensità d'affetto di cui i suoi stessi figli non avevano mai potuto godere. Era stato lui a insegnargli a cacciare, a trascorrere ore al suo fianco nella brughiera, e in questa drammatica circostanza si era subito assunto il compito più difficile, quello di offrire a entrambi i ragazzi il necessario conforto psicologico. E fu lui quello più angosciato e allarmato quando, un mattino, William sparì da solo su per le colline e non diede più segno di sé per ore.

Il mondo esterno ebbe sentore di quello che stava accadendo quando, nel bel mezzo di una delle infinite discussioni sulla preparazione dei funerali, al telefono da Balmoral con i dignitari di Corte, Downing Street e Scotland Yard, il duca d'Edimburgo mise bruscamente a tacere tutti gli altri: «La nostra preoccupazione al momento è William. È scappato su per le colline e non riusciamo a trovarlo. Questa è la sola cosa che ci preoccupa adesso». Anji Hunter, all'epoca stretta collaboratrice di Blair e sua consigliera nelle conferenze telefoniche con Balmoral e Buckingham Palace, ricorda ancora oggi con una stretta al cuore l'angoscia chiaramente percepita nella voce di Filippo quando interruppe un'altra discussione con le seguenti parole: «Questi ragazzi sono qui. Stiamo parlando di *questi* ragazzi... hanno perso la loro mamma». «Servì a ricordarlo a tutti», commenta Hunter.

La scomparsa di William fu per fortuna di breve durata. Con il primogenito riportato a casa, Carlo sentì che era tempo di illustrare anche ai figli i dettagli del funerale. Era stato lui a imporre le solenni esequie a Westminster Abbey, anche se tecnicamente non si sarebbe trattato di un addio di Stato. Sulle prime tanto Elisabetta quanto Charles Spencer, il fratello di Diana, avevano premuto per una cerimonia molto più contenuta, fondamentalmente un rito privato. Ma presto l'ondata di commozione planetaria, e i chiari segni di irrequietezza di un Paese che voleva piangere collettivamente la perdita, misero in chiaro che soltanto una solenne processione per le strade di Londra e la maestosa *grandeur* di Westminster Abbey avrebbero soddisfatto i sudditi.

Come preparare i ragazzi a questo tragico appuntamento era adesso il problema dei Windsor, e non solo in quanto famigliari. «Mamma è morta davvero?» aveva chiesto Harry, non ancora tredicenne, alla funzione domenicale nella chiesetta di Balmoral, dove peraltro – su espressa indicazione della regina – il vicario aveva evitato di fare qualsiasi menzione di Diana o del tragico incidente di Parigi. Un aiuto prezioso venne dalla *nanny* Alexandra Legge-Bourke, soprannominata Tiggy (come l'omonimo materno riccio di Beatrix Potter). Carlo l'aveva assunta alla fine del 1992, dopo la separazione dalla moglie, con l'evidente ruolo di «madre surrogata» che la giovane donna, in verità, interpretava perfettamente. Con lei i ragazzi erano a loro agio, si divertivano, la sentivano amica ma al tempo stesso le davano ascolto. «Era in parte una dipendente, in parte una sorella e in parte una mamma», è la sintesi del suo ruolo fatta da un assistente del principe del Galles.

Il risultato era stato quello di suscitare le gelosie di Lady Di, che temeva di vedersi soppiantata nell'affetto dei figli. E per vendicarsi non aveva esitato a spargere velenose insinuazioni su un'inesistente *liaison dangereuse* della *nanny* con l'ex marito, al punto da sospettarla di aver abortito un bambino di Carlo. Tiggy, peraltro, non era tipo da porgere l'altra guancia. E aveva detto chiaramente ciò che pensava: «Io do ai ragazzi quello di cui hanno bisogno: aria fresca, una doppietta da caccia e un cavallo. Lei [Diana] una racchetta da tennis e un secchiello di pop-corn al cinema». Non era vero, ma *à la guerre comme à la guerre*...

Tuttavia, Miss Legge-Bourke, pura razza *gentry*, era anche una bambinaia professionista che amava il proprio lavoro ed era sinceramente affezionata ai suoi protetti. Anche se Diana era furiosa perché era lei che William, per ripicca, aveva scelto di invitare al suo posto alla festa dei genitori a Eton, Tiggy si era data da fare per sanare la frattura che la sciagurata intervista a *Panorama*, con la dichiarazione d'amore per James Hewitt, aveva aperto tra la principessa e i figli. E adesso a Balmoral, nei giorni angosciosi del lutto, si sforzava nonostante tutto di introdurre una nota di spensieratezza, tra cavalcate e scampagnate sulle Highlands.

Il romitaggio dei reali sugli altipiani scozzesi, mentre il regno intero ribolliva di dolore e di rabbia per una morte attribuita alla loro responsabilità, era del resto giustificato proprio dalla necessità di proteggere gli orfani di Diana, tenendoli il più lontano possibile da una realtà difficile da affrontare. Testardamente, com'era usa fare quando era sicura di avere ragione, Elisabetta respingeva i consigli dei più fidati dignitari che suggerivano di tornare a Londra, per calmare le acque. Il Paese intero era preda di uno sconvolgimento emotivo che minacciava da un momento all'altro di assumere le tinte della ribellione. I tabloid soffiavano sul fuoco: «Dov'è la regina quando il suo popolo ha bisogno di lei?» titolava l'ostile *Sun*, ma anche gli altri non ci andavano giù leggeri. «Il vostro popolo sta soffrendo, parlateci, Ma'am», la esortava il *Mirror*, e l'*Express* incalzava, sopra la foto di un'Elisabetta dal volto di pietra: «Mostrateci che vi importa». L'assenza da Londra, per quanto giustificata dalla cura dei nipoti, puzzava lontano un miglio di indifferenza per la tragica fine dell'ex nuora.

Né la regina né il consorte si lasciarono smuovere dalle violente emozioni popolari. Per entrambi, il mare di fiori lasciati da centinaia di migliaia di persone in ogni centimetro quadrato nei pressi di Kensington Palace era solo una specie di epidemia che evidenziava un collasso nervoso della nazione: qualcosa di inconcepibile per ogni inglese di rango uscito da una *nursery* vittoriana. Nessuno dei due aveva intenzione di farsi coinvolgere, e Sua Maestà per prima escludeva qualunque suo tributo pubblico a Diana. Né aveva voglia di restare a Londra più dello strettamente dovuto. In previsione del funerale il sabato mattina, la famiglia al completo si sarebbe imbarcata venerdì sera sul treno reale diretta a Buckingham Palace, per tornare tra i monti a Balmoral appena sbrigata la triste incombenza. «Come possiamo distrarre i ragazzi in un tetro vecchio palazzo tappezzato di lenzuola contro la polvere?» si chiedeva preoccupato Filippo.

Tutti i piani furono spazzati via quando la pentola ribollente della collera popolare minacciò di scoperchiarsi sull'ormai famosa questione della mancata bandiera a mezz'asta su Buckingham Palace. Tutti gli edifici di Londra e del regno erano listati a lutto. Tutti, tranne la reggia: perché su Buckingham fino ad allora sventolava solo lo stendardo reale, in presenza della sovrana, e quello non si abbassa mai, nemmeno quando muore il re. Ignara di secoli di tradizioni, la folla dell'Inghilterra, ora tutta «dianista», pretendeva l'Union Jack a mezz'asta anche sul Palazzo. Elisabetta rifiutava. Finché, il 4 settembre, Blair l'avvertì che si rischiava davvero la sommossa di centinaia di migliaia di persone. E la regina capitolò. Su tutto.

Tiggy ricevette istruzioni di preparare in tutta fretta i bagagli dei ragazzi, e non solo la bandiera nazionale fu issata a mezz'asta ma i Windsor si precipitarono a Londra già venerdì mattina. La sovrana e il duca, accompagnati dai nipoti, scesero compunti dalla Rolls-Royce reale in mezzo alle montagne di fiori assiepate attorno a St James's Palace e si fermarono a leggere i bigliettini vergati da migliaia di mani sconosciute. Per i ragazzi fu il primo contatto con ciò che li aspettava nelle ore successive. Vent'anni dopo, Harry ha ricordato così quei momenti: «L'ultima cosa che volevo era leggere quello che altra gente diceva su mia madre. Sì, era strabiliante, era incredibilmente commovente da scoprire. Ma a quel punto io non ero lì, ero ancora in stato di choc… Le persone ci afferravano e ci tiravano tra le loro braccia piangendo. Non biasimo nessuno per questo, si capisce, però quei momenti furono abbastanza choccanti. La gente gridava, piangeva, avevano le mani bagnate delle lacrime che si asciugavano in volto prima di stringere la mia».

Era la prova tangibile di come la morte di Diana avesse cambiato il rapporto tra sudditi e monarchia, stabilendo un'intimità fino ad allora sconosciuta. Per la folla in lutto per la scomparsa della principessa, i figli di lei erano i figli di tutti loro, perciò piangevano per quei bambini e sentivano di doverli proteggere.

Poche ore dopo, nel telegiornale di massimo ascolto, Elisabetta andò in diretta per rendere omaggio a Diana e dire che «la sua vita lascia molte lezioni per tutti, me per prima». E, forse memore di quello che aveva appena visto, esordì dichiarando: «Vi parlo non solo come vostra regina, ma come nonna» (la parola «nonna» fu suggerita da Alastair Campbell, su indicazione di Blair). I bambini di Diana rappresentavano adesso il pegno di una nuova alleanza tra popolo e Corona, nel nome della *People's Princess*. Quanto questo sarebbe costato loro, William e Harry ancora non lo sapevano. Ma si stavano già preparando, serrando le mascelle e stringendo i pugni, all'ordalia che avrebbero dovuto affrontare il giorno seguente.

9
Via dolorosa

NÉ Harry né William volevano camminare dietro il feretro della madre. Entrambi, e molti di quelli che si prendevano cura di loro, non pensavano lontanamente di dover vivere quella scena atroce che si è incisa per sempre nella memoria del mondo. Certo non se l'aspettava la gente per le strade di Londra. Né i ragazzi, che per dirla con William si sentivano ancora «in una specie di stordimento», immaginavano che presto sarebbero stati arruolati come pedine nei piani del Palazzo per placare il pubblico britannico. In verità, fino alle prime ore di quella stessa mattina del funerale, si era trascinata un'infuocata discussione sull'opportunità di farli sfilare in mezzo a più di un milione di persone, anzi sull'opportunità perfino di chiederglielo. Ma c'era il destino della monarchia in gioco.

Tardivamente i Windsor avevano realizzato che la morte di Diana aveva provocato un terremoto di magnitudo ancora sconosciuta ma rischioso per la stabilità del trono. Come assicurare la successione di un erede al quale la stragrande maggioranza dei sudditi imputava direttamente la morte della moglie, per inciso la donna più popolare del pianeta? Era chiaro che i due figli erano la sua assicurazione sulla vita. Ma a una certa distanza dalla reggia, dove si aveva una visione più lucida, c'erano parecchi dubbi, ha ricordato Alastair Campbell, il portavoce di Blair: «Dubbi se i ragazzi se ne sarebbero sentiti capaci, se ce l'avrebbero fatta, e se dovevano farlo». Un'altra assistente del premier, probabilmente Anji Hunter, intervenne per conto di Harry: «Ma come può, a dodici anni, seguire la bara della madre?»

I parenti materni cercarono di impedire che questo avvenisse, e ci furono dispute accalorate fino alla mattina di sabato 6 settembre 1997. Il conte Spencer, già fortemente irritato per il funerale secondo lui «sequestrato» dai Windsor nel loro interesse, prese le parti dei nipoti. Gli sembrava «terribilmente crudele» sottoporli a questa prova emotiva, in particolare «il minuscolo Harry», che fisicamente era ancora uno scricciolo. Charlie Spencer ricorda di essere stato veramente preoccupato: «Che trauma per un ragazzino come lui camminare dietro il corpo della madre. Spaventoso. Di fatto, io cercai di impedirlo, a essere onesto... Ero assolutamente convinto che Diana non avrebbe voluto che lo facessero».

Spencer si scontrò duramente con Carlo, che rimaneva invece fisso nel suo proposito: voleva che i figli seguissero la bara accanto a lui. La discussione tra i due ex cognati andò avanti per qualche giorno, fino a un vero e proprio diverbio che si concluse con Spencer che sbatteva il telefono in faccia al principe, colpevole di un commento offensivo su Diana. Cosa gli impedì allora di mantenere ferma la sua opposizione? «Sono stato ingannato», avrebbe dichiarato vent'anni dopo. Gli avrebbero fatto credere – ha sostenuto – che fosse volontà di entrambi i nipoti compiere quel gesto: «Una bugia, naturalmente». Dietro c'era, in realtà, l'intervento del patriarca, il principe Filippo.

Quale strana idea del dovere, o anche della convenienza politica, può indurre dei parenti affezionati a sottoporre due adolescenti a una prova patentemente tremenda? A quindici anni, William si trovava in uno stadio particolarmente delicato e sensibile del suo sviluppo emotivo. Già l'esperienza del contatto ravvicinato con la folla al ritorno a Londra, quel venerdì, lo aveva profondamente scosso, come ricorderà molti anni dopo. «Ero completamente istupidito. Disorientato, stordito. Uno si sente molto, molto confuso. E continua a chiedersi tutto il tempo: Perché io? Cosa ho fatto? Perché questo succede proprio a noi?»

Si capisce che dopo questa prova già così stressante i due fratelli nemmeno concepissero di sfilare dietro il feretro della madre. Ma a cena, la sera precedente al funerale, l'idea continuava a dominare la discussione a tavola coi famigliari. Il fax sembrava impazzito, con un via vai di messaggi tra la reggia e i collaboratori del premier Blair a Downing Street. Nel tentativo di mettere pace tra Windsor e Spencer, l'ufficio del Lord Ciambellano aveva elaborato diverse varianti del programma funebre, con due, tre o quattro famigliari a seguire in prima fila l'affusto con la bara. Dato per certo che il principe del Galles e il conte Spencer ci sarebbero stati entrambi, i piani prevedevano o che fossero solo in due, quindi senza i ragazzi, oppure in tre con uno dei figli, o in quattro con tutti e due. In nessun caso era contemplata la presenza di Filippo.

Invece fu proprio il duca a cambiare le carte in tavola. Era convinto, a ragione, che vedere i ragazzi accanto a Carlo in testa al corteo funebre avrebbe dato un potente segnale di unità e solidarietà della famiglia reale, e la monarchia ne avrebbe tratto beneficio. Nella discussione a cena si rese conto che William, ansioso di evitare il malanimo tra lo zio e i famigliari del padre, cercava di restare nel vago e Harry, da parte sua, era comprensibilmente impaurito e indeciso. Fu allora che Filippo calò il suo asso. «Se io sfilo», chiese direttamente ai nipoti, «voi sfilerete con me?» I ragazzi non erano abituati a dire di no al nonno che adoravano e nel quale avevano piena fiducia. La risposta non poteva che essere un sì.

«Nessun figlio ragazzino dovrebbe essere costretto a farlo in nessun caso», fu la risposta che Harry diede vent'anni dopo a chi gli chiedeva dei suoi sentimenti quel giorno. Ma in un'altra intervista di poco posteriore sembrò aver cambiato opinione, dicendosi invece felice di aver accolto l'inatteso invito del nonno: «Quale sarebbe stata l'alternativa? Seguire il corteo in limousine con le donne?» Ciò non toglie che quella camminata di un miglio e mezzo sotto gli occhi compassionevoli del mondo rappresentasse una mazzata per l'equilibrio mentale e psicologico di due adolescenti appena rimasti tragicamente orfani di madre.

Nel 2017, nel ventesimo anniversario di quei terribili eventi, William avrebbe aperto il suo cuore, gettando anche una luce sulle ragioni di quella scelta. «Non fu una decisione facile. È stata una delle cose più dure che abbia mai fatto. Ma eravamo sopraffatti dall'enorme quantità di folla presente, era veramente incredibile.» In mezzo a quell'oceano di persone che si disperavano per la perdita di Diana come se fosse una di famiglia, l'unico che aveva diritto di singhiozzare senza ritegno, il suo primo figlio appena quindicenne, era invece costretto a una terribile battaglia interiore «tra il me principe William e perciò obbligato a dare il suo contributo, e il me William privato che voleva solo chiudersi in una stanza e piangere perché aveva perso sua madre». Anche nel suo immane dolore, lui sapeva che «si trattava dell'equilibrio tra dovere e famiglia, e quello era ciò che dovevamo fare. Certo, penso che la cosa più dura sia stata quella camminata. Fu una camminata molto lunga, desolata. Ma di nuovo, quell'equilibrio...» Equilibrio? Forse, ma ci vuole molto allenamento per considerarlo tale. Perché è evidente che tra i piatti di quella bilancia il più pesante è il dovere, anche se questo comporta sconvolgere la vita di due adolescenti.

I dignitari di Palazzo diedero istruzioni precise ai ragazzi su come comportarsi nel corteo. Dissero di guardare sempre dritto davanti a sé, e lo zio Spencer trovò «bizzarro» quest'ordine, che obbediva però anch'esso a un intento preciso. Gli esperti reali di comunicazione immaginavano che questo comportamento dignitoso avrebbe amplificato i sentimenti collettivi, «quella specie di devastante ondata di dolore che ti investiva mentre precipitavi in quel tunnel di incontrollabile commozione». Studiata o meno che fosse, gli *spin doctors* si sarebbero potuti risparmiare la pensata, perché comunque nessuno nell'enorme folla trovava il coraggio di guardare direttamente i ragazzi. Semplicemente costituivano, nella loro giovanissima età, nella loro palpabile innocenza, uno spettacolo troppo doloroso per indugiarci sopra.

«È stata la mezz'ora più orribile della mia vita», avrebbe ricordato il conte Spencer. «Fu proprio un incubo. Ma ovviamente fu un milione di volte peggio per loro, i due ragazzini che dentro di sé piangevano disperatamente la loro madre.» È incredibile l'autocontrollo che furono capaci di dimostrare, giovani com'erano, per tutta la durata del corteo funebre e la cerimonia nell'abbazia. Di tanto in tanto, la forza intima crollava ma riuscivano a impedire che gli altri se ne accorgessero. Vent'anni dopo William avrebbe spiegato la sua tecnica, anche rifugiandosi in una battuta per attutire il dolore che si porta dentro: «A quel tempo avevo un sacco di capelli. Sostanzialmente mi nascondevo dietro la frangetta, e tenevo sempre giù la testa». Insomma la frangetta come «una coperta di sicurezza, se volete», ha spiegato. «Lo so che adesso può sembrare ridicolo, ma così avevo l'impressione che nessuno potesse vedermi. Questo trucchetto mi permise di arrivare in fondo a quella giornata.»

Sul feretro, come non possono scordare tutti quelli che assistettero al funerale, testimoni diretti o attraverso gli schermi televisivi, era stato posato un tondo cuscino di rose bianche sormontato dalla scritta MUMMY, nella calligrafia del dodicenne Harry. E lui seguiva, a pochi passi di distanza dall'affusto trainato dai cavalli della Royal Artillery. Nel silenzio spettrale, nonostante il milione e passa di persone lungo la strada, si udiva soltanto l'eco degli zoccoli dei cavalli. I capelli rossi corti del principino, tra lo zio e il padre molto più alti di lui, spiccavano contro il nero dominante nel corteo funebre, e chi aveva il coraggio di guardarlo si trovava di fronte un minuto visetto tappezzato di efelidi con lo sguardo ostinatamente fisso sul carro, come gli era stato detto di fare, e però si accorgeva anche che quella figura minuta dagli occhi incredibilmente asciutti stringeva disperatamente i pugni, come per impedirsi di crollare, di scoppiare a piangere. Mentre l'affusto di cannone con la bara sfilava davanti a Buckingham Palace, entrambi i fratelli sollevarono lo sguardo per vedere la loro temibile *Granny* chinare il capo al passaggio del feretro, in un gesto di omaggio che mai l'orgogliosa regina d'Inghilterra aveva concesso a nessun altro essere umano vivente o morto, chiaramente diretto a calmare i furori dei sudditi.

I Windsor erano evidentemente fiduciosi di poter affrontare senza ulteriori implicazioni la tempesta di sentimenti che squassava l'anima dei due orfani. Sarebbe interessante scoprire se mentivano a se stessi spinti dal panico, o se davvero erano così accecati dalla loro educazione vittoriana da non poter immaginare gli spasimi dei ragazzi. Che nelle loro menti avrebbero rivissuto quella cupa processione «un migliaio di volte», come disse William, e negli anni avrebbero dovuto continuare a misurarsi – come ammise candidamente Harry – con le ricadute psichiche provocate dalla luttuosa sfilata.

Alla fine l'affusto si fermò davanti alla candida abbazia e in quel momento trentasei lilium bianchi, i preferiti della principessa, tanti quanti i suoi anni, furono aggiunti in cima alla bara accanto ai fiori dei suoi figli. William continuava a guardarsi le scarpe per ricacciare le lacrime, sollevando la mano solo una volta per asciugarne una. Harry, al contrario, per quanto pallido come un cencio, guardava dritto davanti a sé, gli occhi ora fissi sui fiori tutt'attorno al suo biglietto d'addio. Dentro Westminster Abbey, la bara fu collocata al centro della navata e la famiglia reale prese posto di fronte. Una volta seduti, i fratelli cercarono lo sguardo della Queen Mum, e la novantasettenne bisnonna che non li perdeva d'occhio fu lesta a rivolgere loro un sorriso di conforto. «Mi si spezzava il cuore», disse poi a una delle sue dame di compagnia, vedendo i ragazzi al funerale della madre, «e di questi dolori ne ho avuti più di quanto mi spettasse.»

Nessuno tra i duemila presenti sotto gli archi gotici dell'abbazia poteva dire di aver conosciuto Diana meglio del suo figlio maggiore. E di nessuno lei si fidava di più, testimonia la sua cara amica Rosa Monckton: «Si aspettava molto dal principe William, e lui non esitava a darglielo». Sin dalla più tenera età, lui era stato il testimone delle sue sofferenze di moglie tradita e ingannata, ma anche il suo confidente, il suo consigliere, il suo difensore a spada tratta contro il padre fedifrago. A giudizio perfino degli intimi, le confidenze di Diana al suo Wills, il coinvolgimento dell'adolescente nelle storie d'amore della madre, erano stati perfino eccessivi, caricandolo di un peso troppo grande per la sua età. Di certo, avevano contribuito a farlo maturare anzitempo.

Ma a lui Diana aveva anche affidato il compito di assicurarsi che il suo addio al mondo avvenisse secondo le sue volontà.

Fu William a scegliere il primo inno della funzione religiosa – *I Vow to Thee, My Country* (Mi voto a te, mia patria) –, perché sapeva che era il preferito di Diana quand'era ragazza. E in quella luttuosa occasione il primogenito diede un altro preciso segnale della determinazione fino alla caparbietà che è un tratto fondamentale del suo carattere. Fu lui a imporre a un Palazzo riluttante («Mai una popstar a un funerale reale!») la presenza di Elton John, lui a consentire che *Candle in the Wind 1997* (riadattamento della canzone scritta in ricordo di Marilyn Monroe) diventasse l'indimenticabile colonna sonora di quella tragedia (e anche il singolo pop più venduto di tutti i tempi). Elton la cantò a occhi chiusi, ricacciando le lacrime, nel silenzio assoluto dell'abbazia interrotto solo ogni tanto da un singhiozzo soffocato. I ragazzi tennero duro fino alla fine, ma quando John intonò l'ultimo verso: «*Your candle's burned out long before your legend ever will*», scoppiarono in lacrime.

Poi arrivò l'orazione funebre di Charles Spencer. E la rabbia che scorreva nei pensieri e nelle parole del fratello di Diana sembrò incanalare per lunghi minuti l'ira minacciosa del milione di persone là fuori. La principessa disegnata dal fratello era un essere probabilmente lontano da ciò che era stata in realtà, la Madre Teresa laica di un'agiografia già affermatasi quando era ancora in vita. E tuttavia c'era qualcosa di vero nell'affermazione che «il suo profondo sentimento di inadeguatezza» l'aveva aiutata a parlare così direttamente «alla sua vasta comunità di reietti». Harry e William lo ascoltavano con attenzione e, a giudicare da come parlano oggi della madre, si può concludere che hanno conservato con cura quelle parole.

Come se quanto aveva detto fino a quel momento non fosse abbastanza urticante per i Windsor, il conte Spencer si spinse ancora oltre. Indicò nei nipoti che gli sedevano di fronte la più importante eredità di Diana e fece un giuramento a nome della loro «famiglia di sangue», intendendo quella materna e non certo quella reale: promise che avrebbe «continuato a far cantare le loro anime così che non vengano sommerse da dovere e tradizione». Questa sì che era un'aperta sfida al clan di Elisabetta, e in particolare a lei, che aveva sempre anteposto a tutto il dovere verso la casata e la nazione. Significativamente, queste ultime parole vennero accolte da un torrente di applausi, non solo della folla colossale che seguiva il discorso sui maxischermi all'esterno ma anche dei presenti in chiesa. Applaudivano tutti, circostanza decisamente eccezionale ai funerali inglesi, e per primi William e Harry. La regina e suo marito, decisamente no.

Venticinque anni dopo, se ne ricava solo conferma della caducità del consenso e del favore popolare. Charlie Spencer, da giovane a Oxford soprannominato «Champagne Charlie», ha perso la sua sfida, o almeno a metà (considerata la fuga di Harry). Ed è certo che ciò che i due fratelli sono diventati, nel bene e nel male, non è frutto degli Spencer ma della cura della famiglia paterna. Ciò non vuol dire che William e Harry non siano, assieme, gli unici depositari dell'irripetibile eredità materna, celebrata dagli applausi nel giorno del funerale. Senza bisogno di beatificarla, la gente riconosceva – e ricorda – il calore di Diana, la sua umanità, il suo prodigarsi per gli altri, e pure i suoi peccati, frutto della debolezza che appartiene a ogni essere umano. Ma il fatto è che, a differenza degli algidi parenti acquisiti, lei era fatta della stoffa del mito, la stessa in cui sono tagliati i grandi re guerrieri o i santi, ai quali la credulità popolare attribuisce perfino il potere di guarire con il semplice tocco delle mani.

Protetti dall'alone della principessa, i suoi figli godono dello stesso irresistibile fascino, della capacità di attirare l'attenzione delle folle anche coi gesti più semplici e quotidiani. È un dono che nessuno dei Windsor ha mai manifestato. Occorre vedere se resisterà alla faida famigliare che minaccia di infrangere il loro talismano: il comune amore per la madre e, come lei voleva, il profondo affetto reciproco, che ne ha sempre fatto un tutt'uno agli occhi del mondo.

PARTE TERZA

Destino

10

«Lui vuole essere me»

William ritrovò rapidamente il suo equilibrio, molto aiutato dal ritorno a scuola. A Eton l'erede si trovava bene, aveva ormai una cerchia di amici e soprattutto sfogava allo stesso modo esuberanza e sofferenza sui fangosi campi da gioco, dal football al rugby al cricket, che avevano contribuito a formare, oltre al duca di Wellington vincitore di Napoleone, anche diciotto primi ministri (nel 2010, diciannove, con David Cameron) e innumerevoli statisti, lord e generali. Se poi levava lo sguardo dal terreno di gioco, aveva davanti agli occhi il castello di Windsor che un giorno gli sarebbe appartenuto, come re William V. E la prospettiva della Corona, lungi dallo spaventarlo, gli infondeva il senso di una missione, una finalità che leniva un poco il dolore di quei giorni.

Per Harry le cose si presentavano più difficili, soprattutto adesso che il fratello era tornato a Eton mettendo fine alla vicinanza dei mesi estivi. La sua infelicità era aggravata dal fallimento scolastico, che era anche causa della separazione da William. Bocciato alla fine del corso, a settembre fu costretto a tornare, ormai tredicenne, sui banchi di Ludgrove, mentre i suoi vecchi compagni di classe partivano per Eton, Harrow o una delle altre prestigiose *public schools*. Agli esami per la Common Entrance a Eton era risultato insufficiente, e adesso gli toccava ripetere l'anno, tra gli sguardi di commiserazione dei nuovi compagni più piccoli, per ritentare l'ammissione nella scuola del fratello.

L'umiliazione patita dallo «Spare» aveva una doppia radice. Era stata una decisione che avevano preso di comune accordo, lui e William, quella di passare se possibile assieme gli anni della scuola, una conferma del loro fortissimo legame. E con il maggiore già a Eton, il minore era costretto a seguirlo sfidando la durissima selezione di un autentico college d'élite. Ma una parte della colpa era anche di Diana: aveva voluto a tutti i costi che Harry, già allora non famoso per l'applicazione negli studi, entrasse a Eton accanto al primogenito. «Se non va lì», aveva confidato alla biografa Ingrid Seward, «tutti penseranno che è stupido.» Il che in effetti corrispondeva all'idea, per quanto ingenerosa, che il pubblico si era già fatto del più piccolo dei Galles. Se volete, un prodotto di quel rapporto viziato dal destino che lega chi salirà sul trono al fratello cadetto, l'erede di ricambio.

Quand'è che la consapevolezza del suo speciale ruolo nella vita albeggia nella mente di un futuro re? Interpellato, Carlo ha negato che, per quanto lo riguarda, questo sia accaduto a un'età particolare. Piuttosto, «è qualcosa che si impone con un orribile senso di inesorabilità». Anche il figlio William non pare troppo soddisfatto del modo casuale in cui se n'è reso conto (presto, nel caso suo) e ha deciso che saranno lui e Kate a stabilire il momento giusto per affrontare l'argomento «re» con il primogenito George.

Diana era acutamente consapevole che una delle principali difficoltà di ogni famiglia reale è il problema del Numero Uno e Numero Due. Come osservò in un'intervista, «i primogeniti reali possono prendersi tutta la gloria ma i secondogeniti godono di maggiore libertà. Solo quando sarà molto più grande Harry capirà quanto è stato fortunato a non essere il maggiore». In realtà si sbagliava, perché entrambi i bambini si resero conto assai precocemente delle differenze nel loro destino. William, come abbiamo visto, già a tre anni minacciava i compagni d'asilo della signora Mynor di mandarli alla Torre se non gli obbedivano. E Harry era poco più grande quando girò al fratello maggiore l'osservazione sul poter fare quel che voleva, sentita chissà dove. Per evitare che il più piccolo venisse su nell'invidia o nel risentimento, Diana si fece un punto d'onore, con il pieno accordo di Carlo, di far crescere i due fratelli su un piede di assoluta parità, controllando che perfino nelle foto apparissero sempre, il più possibile, come uguali.

I precedenti tra i Windsor non erano benaugurant. Il rapporto tra Carlo e il suo «Spare» Andrea si era messo su un terreno di aperta competizione non appena il minore era uscito dall'ammirazione adolescenziale per il più grande. È vero d'altro canto che in quel caso il deteriorarsi della relazione dipendeva molto dall'aperta predilezione della regina per il più piccolo, venuto al mondo ben dodici anni dopo il primogenito. I quattro figli di Elisabetta si dividono in due blocchi: Carlo e Anna nati tra il 1948 e il 1950, prima dell'ascesa al trono, e Andrea e Edoardo molto più avanti, tra il 1960 e il 1964. Chiaramente, i primi due rispondono all'obbligo dinastico di produrre l'erede, gli altri al desiderio di figli coltivato dalla donna Elisabetta. I primi hanno visto molto di più le bambinaie che la mamma, gli ultimi hanno goduto molto di più della sua presenza e del suo affetto. Il risultato, nel caso di Andrea, è stato un principe arrogante, presuntuoso e guascone, ancor più esaltato dall'esperienza di pilota d'elicottero nella guerra delle Falkland, nel 1982.

Ancor prima della vergogna del «caso Epstein», che ha finito con il travolgerlo, era chiara la natura vanesia e superficiale di questo «cocco di mamma». Ma proprio ciò, assieme alla sua discussa reputazione di eroe militare, lo convinceva di meritare il trono più del fratello maggiore. Al tempo stesso, Carlo risentiva della popolarità che il cadetto si era guadagnato con le gesta militari e l'esuberanza sessuale, e gli invidiava la maggiore libertà consentitagli dalla sua posizione: quando anche lui aveva chiesto di essere spedito in zona di conflitto, gli avevano gentilmente spiegato che non era possibile. Così, alla fine, il sospetto «lui vuole essere me» avvelenava reciprocamente i pensieri dei fratelli.

Gli sforzi di Diana per evitare questo approdo si scontravano con la realtà e con le incrostazioni della tradizione. Era un dato di fatto che tutta l'attenzione della famiglia si concentrava sull'erede. E i suoi successi venivano ingigantiti, mentre quelli del fratellino passavano generalmente inosservati. Entrambi avevano ereditato dal ramo paterno la passione per i cavalli e un'innata abilità di cavallerizzi. Abbiamo già visto che William a quattro anni galoppava a pelo sul suo pony Trigger. Ma Harry non era da meno. Alla stessa età, lui fu addirittura iscritto a una competizione sotto il nome di Harry Cox e guadagnò il primo premio. L'anno dopo, saltò in sella all'irrequieto puledro del padre, Centennial, e si portò a casa un altro riconoscimento. Stando alla testimonianza di un ex stalliere di Balmoral, «William a cavallo era davvero stupefacente, sin dai primissimi inizi. Ma Harry era decisamente il migliore dei due. Il primo era molto metodico, molto determinato, e si esercitava, si esercitava finché non faceva la cosa giusta. Invece Harry semplicemente si buttava. Era uno che imparava in fretta, penso, ed era senz'altro pronto a prendersi più rischi. Tutti eravamo particolarmente impressionati da Harry».

A zia Anna, per quanto ancora offesa di non essere stata invitata come sua madrina di battesimo, non sfuggivano le formidabili capacità equestri del ragazzo, e si spinse a predire per lui una brillante carriera olimpica come la sua. Purtroppo, la persona il cui parere valeva maggiormente per la famiglia tendeva a prestare scarsa attenzione ai risultati del Ricambio, che fossero sportivi o d'altro genere. Era il fratello maggiore che la inorgogliva e di cui vantava le gesta con amici e conoscenti. A un picnic, Sua Maestà fu sentita lodare in termini superlativi la postura di William sul cavallo, nonché il suo totale controllo della cavalcatura, al punto di sminuire la sua stessa abilità: una volta, raccontò, per stargli dietro era quasi finita in un fosso con il suo cavallo.

La Regina Madre era un altro membro fondamentale della famiglia che aveva occhi solo per William. Quando invitava i bisnipoti per un tè nella sua sontuosa residenza, Clarence House, la Queen Mum faceva sedere accanto a sé il più grande, con cui chiacchierava deliziata. L'altro veniva fatto accomodare a dieci metri di distanza, all'angolo opposto del salone. In più di un'occasione la servitù porgeva il vassoio dei sandwich alla vecchia regina e a William, ma non a Harry, come se fosse totalmente dimenticato. Anche se cercava di non piangere o protestare, lui ne soffriva, com'è facile immaginare.

Gli episodi di questa crudele discriminazione domestica, in ossequio al puro ordine dinastico, sono innumerevoli, e probabilmente lo psicoterapeuta del principe potrebbe offrirne un ventaglio anche più ampio. Un'abitudine che avrà certamente ferito nel profondo il piccolo era quella inaugurata quando William aveva appena cinque anni. Sua Maestà cominciò a invitarlo regolarmente per prendere assieme il tè in quella che era essenzialmente una lezione privata nell'arte della regalità. Nel corso dell'appuntamento settimanale, la nonna non mancava di controllare i progressi scolastici del nipote, di informarsi sui suoi amici e i suoi interessi, o di dargli qualche incoraggiamento quando le sembrava opportuno. Non le mancavano del resto i modi di catturare l'attenzione del piccolo anche quando, senza che lui se ne accorgesse, impartiva una lezione di storia. Le bastava mostrargli uno dei preziosi manoscritti rinascimentali di Enrico VIII, dalla meravigliosa raccolta di Windsor Castle, o la collezione di francobolli messa assieme da suo nonno Giorgio V, probabilmente la più preziosa al mondo.

Per Elisabetta quel bambino era il prescelto per guidare un giorno la monarchia nel Ventunesimo secolo, e lei voleva essere sicura, come regina e come nonna, che stesse bene. Purtroppo, sapeva perfettamente che questo era un grande punto interrogativo. Immaginava benissimo l'impatto che aveva sulla sua giovane vita l'inferno rappresentato dal matrimonio dei suoi genitori, e questo era per lei fonte di preoccupazione costante. Che non sembrava estendersi minimamente, tuttavia, alla sorte del fratello più piccolo. Qui è prezioso il ricordo di uno degli assistenti segretari privati di Carlo, che assicura come Harry non sia mai stato nei pensieri della nonna allo stesso modo del fratello maggiore. «È che William sarebbe diventato re, quindi lui era quello che contava. Harry era sempre messo da parte.» Non solo nei primi anni, ma anche nell'età più delicata dell'adolescenza e della prima giovinezza.

Kate per esempio fu colpita, nei suoi primi incontri con la famiglia reale, dall'intesa perfetta che c'era tra Carlo e William, mentre Harry appariva regolarmente trascurato dal padre e lasciato in un angolo.

Questi sgarbi, ammesso pure che fossero inconsapevoli, ferivano profondamente i sentimenti del ragazzo. «Mi dispiaceva per il povero Harry», ha detto lady Bowker, «e a Diana pure. Per questo cercava a tutti i costi di assicurarsi che lui non si sentisse mai non voluto o non amato, com'era successo a lei da piccola.» Ma nonostante gli sforzi della madre, era evidente che per il resto della famiglia reale lui contava di meno, e questo finì con il minarne la fiducia nelle proprie possibilità. Quando la sponda protettiva di Diana gli venne meno, e William lo lasciò solo dopo il funerale per tornare a Eton, per il piccolo Harry dev'essere stato uno dei momenti più bui della sua vita.

La sua carriera scolastica a quel punto sembrava compromessa. In verità non era mai stata un successo. Lui aveva altre qualità, come il calore, il vigore fisico e l'abilità di cavallerizzo, ma metterlo davanti a un compito di matematica era come condannarlo a un supplizio. In questo somigliava al padre, che aveva fallito miseramente il suo primo esame in questa materia e ora cercava di aiutare il figlio a cavarsela meglio. Come pure in geografia: nei viaggi in macchina assieme lo interrogava sulle capitali del mondo, sperando che qualcosa gli restasse nella memoria. Alla fine Carlo si era convinto che Eton fosse oltre le capacità intellettuali di Harry, e aveva persuaso pure Diana, al punto che si erano messi a cercare una scuola alternativa ma egualmente *posh*, per giovani privilegiati non particolarmente brillanti.

Fu William però a opporsi, insistendo che il fratello minore sarebbe stato più felice se avesse potuto unirsi a lui a Eton. Questo, del resto, era ciò che Harry desiderava veramente, e che pure lui voleva. Così, davanti allo «Spare» si ergeva un ostacolo molto più alto e difficile di qualunque altro affrontato a cavallo, perché la selezione per Eton era durissima e la scuola non aveva alcuna intenzione di ammorbidire la severità degli esami, nemmeno per accogliere un secondo rampollo della famiglia reale. La conseguenza fu che quel settembre 1997, dopo la morte della madre, il ragazzo fu costretto a tornare scornato a Ludgrove e a dividere il suo tempo tra le lezioni in classe e le aggiuntive ripetizioni private, inevitabilmente lasciando meno spazio ai divertimenti e allo sport.

Carlo, tuttavia, progettava di offrire uno stimolo eccezionale all'impegno extra del figlio minore, sotto forma di un dono assolutamente speciale. Come tutti gli adolescenti di quegli anni, il ragazzo era un fan sfegatato del gruppo pop allora più famoso in Inghilterra, le quattro Spice Girls. Come ricompensa per i suoi sforzi scolastici, il padre gli promise di fargliele incontrare, e non solo loro, ma anche un mito planetario come Nelson Mandela. Harry avrebbe dovuto passare le vacanze di mid-term di quell'autunno con la madre, mentre Carlo sarebbe stato impegnato nella visita ufficiale di cinque giorni programmata in Sud Africa, Lesotho e Swaziland. Proprio in coincidenza con il viaggio era previsto anche l'incontro delle Spice Girls con il grande statista africano. Il principe suggerì che Harry avrebbe potuto volare con lui in Africa, portandosi dietro pure un amichetto, così avrebbe potuto stringere la mano non solo ai suoi idoli pop ma anche alla leggenda che aveva sconfitto l'apartheid nel suo Paese. Le foto del minuto adolescente dai capelli rossi tra le amazzoni dei suoi sogni sono il ritratto della felicità pura, ma non è l'unico bel ricordo, e nemmeno il più duraturo, che Harry si portò dietro da quel viaggio.

Per occuparsi del figlio durante la trasferta africana, naturalmente Carlo aveva precettato l'onnipresente Tiggy e anche un amico di lei, Mark Dyer. Fu proprio Dyer, ex ufficiale delle Welsh Guards e per un certo periodo scudiero del principe, a organizzare il safari in Botswana che deliziò i ragazzi mentre il reale genitore affrontava le tappe ufficiali della visita. Per Harry fu il primo assaggio d'Africa, e lo avrebbe conquistato per sempre. Il tempo incantato passato nelle tende sotto le stelle in Botswana avrebbe ispirato il suo autentico amore per la natura e il suo impegno successivo in tutte le cause ambientaliste. E non è certo un caso che, nel 2016, dopo aver appena conosciuto

Meghan Markle in un *blind date*, un appuntamento al buio, l'abbia invitata a volare con lui in Botswana per un viaggio deciso all'istante.

Il safari del '97 segnò anche l'inizio di un'amicizia destinata a durare, quella con Dyer. Carlo sperava che potesse diventare una specie di mentore-fratello maggiore per il suo ragazzo ancora molto fragile, e quell'intuizione si rivelò azzeccata. Anche se l'ex ufficiale presentava un limite rilevante: era un forte bevitore. Più avanti nella vita avrebbe fondato due dei più noti gastropub della Londra elegante, il *Sands End* e il *Brown Cow*, molto popolari presso la banda di giovani aristocratici al seguito dei due principini, la cosiddetta Glossy Posse. E sì, potete scommetterci, il *Sands End* sarebbe diventato il posto degli appuntamenti segreti tra Harry e Meghan nella stagione del corteggiamento.

Ma al momento tutto questo era ancora celato in un nebuloso futuro. Il tredicenne tornò entusiasta dal tour africano, e al suo rientro a Ludgrove fu perfino avvistato – incredibile ma vero – mentre visitava la biblioteca. Se lo avessero ispirato più le Spice Girls o Mandela è difficile dire, ma certo raddoppiò gli sforzi e a fine anno superò a vele spiegate lo scoglio dell'esame d'ammissione alla sospirata Eton. Nell'autunno 1998 i due fratelli, grazie alle fatiche erculee del più piccolo, erano infine riuniti sotto lo stesso tetto in una delle scuole più famose del mondo, pronti a godersi gli anni più strettamente intrecciati di tutta la loro vita.

Ma a quella data si era verificato anche un altro evento di grande portata per loro. Quando gli amici di Diana lo scoprirono, reagirono accusando il figlio di averne tradito la memoria. Non era così che la vedeva il sedicenne che quella memoria, invece, venerava. Il suo approccio era stato meramente e freddamente intellettuale: voleva incontrare Camilla. Come? La donna che la madre odiava e accusava di aver provocato la sua infelicità? Non era tradimento, questo? Più lucidamente di molti adulti, William vedeva la cosa in maniera diversa.

Che gli piacesse o meno, quella donna (allora odiata e disprezzata dalla stragrande maggioranza degli inglesi) occupava un posto centrale nella vita di suo padre. E questo significava che aveva un'influenza anche sulla sua vita. Diana aveva cercato di avallare, attraverso le innumerevoli foto in compagnia dei figli, l'idea che lei fosse l'unico dei genitori a prendersi appassionatamente cura di loro, ad amarli senza riserve e senza risparmio di tempo. In questo, la sua straordinaria capacità di manipolare i media aveva avuto pienamente successo. Ma, semplicemente, non era la verità. Certo, Carlo aveva molto meno tempo a disposizione, però la profondità del reciproco affetto tra padre e figli non era in discussione, anche se era decisamente meno pubblicizzata. I ragazzi non dimenticavano i momenti di felicità che lui aveva donato loro, dai giochi infantili del Lupacchione cattivo e delle battaglie a colpi di cuscino alle partite di pesca nei laghi della Scozia e di caccia nella brughiera. Era insomma un padre assai occupato, ma attento e affettuoso quando riusciva a essere presente. E William non voleva certo allentare questo legame, anche se il prezzo era accettare Camilla in famiglia. Pare che abbia detto a un amico a mo' di spiegazione: «L'80% dei ragazzi di Eton ha una matrigna». Magari era una percentuale un tantino esagerata, però rendeva perfettamente il senso della sua decisione.

Nei mesi immediatamente successivi alla morte di Diana, Camilla era stata obbligata a scomparire dalla scena. Ancora sotto choc per l'aggressione subita, all'indomani della tragedia dell'Alma, in un supermarket vicino a Highgrove – dove le clienti l'avevano lapidata a colpi di pagnotte –, l'amante reale si preoccupava di tenere un profilo basso. Frequentava solo i salotti e le battute di caccia degli amici stretti, e quando metteva la testa fuori di casa aveva sempre cura di tirarsi un cappello ben giù fino agli occhi. Ma nell'estate 1998 aveva ripreso, nella massima discrezione, le visite all'amante nella residenza londinese di St James's Palace. E fu qui che William decise di fare la sua apparizione.

Un venerdì pomeriggio di giugno, pochi giorni prima di compiere sedici anni, il principino lasciò Eton diretto a Londra, per incontrare alcuni amici. Lungo la strada telefonò al padre con aria casuale, per informarlo che sarebbe passato da casa, a St James's Palace, per cambiarsi d'abito. Sapeva, naturalmente, che Camilla era lì. E la prima reazione della «strega», quando Carlo l'avvertì dell'imminente arrivo del figlio, fu di squagliarsela a gambe levate. Ma farlo non sarebbe stato da lei. Indossò un altro vestito, si incipriò e diede ordine di preparare il tè. Immaginava che sarebbe stato uno degli incontri più importanti della sua vita ma non sapeva che cosa aspettarsi. L'ultima volta che la madre di William l'aveva affrontata a muso duro, nel 1989, ordinandole di restituirle il marito, era finita con l'amante che, tutt'altro che intimidita, la invitava «ad accontentarsi dei suoi due magnifici ragazzi e dell'adorazione del resto del mondo». Come sarebbe finita stavolta con il maggiore di quei due ragazzi?

Camilla si stampò un bel sorriso in faccia anche se, come confessò poi agli amici, le tremavano le gambe. Quando il principino entrò nel salotto, lei si esibì nella riverenza dovuta a un'Altezza Reale ma il giovanotto fu lesto a metterla a suo agio, trattandola da vecchia amica di famiglia, quale del resto certamente era. Attaccò a parlare di cavalli, comune passione, di polo e di caccia alla volpe, e a proposito, come se la cavava Tom (il figlio di lei) ora che aveva lasciato Oxford? La chiacchierata, apparentemente informale e rilassata, rivelò che, per quanto giovane, William era già in grado di controllare quel genere di conversazione professionale in cui si parla senza in realtà dire nulla. Di più non era sinceramente lecito attendersi da nessuno dei due protagonisti dell'incontro, che durò in tutto una mezz'oretta. Poi il principino si alzò, tolse educatamente il disturbo e senza tradire alcuna emozione andò al cinema con gli amici. Camilla, invece, per sua stessa ammissione, restò lì «a tremare come una foglia», e per riprendersi si versò una razione doppia del suo amato gin tonic.

11

La scuola dei sentieri che si biforcano

Harry, come in tutto ciò che faceva in quegli anni, seguì a ruota il fratello. Più o meno un mesetto dopo toccò a lui incontrare la nemica della madre, ma stavolta per Camilla fu un appuntamento molto più rilassato, nella casa di campagna a Highgrove e in compagnia dei due figli, Tom e Laura Parker Bowles, che a ventitré e vent'anni erano di poco più grandi dei rampolli reali. I ragazzi già si conoscevano e avevano passato un po' di tempo assieme nella Pasqua precedente. Questo facilitò le cose, ma non c'è dubbio che i primi, cauti contatti siano stati molto più spinosi per Camilla che per i due adolescenti. Loro ebbero un atteggiamento abbastanza schietto: non finsero grande entusiasmo ma non mostrarono nemmeno una dichiarata ostilità. Era evidente che lo facevano per amore del padre, e questo traspariva limpidamente nella risposta tipo agli sforzi di Carlo per ricostruire una qualche unità famigliare che includesse la nuova compagna: «Qualsiasi cosa ti faccia felice, papà».

Harry, da parte sua, aveva una valida ragione per essere felice quell'estate. Aveva superato, contro molte previsioni, l'ostacolo dell'ammissione a Eton e non vedeva l'ora di raggiungere il fratello nella prestigiosa scuola. Per ragioni di sicurezza i due principini furono alloggiati nello stesso edificio, chiamato Manor House, e affidati alla tutela molto paterna del preside Andrew Gailey. Il più grande era orgoglioso di fare da Cicerone al più piccolo, guidandolo per la sala della colazione, la sala giochi dove era stato allestito un tavolo da biliardo, e gli altri ambienti del venerabile istituto fondato nel 1440 dall'antenato Enrico VI. Negli ambienti comuni i due reali allievi furono autorizzati ad affiggere ai muri i poster con le loro pin-up preferite, piuttosto indicativi dei loro ideali di bellezza muliebre: William optò per Cindy Crawford e Claudia Schiffer, che la madre gli aveva fatto conoscere personalmente come regalo di compleanno, mentre Harry scelse l'attrice afroamericana Halle Berry (e sì, con il senno di poi molti hanno già osservato che è quasi una sosia di Meghan Markle). Nella loro camera, invece, entrambi i ragazzi tenevano le foto dei genitori accanto al letto.

Di solito la domenica i fratelli erano visti imboccare la High Street e attraversare il ponte che li portava al castello di Windsor. Lì li aspettava la nonna, spesso in compagnia del marito Filippo – che era davvero innamorato dei nipoti –, o per un pranzo certamente più ricco della mensa scolastica o per il classico tè pomeridiano.

Quei primi tempi a Eton furono abbastanza tranquilli e al riparo dall'invadenza degli odiati paparazzi. Era una riservatezza per la quale Diana aveva pagato con la vita. Dopo la tragedia di Parigi, originata dalla caccia spietata dei fotografi alla sfortunata Lady Di, la selvaggia stampa britannica era stata costretta a tirare le redini. Su istruzioni tassative della Press Complaints Commission (l'autorità di autoregolamentazione della stampa), la vita privata dei principini era tenuta rigorosamente lontana da intrusioni sgradite, e tutti i giornali avevano accettato il *gentlemen's agreement* che li vincolava a riprendere i figli di Diana, fino alla maggiore età, solo in occasioni concordate. Questo permetteva loro un'esistenza più libera e la possibilità di condividere, senza la preoccupazione di agguati dei paparazzi, i divertimenti degli altri ragazzi. A Eton si era formata una cerchia molto coesa, che aveva una sola controindicazione per Harry: erano in maggior parte compagni di William, quindi un paio d'anni più grandi di lui, che a causa della bocciatura aveva perso il contatto con gli amici coetanei di Ludgrove. E questo voleva dire che il quattordicenne era esposto

A sinistra. William e Harry con la madre nel parco della residenza di Highgrove nel luglio 1986.
Foto: Tim Graham / Photo Library / Getty Images

Sotto. Diana accoglie i figli sul ponte del *Britannia*, nell'ottobre 1991.
I bambini hanno raggiunto i genitori impegnati in una visita ufficiale in Canada.
Foto: Jayne Fincher / Princess Diana Archive / Getty Images

Sopra. William e Harry in uno dei momenti di gioco e divertimento che Diana organizzava per loro. Qui sono al Thorpe Park di Chertsey.
Foto: Julian Parker / UK Press / Getty Images

A sinistra. Diana e Carlo insieme ai bambini nel 1986: il conflitto fra di loro è già diventato evidente.
Foto: Tim Graham / Photo Library / Getty Images

A destra. Primo giorno di scuola a Wetherby per Harry e William, che vestono la divisa grigia e rossa dell'istituto.
Foto: Tim Graham / Photo Library / Getty Images

Sopra. 6 settembre 1997: i due fratelli seguono il feretro della madre nella processione verso l'abbazia di Westminster. Insieme a loro il principe Carlo e Charles Spencer, fratello di Diana.
Foto: Adam Butler / PA Images / Getty Images

Sopra. Lo sguardo protettivo di William sul fratello durante i funerali.
Foto: Anwar Hussein / WireImage / Getty Images

A destra. Harry fotografato nel suo primo giorno a Eton, il 3 settembre 1998.
Foto: UK Press / Getty Images

Sopra. Carlo, Harry e William nella tenuta di Balmoral durante una delle abituali gite in campagna. I ragazzi hanno ereditato dal padre l'amore per la natura.
Foto: Tim Graham / Photo Library / Getty Images

A destra. 23 giugno 2005: Kate Middleton e William alla cerimonia di laurea dell'Università di St Andrews in Scozia.
Foto: Mark Cuthbert / UK Press / Getty Images; Tim Graham / Photo Library / Getty Images

A sinistra. Kate Middleton alla sfilata di moda organizzata, nel marzo 2002, dagli studenti di St Andrews per raccogliere fondi in favore delle vittime dell'attentato alle Torri Gemelle.
Foto: M. Neilson / Getty Images

Sopra. Meghan Markle in posa durante il gala annuale di CFDA/Vogue Fashion Fund Awards a New York, durante il quale vengono premiati i migliori stilisti statunitensi. È il novembre 2015 e l'attrice non ha ancora conosciuto Harry, che incontrerà a Londra nell'estate seguente.
Foto: Dia Dipasupil / FilmMagic / Getty Images

A sinistra. Harry nel gennaio 2008, seduto sulla sua cuccetta nella base militare di Delhi, nel sud dell'Afghanistan.
Foto: John Stillwell - WPA Pool / Tim Graham / Photo Library / Getty Images

Sopra. William, Kate e Harry hanno sostenuto insieme diverse associazioni benefiche. In questa foto partecipano alla campagna Heads Together 2016 contro lo stigma sul disagio mentale.
Foto: Nicky J Sims / Getty Images for Royal Foundation

Sotto. I due fratelli sorridenti con Carlo e Camilla nel settembre 2014, alla cerimonia di inaugurazione degli Invictus Games, la competizione sportiva ideata da Harry nella quale si sfidano veterani di guerra che hanno contratto disabilità in servizio.
Foto: Chris Jackson / Getty Images

A sinistra. Wimbledon, luglio 2019: Kate e Meghan si preparano ad assistere alla finale del singolare femminile di tennis fra Simona Halep e Serena Williams.
Foto: Visionhaus / Getty Images

A destra. Sguardi d'intesa fra William e Harry, che partecipano insieme a una iniziativa benefica dell'organizzazione Greenhouse Sports nell'aprile 2018.
Foto: Toby Melville - WPA Pool / Getty Images

Sopra. 19 maggio 2018: nella cappella del castello di Windsor il principe Carlo accompagna Meghan all'altare.
Foto: Jonathan Brady - WPA Pool / Getty Images

A sinistra. 9 marzo 2020: le immagini della cerimonia che celebra, nell'abbazia di Westminster, il Commonwealth Day mostrano i volti tesi dei reali. Entro poche settimane Harry e la moglie sarebbero stati privati dei titoli e degli incarichi relativi alla Corona.
Foto: Phil Harris - WPA Pool / Getty Images

Sotto. Il 1° luglio 2021, nel giorno in cui Diana avrebbe compiuto sessant'anni, i due fratelli si ritrovano nei giardini di Kensington Palace a inaugurare la statua voluta per ricordare la madre. Un'occasione per un riavvicinamento che William e Harry non hanno colto.
Foto: Dominic Lipinski - WPA Pool / Getty Images

ad alcune tentazioni un po' troppo in anticipo rispetto alla sua età che, a dispetto dell'apparente baldanzosità del rampollo, restava quella che era.

Il problema venne a galla quando William ebbe l'idea di allestire a Highgrove una sorta di club privato riservato alla sua banda di amici, tutti adolescenti alquanto viziati appartenenti al *crust*, la crosta dorata dell'*upper class*. Fino ad allora i week-end dei principini erano stati scanditi da una certa routine, che prevedeva la domenica dai nonni al castello di Windsor oppure un giro con Tiggy o Mark Dyer per qualche più avventuroso passatempo sportivo. Ma la giovinezza premeva e, con tutta la sua fama di studente posato e con la testa sulle spalle, William pensò di fare qualcosa di più eccitante. A Highgrove, ormai trasformata in base fissa dei ragazzi, Carlo disponeva di un rifugio antiatomico ricavato in cantina, che a guerra fredda finita si era riempito di polvere e ragnatele. Per far divertire i figli tenendoli sotto controllo (o così pensava), il principe li autorizzò a trasformare lo scantinato in una rumorosa discoteca. Nacque così il Club H, una specie di prigione sotterranea arredata con vecchi divani dalle molle rotte e altri avanzi di mobilia, ma casse acustiche di ultima generazione da far tremare i muri e soprattutto un bar fornito, in abbondante quantità, di ogni tipo di alcolici.

Era una tana riservata ai principini e ai loro amici, e quando papà era lontano, il che ovviamente accadeva spesso, si trasformava in un covo di balordi completamente storditi dalla musica a tutti decibel e da una pari intensità di libagioni. Le intenzioni di Carlo erano buone ma i suoi molteplici impegni, ufficiali e non (Camilla), significavano che non aveva poi tanto tempo da dedicare ai figli che crescevano. Risultato: il Club H si trasformò in un posto dove la *débauche* alcolica tipica di tanta gioventù britannica trovò libero corso senza alcun controllo. A sedici anni appena, William era già diventato un bevitore abituale. Harry, che seguiva il fratello come un'ombra e ne imitava i comportamenti sociali (e anche quelli antisociali), non solo prese a scimmiottarlo ma addirittura, nell'abituale competizione tra i due, a superarlo. Non c'era week-end che non si ubriacassero. Se era impossibile farlo a Highgrove per via della presenza paterna, allora tutta la gang si spostava nel vicino villaggio di Sherston, ad appena cinque miglia, per ingollare pinte di birra al pub locale, il *Rattlebone Inn.*

In teoria, la legge allora vietava di vendere alcolici ai minori di diciott'anni, ma i gestori del locale sapevano distinguere tra un minore qualunque e i figli del principe del Galles. Se le Loro Altezze Reali avevano voglia di sbronzarsi in libertà erano i benvenuti, e anzi nelle ore dopo la chiusura potevano anche rollarsi una canna in tutta tranquillità, tanto la presenza dell'auto della scorta fuori dalla porta garantiva che non ci sarebbero state irruzioni della polizia. Così il quattordicenne Harry cominciò a bere alcol in misura veramente preoccupante, con il rischio di perdere a un tempo la salute e la reputazione. Quanto all'hashish, anche qui il principino non era più un novizio. A Eton era già qualcuno sotto questo profilo, tanto da guadagnarsi il nomignolo di «Hash Harry», grazie all'inconfondibile aroma che filtrava da sotto la porta della sua stanza. I tabloid non ci misero molto, anche loro, ad annusare il sentore che veniva fuori da Manor House o da quel pub fuori mano, ma l'*ukaz* della Press Complaints Commission teneva loro le mani legate, e non si azzardarono a lanciare la storia. Senza alcun controllo, né domestico né esterno, i festini andarono avanti per mesi indisturbati. Ovviamente, gli agenti della scorta si erano accorti di quello che succedeva al *Rattlebone Inn*, ma non pensavano di dover esercitare una protezione anche morale, o di dover agire come genitori putativi.

La faccenda si aggravò nell'agosto 2000, dopo che William, ormai diciottenne, ebbe lasciato Eton, volando in Belize per il suo *gap year* prima dell'università. Solo e abbandonato a se stesso, un Harry ancora quindicenne perse davvero qualsiasi freno inibitorio. Non solo l'assunzione eccessiva di alcol diventava sempre più spesso sbronza vera e propria, ma divennero consuetudinarie anche le fumatine post chiusura al *Rattlebone Inn* o nel bunker del Club H. Carlo ne era sempre beatamente ignaro, finché finalmente nella tarda estate 2001 un membro dello staff non si assunse la responsabilità di avvertirlo personalmente. Nel frattempo però era successo qualcosa, foriero di un catastrofico cortocircuito mediatico.

Nel giugno o luglio 2001, ovvero parecchie settimane prima che il principe del Galles fosse informato del problema, Mark Dyer aveva deciso di propria iniziativa di condurre il suo protetto in un giro «istruttivo» al centro di riabilitazione dalle dipendenze di Featherstone Lodge, a Peckham, nella zona sud di Londra. Harry si era fermato nella struttura giusto un paio d'ore, il tempo di incontrare un gruppo di ragazzi poco più grandi di lui, ex schiavi di eroina e cocaina, che gli avevano raccontato il loro personale inferno nei gironi della droga. Secondo il direttore del centro, la visita era diretta «a informare il principe Harry del nostro lavoro», ma quando la storia arrivò sui giornali, qualche mese dopo, fu presentata sotto tutt'altra luce. A infrangere l'embargo, invocando l'interesse pubblico, fu la solita nave pirata di Murdoch, il *News of the World*, che nel gennaio 2002 uscì a caratteri cubitali: «Harry's Drug Shame», ovvero: Per Harry la vergogna della droga. Il titolo, e il pezzo, facevano capire che la visita al *rehab* si era tenuta in una data successiva a quella effettiva, e soprattutto che era stata concepita come una specie di terapia per curare il principe dalla sua dipendenza, con un «rapido, acuminato choc».

Doverosamente, allo scoop fece seguito un comunicato assai compunto in cui il principe del Galles dichiarava che «questa materia molto seria è stata risolta all'interno della famiglia. Appartiene ormai al passato ed è chiusa». Si scomodò perfino Sua Maestà, per far sapere tramite i suoi addetti stampa che condivideva il giudizio del principe sulla «serietà del problema» e sperava «che fosse ormai risolto e concluso». Dopo tutto, il pubblico sapeva che il veleno della droga può penetrare in qualsiasi famiglia, di estrazione sociale alta e bassa, e non poteva che apprezzare il modo fermo e paterno in cui Carlo era intervenuto, mettendovi la parola fine. Addirittura lo stesso *News of the World* si sentì obbligato a pubblicare un editoriale elogiativo intitolato «Courage of a Wise and Loving Dad», Il coraggio di un padre saggio e affettuoso. Erano secoli che Carlo non si sentiva rivolgere simili parole di apprezzamento. Peccato che tutta la narrazione fosse inventata.

La verità, come documentata anche da uno storico serio qual è Robert Lacey, è che gli incursori di Murdoch, il *Sunday Times* e il *News of the World*, avevano lavorato per mesi sulle gesta della Glossy Posse dalle parti di Highgrove e dintorni. E avevano ricavato prove inoppugnabili di quello che accadeva, raccolte in un vero e proprio «Dossier Gloucestershire», dal nome della contea interessata. Così armati, si erano presentati alla Press Complaints Commission, sostenendo che l'accordo di rispettare la privacy dei principi non poteva certamente considerarsi valido in presenza dei reati che erano stati commessi. La PCC non aveva potuto che alzare le mani, e a quel punto Rebekah Wade, sulfurea donna di fiducia di Murdoch, aveva intavolato un negoziato ultimativo con l'altrettanto luciferino addetto stampa del principe del Galles, Mark Bolland: in cambio della rinuncia preventiva a ogni azione legale, offriva di pubblicare la storia presentandola però sotto una luce favorevole.

Favorevole per chi? Per Carlo certamente, che ne usciva più bianco del bianco, come il padre premuroso ma fermo capace di mostrare polso per raddrizzare i figli. Ma certo non per Harry, che ne rimaneva marchiato a vita come la pecora nera della famiglia, redento solo dall'amore di papà. Del resto, era questo che importava a Bolland: la nuova versione dell'affare era stata cucinata ad arte per offrire al pubblico l'immagine di un Carlo che si prendeva la massima cura della più importante eredità di Diana, ovvero i suoi *boys*. Bolland, che era stato direttore della PCC e aveva come compagno, guarda caso, il suo successore Guy Black (pochi anni dopo nominato barone), era notoriamente uno stregone nella manipolazione dei media, e avrebbe presto mostrato tutta la sua diabolica abilità nel lungo lavoro di riabilitazione di Camilla agli occhi dei sudditi, suggellato dalle nozze con Carlo nel 2005. Ma per il momento della sua magia nera era rimasto vittima lo sfortunato Harry, che non era mai stato un tossico e invece lo diventava agli occhi di mezzo mondo.

Il complotto a tre punte – Rebekah, Mark e Guy – aveva non solo salvato ma rilucidato la reputazione di Carlo, a costo di annerire quella del figlio minore, che per la stampa popolare era ormai il *Bad Boy*, il ragazzaccio, di Buckingham Palace. O, anche peggio, *Boozy Harry*, Harry l'alcolizzato. E certo non era solo l'offesa a bruciargli ma quella che percepiva come un'ingiustizia, che faceva di lui il solo capro espiatorio. Perché è vero che, dopo la partenza di William da Eton, lasciato a se stesso Harry aveva scelto cattive compagnie e imboccato una pessima strada, però è vero pure che ad aprire le prime bottiglie, giù nel bar del Club H, non era stato lui ma quel «bravo ragazzo» del fratello William, che si era inventato la sciarada della disco-cantina e aveva condotto le abbondanti libagioni dei giovani aspiranti vitelloni.

Da tutta la storia della «Vergogna di Harry» Wills usciva candido come la neve, pienamente assolto come il padre dall'opinione pubblica, entrambi avviati verso il glorioso destino del trono che, notoriamente, non tollera macchia. Che importa invece la reputazione del cadetto? È spendibile, come tutto il resto della sua vita. Se prima l'adolescente Harry nutriva qualche sospetto, adesso ne aveva la certezza. Era questione di ruoli e di destino. Solo che, a diciassette anni appena, il giovane principe non aveva ancora la forza per ribellarsi. Ma non sarebbe stato sempre così.

Probabilmente un punto di rottura tra i due fratelli fu quanto avvenne tre anni dopo, passato agli annali come lo scandalo di «Harry il nazista». Come ormai si è capito, la Glossy Posse, la gioventù dorata che faceva corona ai principini, era un'accolita di gaudenti dedita al party perpetuo. Furono anni di festa continua. Nell'abbondanza di denaro e di tempo di cui disponevano, la sola difficoltà era scegliere tra la varietà dei posti dove andare a spassarsela. I night club più alla moda di Londra erano i loro territori di caccia, o meglio di sbronza. E, finita la tregua adolescenziale concessa dalla stampa ai due ragazzi Galles, i tabloid erano ormai ogni sera sulle loro tracce, paparazzi in prima fila. Ricordo la volta in cui Harry uscì malfermo sulle gambe da uno dei più famosi ristoranti-night di Londra, il *Mirabelle*, dopo essersi scolato un rosso da 10.000 sterline. Ma i soldi volavano anche al *Boujìs* e al *Mahiki*, i locali di tendenza che a Knightsbridge e a Mayfair tenevano sempre tavoli riservati per i principi e i loro amici, i quali in alternativa conservavano il Club H a Highgrove, e qualche anno dopo anche il nuovo arrivato Bunga Bunga.

Anima delle feste era Guy Pelly, compagno di scuola ai tempi di Eton e da allora inseparabile amico di William (è stato perfino tra i padrini di battesimo dei suoi figli). Fu sua l'idea, nel gennaio 2005, di festeggiare il ventiduesimo compleanno di un altro amico, Harry Meade, figlio di un ex fidanzato della principessa Anna, con un party in maschera sul tema «Colonials and Natives», ovvero coloni e indigeni. Era una patente violazione del politically correct allora in grande auge, e oggi la cosiddetta cultura *woke*, intollerante delle discriminazioni anche di qualche secolo fa, metterebbe alla gogna chi osasse scherzare sull'argomento.

Ma questa banda di ragazzi viziati se ne infischiava di quel che pensavano gli altri. Pelly in verità aveva già in mente di travestirsi da regina Elisabetta, che dopo qualche drink imitava alla perfezione, ma si offrì di accompagnare i due amici reali da *Maud's Cotswold Costumes*, una sartoria di costumi teatrali convenientemente vicina a Highgrove, per aiutarli a trovare abiti acconci. Non che ci fosse grande scelta. Alla fine William decise di mascherarsi da leone, con tanto di legging neri e zampe pelose. Harry invece optò per un'uniforme color cachi, preferita – spiegò dopo il disastro – per la tonalità sabbia e perché si accordava coi suoi colori di pelle e capelli. Il guaio è che sulla manica sinistra spiccava una bella fascia rosso vivo con un cerchio bianco, e dentro il cerchio un simbolo nero: nessuno aveva mai spiegato al principe che quella era la svastica nazista?

Si sa come andò a finire. Un velenoso compagno di festa, giù nello scantinato del Club H zeppo di giovani maschi eccitati e belle ragazze dell'alta società, mise mano al telefonino e scattò una foto del principe, birra in una mano e sigaretta nell'altra, sulla manica la svastica di Hitler. Per la nazione che più l'ha combattuto, era come uno straccio rosso per un toro. Sembrò quasi di udire un ruggito collettivo quando il *Sun*, il 13 gennaio 2005, pubblicò la foto con accanto il titolone: «Harry the Nazi», e il sottotitolo «Prince's swastika outfit at party», L'abito con la svastica del principe alla festa. Chissà che ne direbbe oggi Harry, proprio lui che è arrivato ad accusare di razzismo la sua famiglia.

Non ci sono dubbi che l'episodio della camicia nazi rappresenti il punto più basso della selvaggia giovinezza di Harry, in qualche modo l'epitome della povertà di giudizio e di buonsenso che il figlio minore di Diana continuava a mostrare. Che non fosse solo un incidente lo conferma il video girato un anno dopo da lui stesso, ormai cadetto ventunenne dell'Accademia di Sandhurst. Annoiato a bordo del volo militare che lo rimpatriava da Cipro dopo un'esercitazione, il principe afferrò una videocamera e fece una lunga panoramica dei commilitoni addormentati, accompagnando la ripresa con commenti tipo questo: «Ed ecco il nostro piccolo amico Paki, Ahmed». Il «piccolo amico Paki», che è un'espressione insultante, era Ahmed Raza Khan, destinato a una brillante carriera militare nel suo Pakistan, e per fortuna dormiva o finse di dormire, visto che non replicò. Purtroppo, non si trattava solo di un *lapsus linguae*, perché quella stessa notte, in un filmato girato da un altro cadetto, si sente Harry scherzare: «Tutto va bene nell'impero!» mentre bacia un commilitone e chiede a un altro se si sente «*gay, queer or on the side*» (e non c'è bisogno di traduzione).

Insomma: sessista, imperialista e anche un po' nazista, o semplicemente leggerezza giovanile, per quanto imperdonabile? Di sicuro, l'Harry di oggi, che Meghan ha convertito in severo paladino della cultura *woke* – quella che non perdona manco a Churchill il suo passato colonialista –, non mostrerebbe alcuna generosità verso l'Harry di allora. Non ha forse sottoscritto l'accusa di razzismo verso lo sconosciuto parente reale colpevole di essersi interrogato sul colore della pelle del nascituro primogenito dei Sussex? E in effetti nessuna comprensione (e giustamente) venne espressa nel 2005, dopo lo scandalo della camicia con svastica, dal ministro degli Esteri israeliano e da parecchie altre organizzazioni israelite. Il comportamento del principe era stato così grossolanamente stupido, giusto due settimane prima dell'annuale commemorazione dell'Olocausto, il 27 gennaio, da offendere non solo gli ebrei ma chiunque avesse una memoria meno superficiale del nazismo. E quale fu la risposta del principe alle proteste? Desolante. Si scusò per «la scelta di cattivo gusto del costume». Un po' poco, anche alla luce degli standard morali fissati dall'Harry del 2020.

È però anche vero che l'intera Inghilterra si precipitò, con una furia da sacrificio rituale, a portare fascine per il rogo del principe «reprobo». Da destra a sinistra, dal leader dei Tory ai laburisti antimonarchici, si levò un coro di indignazione a cui si unirono esperti d'ogni genere, dalle forze armate alla famiglia reale. Non una sola anima caritatevole alzò la voce non dico per giustificarlo ma per chiedere almeno di capire: che razza di educazione gli era stata data, quali valori gli avevano trasmesso, chi si era occupato dello sviluppo psicologico di un giovane così profondamente segnato dalla tragedia della sua adolescenza. Che Harry non fosse nazista, e nemmeno xenofobo, basta a provarlo il fatto che avrebbe sposato una donna di razza mista, nonché la testimonianza dello stesso ufficiale pachistano vittima del suo burlesco insulto. Al *Sun* «il piccolo amico Paki» Ahmed Raza Khan dichiarò: «Eravamo amici stretti nel periodo dell'addestramento e io so che non è razzista. [...] Mi ha chiamato con un appellativo che di solito è molto offensivo ma io so che non l'ha fatto con quell'intenzione». Insomma, un impertinente maleducato, però simpatico. La polemica sui giornali scoppiò del resto nel 2009, anni dopo il fatto, e quando Harry lo chiamò per scusarsi Raza gli rispose da amico: «Scordatelo».

Non fece altrettanto l'opinione pubblica, lesta a inchiodare il cadetto reale nel ruolo del cattivo, ubriacone, tossico e razzista. Eppure in quel 2006, all'Accademia Militare di Sandhurst frequentata da Harry, molti altri allievi usavano con la stessa leggerezza lo spregiativo «Paki», e forse altrettanti avrebbero indossato la camicia con la svastica giusto per farsi una risata. Si ha quasi l'impressione che la levata di scudi nazionale contro il principe sia stata un'esplosione moralista per nascondere pulsioni inconfessabili sul fondo della società inglese.

La faccenda della mascherata nazista ha invece un risvolto più personale e famigliare. Perché sappiamo, ed era noto anche allora, che la scelta dell'uniforme incriminata il ventunenne Harry non l'aveva fatta da solo ma con il consiglio del fratello maggiore. E che sulla strada di ritorno verso Highgrove i due non facevano che ridere al pensiero delle reazioni che avrebbero suscitato alla festa. Ma quando scoppiò lo scandalo, non un solo giornale fece menzione del ruolo dell'erede, né lui sentì il bisogno di mostrare solidarietà al fratello, magari condividendo la responsabilità di quella scelta disastrosa. Perché non lo fece?

Non perché non gli importasse di lui, o non l'amasse. Ma anche lui era imprigionato in un ruolo, e la parte del futuro re William V imponeva che non potesse commettere un così grossolano errore di giudizio, nemmeno per una mascherata carnevalesca. Lui, destinato al trono, era per definizione candido come un giglio mentre, a grande richiesta dei sudditi, la stampa popolare incastonava il fratello minore nel personaggio del buffone di Corte, che si poteva a piacimento deridere o condannare, godendosi una soddisfacente sensazione di superiorità morale. Da allora in avanti i giornali sapevano di avere mano libera nei suoi confronti, dai titoli irriverenti alle foto sempre più scandalose, ottenendo in cambio che la diffidenza del principe verso la stampa scivolasse lentamente verso l'odio. Bisognerebbe tenerlo a mente quando si parla della finale «fuga» di Harry dalla famiglia reale o della «guerra» da lui ingaggiata, anche per conto di Meghan, con i tabloid. L'incontro con Miss Markle è stato forse l'innesco della sua ribellione, ma certo era da molto prima che lei comparisse che l'erede di ricambio si sentiva straniero in patria e in casa.

Ho parlato di fuga dai Windsor perché la solitudine sperimentata ogni volta che finiva alla gogna sui giornali costrinse Harry a guardare con occhio diverso i parenti, anche quello verso il quale aveva sempre nutrito una fiducia illimitata. La prima seria rottura con William avvenne proprio a ricasco dello scandalo della camicia nazi. Il cadetto si sentì abbandonato, tradito dal comportamento del fratello, che lo aveva lasciato affondare nella vergogna mentre lui usciva pulito dalla storia. In realtà c'era già stata una lite violenta nel 2002, per la faccenda del consumo di droga, interamente accollata a Harry quando la mente e l'organizzatore delle feste selvagge al Club H e al *Rattlebone Inn* era stato proprio William. Era stato probabilmente allora che il cadetto aveva capito come il destino gli avesse giocato il brutto tiro di renderlo il capro espiatorio delle malefatte fraterne, sebbene condivise. Ma se nel 2002 aveva chinato rassegnato il capo, tre anni dopo le cose andarono diversamente.

«Per la prima volta la loro relazione ne soffrì davvero, si rivolgevano a malapena la parola», ha raccontato un loro ex assistente alla giornalista Katie Nicholl. «Harry non mandava giù il fatto che William se la fosse cavata così facilmente.» Per la verità, anche il fratello maggiore provava un certo senso di colpa, come confidò a John Walden, suo docente all'Università di St Andrews, dov'era approdato. Non sappiamo se lo abbia confessato anche al diretto interessato, ma in ogni caso risultarono prevalenti la capacità di riprendere a parlarsi e la volontà di mantenere in piedi il loro rapporto. Ognuno dei due, del resto, era occupato con i problemi del diverso sentiero che aveva intrapreso: William nella sua università scozzese a preparare gli esami finali del corso di geografia, e Harry ad avviare la carriera militare. Nel maggio 2005 lo «Spare» cominciava all'Accademia di Sandhurst il corso per allievi ufficiali con il rito, uguale per tutti senza eccezioni, della testa rapata a zero. Allenandosi alla guerra avrebbe presto scoperto che i fratelli d'armi sono spesso più fedeli dei fratelli di sangue.

12

Harry l'africano

SVEGLIA alle cinque. Tutti a correre verso i bagni comuni a lavarsi i denti e la faccia, quindi a riordinare di fretta la camera e rifare il letto, piegando lenzuola e coperte in un perfetto rettangolo formato A4. I calzini arrotolati a palla a imitare uno smiley e gli abiti organizzati nell'essenziale guardaroba secondo una scala cromatica. Alle sei il Cadetto Galles e i suoi commilitoni erano già tutti allineati lungo il corridoio a cantare l'inno nazionale. Una volta Harry aveva fatto schiattare di risate gli amici fingendo una telefonata alla *Granny*, a nonnina, che aveva infine salutato cantando a squarciagola *God Save the Queen*. Adesso lo faceva sul serio ogni mattina.

La vita nella celeberrima Accademia di Sandhurst, fiore all'occhiello della tradizione militare britannica, è del genere che noi «borghesi» eviteremmo come la peste. Alloggio per gli allievi ufficiali come il Cadetto Galles in una cameretta grande quanto una cella. Prima dotazione, di gran lunga anteriore alla consegna di un fucile, un ferro e un asse da stiro, per eseguire una piega perfetta di camicie e pantaloni. E per la prima volta nella sua vita il principe Harry Mountbatten-Windsor, nipote della regina d'Inghilterra, fu costretto a impugnare lo spazzolone del water per la periodica corvée della pulizia dei bagni. Ciononostante, l'ex minuscolo dodicenne diventato un ragazzone ventenne si sentiva felice.

«Non ero un principe. Ero semplicemente Harry», avrebbe spiegato molti anni dopo alla sua «confessora» Angela Levin. L'arrivo a Sandhurst fu per lui come una tardiva uscita dall'adolescenza, con un premio speciale: finalmente poteva godersi ciò a cui aveva sempre aspirato, ovvero vivere come chiunque altro. Né inchini né protocollo, né fronzoli né ossequi, per quarantadue settimane sarebbe stato solamente il Cadetto Galles, e come tutti gli altri avrebbe obbedito agli ordini senza discutere e si sarebbe beccato le lavate di capo del sergente di giornata. Avrebbe scoperto cosa c'era fuori dalla «gabbia dorata», e non era questo che sognava per i suoi figli mamma Diana? Bene, almeno uno dei due era vicino alla realizzazione di quel sogno, sperimentando sulla pelle che cosa vuol dire trascorrere ogni giorno nel mondo reale.

E c'era un altro aspetto decisivo per la salute psicofisica del principe. La vita in comune con gli altri allievi metteva fine alla solitudine che lo aveva accompagnato dalla morte della madre. Certo, il padre aveva cercato di stargli vicino. Sicuro, William lo adorava e aveva voluto che condividessero gli anni della scuola. Ma nelle prime, dure prove della sua giovane esistenza – gli scandali alimentati ad arte dai tabloid – lo avevano lasciato solo, e più o meno confusamente lui aveva imparato che sulla famiglia poteva contare soltanto fino a un certo punto. Ma non era così per i commilitoni. Con loro, tra di loro, la fiducia doveva essere totale, perché ne andava della vita e della morte. «Se vuoi avere successo devi giocare in squadra», ha detto ancora il principe a Levin. «Nell'esercito ti insegnano che non puoi andare da nessuna parte senza il sostegno di altre persone. Sono d'accordo.» Ecco il primo, inconsapevole germe del *team Sussex*.

La stagione felice a Sandhurst produsse anche un altro piacevole effetto collaterale. Qualche mese dopo l'ingresso in Accademia del fratello minore, anche William arrivò a imparare, come si conviene a un erede al trono, il mestiere delle armi partendo dal gradino più basso di semplice Cadetto. Ma poche settimane dopo Harry concludeva a vele spiegate il suo corso e il 12 aprile 2006, alla parata della scuola per la visita di Sua Maestà (la prima dopo quindici anni, cuore di nonna...), lui poteva sfilare come il Sottotenente Galles della Cavalleria Reale, Reggimento Blues and Royals, con la conseguenza che adesso il primogenito destinato al trono era tenuto a fargli il saluto. «Lui era deciso a non salutarmi», rivelò anni dopo Harry con piacere lievemente sadico, «ma è l'esercito, e tu sei obbligato a fare le cose.»

Anche lui, del resto, aveva dovuto imparare la disciplina e l'obbedienza agli ordini. A costo, nella prima seria circostanza, di dover mordere il freno. Erano anni in cui la Gran Bretagna era ancora impegnata, accanto agli americani, nella sciagurata avventura in Iraq, e il Paese martoriato dalla guerra era la prima destinazione sul campo dei compagni di corso di Harry. Lui era fermamente deciso a impedire che qualsiasi valutazione di opportunità politica lo tagliasse fuori dalla missione. Fece in modo che la sua posizione risultasse limpida: «Non se ne parla nemmeno che io mi sia sottoposto alla prova di Sandhurst e poi riposi il culo a casa mentre i miei ragazzi combattono per il loro Paese». Se era guerra per i suoi commilitoni, doveva esserlo anche per lui.

Sfortunatamente, una simile prospettiva – decisamente allettante dal loro punto di vista – arrivò presto a conoscenza dei jihadisti impegnati sul campo in Iraq. Le loro intenzioni furono messe in chiaro, con un certo entusiasmo, dal comandante della brigata sciita Al-Ashtar, il famigerato Abu Zaid. «Aspettiamo l'arrivo del giovane, affascinante, viziato principe con il fiato sospeso. Tornerà certamente dalla nonna. Ma senza orecchie.»

Lo Stato Maggiore britannico aveva invece buonissime orecchie per capire l'antifona ed escludere di poter correre un simile rischio: le spie irachene non avrebbero impiegato molto a individuare la postazione d'impiego del real nipote, e questo avrebbe messo in pericolo non solo la sua vita ma anche quella dei compagni d'arme. Il 16 maggio 2007, appena pochi giorni prima della data fissata per la partenza del suo contingente, il Sottotenente Galles fu informato direttamente dal capo di Stato Maggiore, generale sir Richard Dannatt, che la sua dislocazione in Iraq era stata annullata. In sintonia con l'abituale pregiudizio negativo verso Harry, i tabloid – che avrebbero linciato i generali se al principe fosse successo qualcosa – accusarono indirettamente lui: perché diavolo si era preso la briga di andare a Sandhurst, se il suo addestramento militare doveva essere solo «uno spreco di soldi pubblici»?

Per lui fu un colpo durissimo, «un punto molto basso della sua vita», ha ricordato un suo collega del tempo. Fino a condividere l'idea che se tutto ciò per cui era stato addestrato era inutile, allora davvero era stato uno spreco di denaro e di tempo. In preda alla depressione, nutriva pensieri foschi, confessati agli amici: «Se tutto quello che faccio deve provocare tanta confusione alla gente, allora forse dovrei, beh, inchinarmi e uscire di scena, non solo per il mio bene ma anche per quello degli altri». Per sua fortuna *Granny* vegliava, e stavolta non per offrire un trattamento privilegiato ma pari a quello degli altri. Il generale Dannatt si impegnò con Sua Maestà a non condannare il sottotenente Galles alla pensione anticipata e a inviarlo in un teatro di guerra, avendo la precauzione di gestire meglio la segretezza della successiva destinazione. Le occasioni, nella lunga «guerra al terrore» dichiarata da Bush junior dopo l'11 settembre, certamente non mancavano, e la prima arrivò presto. Afghanistan. Solo che spedire Harry in combattimento si rivelò strategicamente quasi altrettanto complicato che il combattimento stesso.

Per prima cosa, lo Stato Maggiore mise in campo un ufficiale di provata esperienza come il maggiore Tom Archer-Burton, che a Sandhurst era stato per il principe una specie di Obi-Wan Kenobi di *Guerre stellari*, l'unico – stando ai frequentatori dell'Accademia in quel periodo – in grado di ordinare al sottotenente di fare qualsiasi cosa, «anche stare sull'attenti su una gamba sola». Il giovane aveva per lui un'autentica venerazione, e proprio in forza di questa relazione speciale Archer-Burton divenne il supervisore della sua missione di guerra (e un po' anche della sua vita intima, aprendogli gli occhi su festicciole spinte e battute razziste).

Un altro elemento altrettanto, se non più, prezioso di questo speciale *team Galles* era Miguel Head, l'ufficiale del ministero della Difesa incaricato di evitare che la notizia raggiungesse i giornali. Compito assai difficile, tanto più se si considera che Harry era il primo membro della famiglia reale a essere impiegato in zone di guerra dopo la brillante prova offerta dallo zio Andrea venticinque anni prima, nel conflitto delle Falkand. Inoltre, l'anno precedente Head aveva cercato di far arrivare discretamente in Iraq lo stesso William, ma aveva fallito. Stavolta era determinato ad avere successo.

Lui sapeva che il problema principale era la concorrenza tra i giornali. Nessuno avrebbe nascosto la notizia, temendo che fosse un rivale a pubblicarla. Perciò la condizione indispensabile era creare un clima di reciproca fiducia, e Head miracolosamente ci riuscì. Verso la fine del 2007, convocò tutti assieme i direttori delle maggiori testate di stampa e televisione parlando a nome dell'allora ministro della Difesa, il laburista Des Browne, e li informò della partenza del principe per l'Afghanistan: «Non sappiamo quando succederà ma succederà, e vogliamo che succeda. Perciò vediamo come può funzionare anche per voi».

La reazione iniziale fu di orripilata indignazione. Censura in piena guerra? Mai! protestarono all'unisono, scandalizzati, i boss dell'informazione britannica. Ci volle un po' di tempo per convincerli che nessuno voleva mettere loro la mordacchia. Ma un soldato addestrato per questo mestiere, quale era Harry, aveva tutto il diritto (e il dovere) di esercitarlo, offrendo per di più un esempio all'intera nazione, senza che una fuga di notizie provocasse un ulteriore pericolo per la sua vita e quella dei commilitoni. Forse però l'argomento decisivo fu un altro, non detto. Dieci anni dopo la morte di Diana, il pubblico inglese riteneva ancora giornali e giornalisti i principali responsabili della tragedia della principessa: adesso volevano fare anche al figlio quel che avevano fatto a lei? Probabilmente tenendo questo in mente fu raggiunto, e messo nero su bianco, un *gentlemen's agreement* che stabiliva con precisione che cosa si poteva dire e soprattutto quando, e quali giornalisti e reti tv avrebbero potuto parlare con il principe, impegnandosi però a diffondere le interviste solo al suo ritorno, dopo le previste undici settimane di missione. Dopo tutto, un'attesa di settantasette giorni non era eccessiva.

Il silenzio stampa non durò nemmeno quattro settimane. Onestamente, non per colpa della stampa britannica. A infrangere l'accordo – di cui non conosceva l'esistenza – fu una piccola rivista australiana, *New Idea*, che scoprì casualmente la presenza di Harry in Afghanistan e pubblicò un articolo sul suo sito web. Sulle prime la Difesa britannica fu presa dal panico, cui seguì però un momento di verifica. Il periodico era piccolo e irrilevante, Internet muoveva solo i primi passi, forse nessuno se ne sarebbe accorto... Il *Sun* in realtà sì, e informò il ministero, ma stette ai patti.

In modo decisamente miracoloso, vista l'alta competitività dell'industria britannica dell'informazione, il black-out durò altre quattro settimane piene, finché sulla notizia di *New Idea* non si posò l'occhio del sito scandalistico americano *Drudge Report*, che il 28 febbraio 2008 pubblicò tutto. La Rete fece il resto, e nel giro di poche ore il mondo intero seppe che Harry era in Afghanistan a combattere i talebani. Il principe era distaccato in una remota base vicino alla linea del fronte. Il ministero della Difesa non ebbe altra scelta che spedire subito un elicottero a prelevarlo, per poi impacchettarlo su un aereo della RAF e riportarlo immediatamente a casa. Sul cargo militare che lo riconduceva forzatamente in patria c'erano anche tre soldati feriti gravemente, uno ancora in coma per la scheggia di granata che lo aveva raggiunto alla testa. Harry ne fu profondamente scosso: «Sono loro gli eroi, non io. Loro che hanno perso gli arti e non potranno mai più vivere una vita normale», disse poi ai giornalisti.

Quando sbarcò alla base RAF di Brize Norton, il sottotenente Galles era esausto dopo un giorno e mezzo di viaggio senza dormire né lavarsi, e furioso che gli fosse stato impedito, ancora una volta, di portare a termine qualcosa in cui aveva impegnato tutto se stesso. L'unica nota positiva fu trovare sulla pista il principe Carlo e il principe William che si erano precipitati ad accoglierlo e consolarlo. Miguel

Head, arrivato ovviamente anche lui a orchestrare la prevista conferenza stampa, racconta quell'abbraccio con tono ammirato.

«Era la prima volta che potevo vedere con i miei occhi la strettissima relazione tra i due fratelli. Basta pensare alla miscela di emozioni che deve aver provato il principe William, perché a lui non era permesso... *Lui* non avrebbe mai ottenuto di andare. Perciò, meglio di chiunque altro poteva comprendere come si sentiva Harry, ed era molto protettivo con lui.» Così protettivo che dopo appena qualche domanda, accorgendosi di quanto fosse sfinito il fratello, fece cenno con la mano a Head di porre fine all'incontro. L'abile manovratore della stampa esitò solo qualche secondo a sfidare il malumore dei giornalisti, poi disse basta, guadagnandosi la riconoscenza di Harry: «Ricordo il sollievo sul suo volto, e lasciò la sala». Fuori lo aspettavano il padre e il fratello. Si abbracciarono di nuovo e si allontanarono tutti e tre assieme.

Quella che seguì fu una nuova e lunga stagione di ritrovata intesa fraterna. «Ogni anno diventiamo più vicini», disse all'epoca il Ricambio del rapporto col fratello maggiore. «E adesso succede perfino che ci abbracciamo dopo che non ci siamo visti per lungo tempo.» L'anno 2007 era stato del resto un momento cruciale per rinsaldare la loro intesa. Era il decimo anniversario della morte di Diana, e come tale offriva un'opportunità unica per lanciare in grande stile il lavoro filantropico comune in cui i due principi si erano buttati a testa bassa, in memoria delle cause sostenute dalla madre. Il 1° luglio 2007 si tenne a Wembley un concerto memorabile per celebrare il giorno in cui la scomparsa principessa del Galles avrebbe compiuto quarantasei anni. «*It's a little bit funny, this feeling inside*», attaccò Elton John intonando la sua hit *Your Song* davanti alla gigantografia del famoso ritratto in bianco e nero di Diana eseguito da Mario Testino. Erano stati i figli a organizzare quello straordinario evento, che riuscì a raccogliere ben 1.200.000 sterline, destinate alle cause benefiche che stavano loro a cuore: l'aiuto ai giovani in difficoltà in memoria della madre, le iniziative contro il cambiamento climatico in omaggio al padre e l'assistenza ai veterani e agli invalidi delle forze armate, personale tributo di William e Harry all'organizzazione che più di ogni altra fino ad allora aveva plasmato la loro vita.

Due anni dopo quel concerto, ancora il comune mestiere delle armi offrì ai due fratelli l'ultima occasione di vivere assieme sotto lo stesso tetto. Avevano scelto entrambi di seguire il corso per pilota di elicotteri Lynx, presso la Defence Helicopter Flying School nella base RAF di Shawbury, nello Shropshire. E decisero di affittare assieme un cottage nelle adiacenze. Ormai giovani adulti, ventisette anni il maggiore, ventiquattro il secondo, il loro rapporto fatto di complicità e cameratismo appariva ancora solidissimo, e loro sembravano felici di esibirlo di fronte alle telecamere. C'è un'intervista realizzata in quei giorni che sembra surreale, paragonata a quel che sarebbe accaduto esattamente dieci anni dopo.

William scherza: «Considerando che cucino io – lo nutro ogni santo giorno –, penso che lui se la passi molto bene. È vero che lui sparecchia e lava i piatti, però ne lascia la maggior parte nel lavello e quando io rientro al mattino mi tocca finire di lavarli. Diciamo che ho un bel po' da pulire dietro di lui. E poi russa veramente troppo. Mi tiene sveglio tutta la notte». All'immagine del fratello-chioccia, Harry fa da contrappunto con l'abituale maschera di allegro impertinente: «Oh, Dio, adesso penseranno che dividiamo il letto! Siamo fratelli, non amanti!» A organizzare il siparietto televisivo era stato il solito Miguel Head, che aveva lasciato il lavoro al ministero della Difesa per seguire i due diventando il loro primo comune addetto stampa: un'ulteriore conferma del rapporto simbiotico sul versante pubblico come su quello privato che ancora dominava le loro vite. «Però è la prima e l'ultima volta che viviamo assieme», concluse William acidamente (per scherzo o sul serio?). «È stata veramente un'esperienza 'toccante'...»

Harry scelse invece di chiudere in chiave seria, buttando lì in modo solo apparentemente casuale il proposito di tornare a combattere in Afghanistan. «Sarebbe fantastico», disse, «e la mia migliore opportunità è di farlo da un elicottero. Da quando ho cominciato questo corso sono una specie di amante di una Lynx [lince].» Senza annunci pubblici, pure William aveva insistito per vedere un po' d'azione dal vivo. Era anche lui pilota d'elicotteri e i suoi «avvocati» presso il governo cercarono di sottolineare come il suo impiego sul campo contro i talebani avrebbe esaltato il morale delle truppe e favorito nuovi reclutamenti. Il governo di Gordon Brown soppesò accuratamente i pro e i contro, e decise logicamente che non poteva accettare di giocarsi il futuro re. William al massimo poteva pilotare il suo apparecchio nei cieli domestici; fu dunque impiegato prima nella squadra di ricerca e soccorso aereo sull'isola di Anglesey, in Galles, e poi nel servizio di eliambulanza dell'East Anglia, nel familiare Norfolk. L'erede di ricambio invece sì, si poteva rischiare, ed ecco dunque Harry volare a Kabul per la seconda volta nel Natale 2012, lasciandosi dietro le preghiere della regina per il nipote lontano al momento del pranzo di famiglia a Sandringham.

Il principe, con la sua squadriglia di elicotteri da combattimento Apache che aveva imparato a pilotare, fu assegnato di base nella provincia di Helmand, che pullulava di talebani. A quanto pare, la sua unità aveva una media di due nemici ammazzati a settimana. Harry, per l'evidente disgusto dei pacifisti e dei critici della guerra, ne andava fiero e attribuiva i successi alla sua bravura nei videogame. In un'intervista a un pool di inviati da Londra, disse che per lui era «un godimento, perché sono uno di quelli che ama giocare con la PlayStation e la Xbox. Mi piace pensare di essere parecchio utile con i miei pollici». Il parallelo tra i videogiochi e ammazzare la gente fece comprensibilmente arricciare parecchi nasi su a Londra, ma il valente pilota rigettò le critiche con un'imbattibile, a orecchio inglese, esibizione di patriottismo e cameratismo: «Il nostro lavoro qui è di assicurarci che i nostri ragazzi stiano al sicuro giù sul terreno, e se questo vuol dire sparare a qualcuno che spara a loro, allora lo facciamo». Amen.

Questa volta niente interruppe le diciotto settimane di missione di Harry il pilota, nel frattempo promosso capitano. Ma quando infine tornò in patria la sua amarezza – se non addirittura rancore ormai sedimentato negli anni – verso la stampa trovò nuove ragioni nell'ultima gogna a cui gli odiati tabloid lo avevano esposto. In una breve licenza dal servizio era volato con un gruppo di amici a Las Vegas e lì, in una notte pazza di sbronze e giochi, era finito coinvolto in una partita di *billiard strip* con un mucchio misto di amici e belle ragazze. Sapete come funziona, no? Chi perde si spoglia... Avendo cominciato la sfida con addosso solo un paio di pantaloncini da bagno, non ci volle molto prima che il principe si ritrovasse completamente nudo, proprio come la giovane e avvenente fanciulla al cui inseguimento si lanciò. Potete scommettere che un anonimo telefonino riprese la scena e la vendette a caro prezzo ai giornali. A Londra il primo a metterci su le mani fu naturalmente l'odiato *Sun*, che pubblicò la foto di Harry che si copriva con le mani le parti intime sotto il titolo allusivo «*Heir it is*», che letteralmente vuol dire «È l'erede» ma suona anche come «Eccolo qui!» E si capisce cosa.

Per lui dev'essere stato uno di quei momenti in cui la mente preferiva rifugiarsi nel ricordo di una delle esperienze più felici e appaganti di quegli anni. Nel 2004, durante il *gap year* tra la scuola e l'ingresso a Sandhurst, il principe aveva visitato parecchi Paesi, divertendosi ma anche lavorando. In posti come l'Argentina aveva prevalso forse il primo verbo, con un sacco di partite di polo che erano la sua passione, ma poi c'erano state anche le istruttive parentesi lavorative in altri continenti, dall'Australia all'Africa. Era tornato nel Botswana del suo primo safari, durante la visita con Carlo sette anni prima, e infine aveva speso gli ultimi due mesi dell'anno di pausa nell'enclave africana del Lesotho.

Il Lesotho è un piccolo regno di poco più di trentamila chilometri quadrati situato tra i monti Maloti e totalmente circondato dal Sud Africa. È tra i Paesi più poveri del continente, con un tasso di disoccupazione al 25%, ma è immerso in una natura affascinante, che fece innamorare Harry. A colpirlo fu però soprattutto una persona, il cui esempio sembrava contenere implicitamente una lezione anche per lui. Il principe Seeiso era il fratello minore del re del Lesotho, un trentottenne gentile e occhialuto che era la prova vivente di come anche un erede di scorta potesse fare qualcosa di utile nella vita. Seeiso si era ritagliato un ruolo decisivo nelle attività filantropiche che assistevano la popolazione del suo Paese. In particolare si occupava di persone con disabilità e delle comunità che anche lì, come nel resto dell'Africa australe, erano particolarmente colpite dal flagello dell'AIDS.

Il peso di quell'esperienza si sarebbe inciso profondamente nel cuore di Harry, come lui stesso ha ricordato anni dopo. «Ho incontrato così tanti bambini dalla vita distrutta in seguito alla morte dei loro genitori. Erano davvero vulnerabili, avevano un assoluto bisogno di cure e attenzioni.» Fu il primo contatto in profondità con la tragedia epocale dell'AIDS e le conseguenze devastanti che ha avuto su un intero continente. Per il principe si trattò anche di un brusco e rigenerante richiamo alla memoria della madre, che era stata tra le prime al mondo a battersi contro quella pandemia, e soprattutto lo stigma che accompagnava i malati.

In quei due mesi trascorsi nel Lesotho, il ventenne rampollo dei Windsor seguì dappertutto il principe africano che visitava centri di assistenza e comunità in ogni angolo del piccolo regno. Diventarono amici, e Harry rimase impressionato dalle difficoltà di finanziamento che incontravano molti validi progetti di riscatto sociale. A bloccare l'afflusso di denaro dai Paesi ricchi era soprattutto l'assenza di contabilità regolare, in grado di dimostrare come venivano spesi i soldi. Fu così che nacque l'idea di Sentebale, la prima organizzazione filantropica allestita direttamente da Harry assieme al suo nuovo amico Seeiso. L'obiettivo era di generare un flusso di capitali dall'Occidente e di gestirli in maniera appropriata. Il nome era un debito di riconoscenza. Sentebale vuol dire «non ti scordar di me» in sotho, la lingua del Lesotho, ed era un fiore molto amato da Diana, ha spiegato lo stesso Harry. «Questa organizzazione benefica è un modo in cui il principe Seeiso e io possiamo ricordare le nostre mamme, che lavorarono entrambe con i bimbi vulnerabili e i malati di AIDS. Sento davvero che facendo questo posso seguire le orme di mia madre e tenere viva la sua eredità.» Sentebale fu lanciata ufficialmente nell'aprile 2006, lo stesso mese in cui il principe si diplomava a Sandhurst e sperava ardentemente di essere mandato in battaglia ad ammazzare talebani.

Vedete una certa contraddizione tra il proposito di aiutare esseri umani in difficoltà e il desiderio di usare le armi per ucciderne altri? Beh, sembra difficile negarlo. Ma in realtà per il capitano Mountbatten-Windsor le armi erano il suo mestiere, esercitato in difesa della patria, e la filantropia una missione succhiata con il latte materno. Era da almeno cent'anni, dai tempi della ferrea regina Mary, che la beneficenza era diventata il business principale della monarchia. E il genuino altruismo di Diana, accoppiato alla passione intellettuale e pratica di Carlo per le buone cause, avevano infuso nuova linfa in questa attività della famiglia reale.

Sentebale fu solo il primo passo per la nuova generazione dei Windsor. Un mese dopo, Harry fece coppia con William per lanciare assieme il Princes' Charities Forum, una specie di holding per ricondurre sotto un solo cappello comune tutte le svariate attività filantropiche che facevano capo ai due fratelli. Nel 2006, la dimensione fraterna era ancora preminente nei loro pensieri e nelle loro vite. Ed evidentemente non vedevano alcuna ragione valida per spezzare quel legame speciale, quasi una sorta di identità condivisa, che d'altronde li rendeva così affascinanti e unici agli occhi del mondo.

Il principe del Galles aveva indicato i miracoli che poteva compiere un piccolo atto di generosità. Con le 7.500 sterline di liquidazione dalla Marina Reale aveva fondato negli anni Settanta il Prince's Trust, che era diventata col tempo una delle più efficienti *charities* britanniche, in grado di aiutare decine di migliaia di giovani svantaggiati a inventarsi un lavoro e realizzare i loro progetti. Adesso i figli decidevano di seguire il suo esempio, di fare qualcosa che lasciasse veramente il segno nella vita della gente, anche sacrificando una frazione delle loro importanti fortune personali (in gran parte denaro lasciato da Diana). Il loro forum congiunto fu originariamente finanziato con «una somma a sei cifre» (secondo la comunicazione ufficiale) prelevata direttamente dai loro portafogli. Così provavano in modo tangibile che la lezione appresa dalla madre e dal padre, come disse William, di bilanciare i loro grandi privilegi con «la responsabilità assoluta di restituire» non erano solo vuote parole.

Era anche tutto questo che l'Africa significava per Harry, un complesso intreccio di motivazioni personali e memorie famigliari, e se ne sarebbe ricordato tornando dai giorni esaltanti dell'ultima missione afghana nell'uggiosa, deprimente realtà londinese.

13
Un'amazzone a Hollywood

Non ci vuole una specializzazione in psicologia, e nemmeno una profonda conoscenza dell'animo umano, nello stabilire una sia pur lieve connessione tra l'amore di Harry per l'Africa e l'amore che un giorno avrebbe provato per una donna che in quel continente affonda le sue radici etniche e culturali. E anzi le rivendica, le esibisce e ne fa un'arma per colpire la famiglia reale. Ma per quanto oggi Miss Meghan Markle, attuale duchessa di Sussex, rappresenti un simbolo della *woke culture* e della sua ancella *cancel culture*, imperanti negli Stati Uniti, niente della sua infanzia e adolescenza californiana suggerivano un destino diverso da quello della tipica *middle class* americana. Per capire come un classico lancio di dadi lo abbia intrecciato con quello della famiglia più famosa del pianeta, è utile una breve diversione californiana.

Punto di partenza, due miti centrali della società statunitense: la ricerca di conforto spirituale nelle religioni alternative – da quella di Mammona a quella del Dalai Lama – e la rassicurante convinzione, alla base del sogno americano, che «si può diventare qualsiasi cosa e raggiungere qualsiasi obiettivo».

Di entrambe le cose era convinta mamma Doria Ragland, che il mondo avrebbe imparato a conoscere sul palcoscenico planetario del matrimonio della figlia, il 19 maggio 2018. Il suo era stato un affare molto più contenuto.

L'unione di Doria con Thomas Markle fu celebrata alla fine del 1979, nel Self-Realization Fellowship Temple (sarebbe a dire il Tempio del sodalizio dell'autorealizzazione) su Sunset Boulevard, a Los Angeles. L'edificio, con le sue torrette sormontate dall'orbe dorato e l'esotica entrata in stile moresco, esibiva un copioso numero di Buddha di plastica che avranno forse proiettato un fascio di spiritualità nel quartiere a luci rosse tutt'intorno. La cerimonia dell'unione fu condotta da fratello Bhaktananda, al secolo Michael Krull, nativo della Pennsylvania, seguace dello yogi indiano Paramahansa Yogananda, fondatore dell'eclettico culto nel lontano 1920.

Nel tempio si seguiva la sua predicazione di «spiritualità e autoconoscenza attraverso la meditazione e il Kriya yoga», qualunque cosa questo voglia dire. La sposa, a sentire il fratellastro Joseph Johnson, era sempre stata affascinata dalle religioni alternative e dallo yoga, e la setta prescelta aveva il vantaggio di accoppiare i suoi interessi. Delle preferenze spirituali del marito Thomas Markle non si sa invece niente, ma l'anagrafe ci dice che tra i due c'era una bella differenza d'età: ventitré anni lei contro trentacinque lui. Thomas era da poco divorziato quando si incontrarono sul set di una soap opera dove lui lavorava come direttore delle luci. Doria era un'apprendista truccatrice con una favolosa capigliatura afro, molto di moda in quegli anni come simbolo di orgoglio nero, e ci misero niente a cominciare un appassionato *love affair* che li portò prestissimo al matrimonio.

Mrs Ragland era arrivata a Los Angeles su uno di quei bus che scaricano nella città del cinema ragazze e speranze dall'America profonda. Era nata a Cleveland, nell'Ohio, nel 1956 e la madre Jeanette era figlia di un *lift boy*, il ragazzo dell'ascensore, in un albergo per soli bianchi. L'inizio della sua vita era stato segnato dalla più violenta discriminazione razziale. Il fratellastro Joseph ricorda che Doria era appena una bimba quando la madre fece le valigie, caricò i figli su un vecchio macinino e si diresse verso la costa californiana in cerca di miglior fortuna. Una notte, arrivati esausti in una piccola città *all white* del Texas, morivano di fame e di freddo, ma non trovarono una sola famiglia disposta ad affittare loro una stanza perché neri. Joseph aveva solo sette anni, ed era la prima volta che provava il razzismo sulla sua pelle: «Un tizio, prima di sbatterci la porta in faccia, ci indicò la strada coperta di neve e ci disse: 'L'autostrada è da quella parte. Andatevene, qua non siete i benvenuti'».

C'è poco da dubitare che per Doria il matrimonio sia stato un rilevante salto sociale. I Markle erano una rispettabile famiglia del ceto medio di Newport, in Pennsylvania, dove avevano anglicizzato l'originario nome tedesco Merckel. I tre figli erano tutti ragazzi di talento, e lo dimostrarono nella vita: uno entrò nell'aeronautica militare e in seguito diventò un diplomatico, un altro fu ordinato vescovo della piccola Chiesa greco-cattolica ortodossa d'America, mentre Thomas, dal temperamento artistico, si spostò a Chicago per lavorare come direttore delle luci nei teatri della città. Si sposò una prima volta, ebbe due figli e li portò con sé a Los Angeles quando si trasferì a lavorare a Tinseltown, come viene chiamata in gergo Hollywood, la «città di stagnola» dei sogni cinematografici.

Sui set delle fiction televisive, Tom Markle era apprezzato per il tocco leggero, nonostante fosse un omone rigonfio di birra, e guadagnava bene. Per di più, era pure fortunato al gioco. Un biglietto della California State Lottery gli fruttò la vincita, nel 1990, di ben 750.000 dollari: un'autentica piccola fortuna che regalò alla figlia Meghan, venuta al mondo il 4 agosto 1981, un'infanzia se non agiata certo confortevole. La famigliola, non tanto felice (anche perché i due figli di primo letto detestavano matrigna e sorellastra), andò a vivere a Canoga Park, un rispettabile sobborgo di Los Angeles abitato dal ceto medio e dai *blue collars*, la classe operaia. Non durò a lungo, perché il matrimonio si infranse dopo appena otto anni, ma la separazione e il divorzio ebbero scarso impatto sul rapporto affettuoso tra padre e figlia.

L'assenza di Thomas Markle alle nozze di Meghan e il suo inqualificabile trafficare con i tabloid sui segreti di famiglia ne hanno fatto una figura pressoché universalmente vilipesa. Le sue mattane gli hanno certo meritato quell'immagine, ma bisogna dire che si tratta di un cambiamento inspiegabile rispetto al padre tenero e attento che è sempre stato, e che la figlia ricorda come tale. Al tempo del fidanzamento con Harry era la stessa Meghan a confessare, e non sembrava che recitasse, che «è giusto dire che sono sempre stata una *daddy's girl*», insomma una cocca di papà. Che si mostrava un uomo intelligente e capace di rispondere in modo creativo alla sfida rappresentata per la figlia dalla sua identità birazziale. Quando la bambina tornò a casa da scuola assai confusa perché nell'abituale questionario scolastico sull'etnia non sapeva quale casella riempire, se bianca o nera, papà Tom «disse parole che resteranno con me per sempre: 'Disegna da te la tua casella'».

Anche dopo il divorzio, quando Meghan andò a vivere con la madre, occupata nei lavori più svariati – da agente di viaggio a designer d'abiti ad assistente sociale –, Tom si mostrò sempre disponibile ad andare a prendere la ragazzina a scuola e a portarla con sé sui set del suo lavoro. Fu lì, nei teatri di posa, che la futura attrice cominciò ad accarezzare il sogno di recitare. Per una decina d'anni seguì il padre nella sua opera di direttore delle luci delle soap e sitcom più alla moda, e fu certamente una scuola che a tempo debito le tornò molto utile. Questo, e l'affetto e il sostegno paterni giocarono una grande parte nell'alimentare quella sicurezza e fiducia in se stessa che l'hanno poi sempre accompagnata.

Non che avesse molto bisogno di una spinta. Zio Joseph, il fratellastro della madre, sostiene che quelle stesse doti le avesse in abbondanza anche Doria. Anzi, era un po' una caratteristica della famiglia l'abbondanza di figure femminili forti, decise, determinate a ottenere quello che volevano. Doria, in effetti, non si lasciò scoraggiare dal divorzio ma ne fu al contrario stimolata a cercare affermazione nel lavoro e Meghan, lungi dall'essere depressa per la separazione dei suoi, mostrò piuttosto un'accresciuta assertività e fiducia in se stessa. Aveva appena nove anni, agli inizi del 1991, quando una tv locale la riprese che innalzava un cartello contro la guerra in Iraq. Come le era venuto in mente? Semplice. Uno dei compagnucci di scuola era in lacrime perché il fratello maggiore era stato chiamato a combattere laggiù in

Medio Oriente, e la piccola capì che non serviva a niente piangere, bisognava protestare. Da quel momento Meghan si scoprì un'irresistibile vocazione a proteggere i più deboli. Prese un foglio bianco, ci scarabocchiò sopra «Pace e armonia per il mondo» e si trascinò dietro il resto della classe. Perciò, non biasimate Harry se un giorno avrebbe fatto come quei bambini.

Che Meghan avesse naturali qualità di leadership e una peculiare sensibilità sociale per una ragazzina di quell'età lo testimonia l'ormai celebre episodio della campagna contro la pubblicità maschilista. Avrà avuto dieci anni o poco più quando, a scuola, vide passare in tv lo spot di un prodotto per lavastoviglie: un lavello pieno di tegami e posate sporchi, e una voce che commentava: «Le donne di tutta l'America combattono contro il grasso di pentole e piatti». «È lì che devono stare le donne, in cucina!» saltarono su ridendo due ragazzini. Lei diventò una furia.

«Ricordo di essere rimasta choccata e arrabbiata. E di essermi sentita così ferita...» Ma non essendo tipo da incassare senza reagire, prese subito le contromisure: «Qualcosa andava fatto. Quando tornai a casa, raccontai a papà quello che era successo, e lui mi incoraggiò a protestare inviando una lettera. E così feci. Scrissi alle persone più potenti che mi venivano in mente». L'elenco dei destinatari è un Gotha del potere femminile d'America: l'allora first lady Hillary Clinton, la nota conduttrice di programmi televisivi per bambini Linda Ellerbee, la strafamosa Gloria Allred, avvocata dei diritti delle donne, nonché ovviamente la casa produttrice del detersivo, il colosso Procter & Gamble. Come andò a finire fa ormai parte della leggenda meghaniana. La multinazionale non le rispose mai ma tutte le altre destinatarie della missiva sì. E pur nel silenzio epistolare, un mese dopo Procter & Gamble cambiò il messaggio pubblicitario da «Le donne di tutta l'America...» in «Le persone di tutta l'America...» Da allora, la pubblicità della più grande azienda mondiale di prodotti per l'igiene si è sempre sforzata di osservare una rigorosa neutralità di genere.

La tempra guerriera della Meghan che il mondo conosce non si è formata tuttavia solo nell'epica di battaglie vinte. Da bambina ha conosciuto, e sofferto, da vicino il razzismo invincibile della società statunitense. Fu lei stessa a raccontare a Harry quando, nel 1992, pensava che stesse nevicando, evento alquanto raro in California: invece, i fiocchi candidi che le si posavano in testa erano quelli della cenere degli incendi scatenati dai violenti tumulti razziali, dopo che una giuria di bianchi aveva assolto i poliziotti di Los Angeles colpevoli di aver picchiato selvaggiamente il nero Rodney King. Il razzismo si manifestava perfino all'interno della sua famiglia. Lei non avrebbe mai perdonato i fratellastri che si riferivano a sua madre come «la cameriera», un insulto forse perfino peggiore della «parola con la N» – «Negra» – lanciata contro Doria da sconosciuti nel parcheggio di un supermercato. «Sentii la pelle scottarmi mentre guardavo mia mamma», ha ricordato. «I suoi occhi erano gonfi di lacrime di rabbia, e io riuscivo giusto a sussurrare qualche parola di conforto, a malapena udibile: 'È tutto ok, *mommy*, è tutto ok'.»

Non lo era, naturalmente, ma almeno la scuola in cui Meghan entrò a undici anni, la Immaculate Heart School, la Scuola del Cuore Immacolato, era tutt'altro ambiente. Com'è evidente, l'istituto non aveva niente a che fare con le credenze esoteriche di Mrs Ragland, ma per fortuna mamma Doria non permise che le sue convinzioni fossero d'ostacolo a una buona educazione della figlia. E la scuola cattolica privata, che esigeva anche rette decisamente alte, presentava due invidiabili *atout*: un ambiente totalmente multietnico e un'ottima fama. Le allieve bianche erano appena il 20% del totale, perciò la sfumatura della pelle non era un problema per nessuno, e dalla Immaculate Heart uscivano giovani donne di ogni colore preparate, allenate a lavorare sodo, di buona moralità e lodevoli sentimenti civici. Se si fosse trattato di un questionario, stavolta Meghan avrebbe potuto riempire tutte le caselle.

Sin dall'inizio mostrò un fortissimo interesse per il dipartimento di arte drammatica. L'insegnante Gigi Perreau, ex attrice bambina degli anni Quaranta che lo dirigeva in quel periodo, ricorda che la ragazza era molto attiva, «e non abbiamo mai avuto l'ombra di un problema con lei: battuta sempre pronta, studiava bene la parte quando doveva, insomma totalmente dedicata, molto concentrata». Si esibì anche in un paio di musical in occasione delle recite scolastiche, e papà Thomas non mancò di dare il proprio contributo di tecnico del ramo quando si trattò di allestire il palcoscenico della sua ragazza. Ma probabilmente la cosa più importante che Meghan imparò, o piuttosto sviluppò, all'Immaculate Heart fu la compassione.

È vero che le suore erano fiere delle allieve che proseguivano abitualmente i loro studi nelle università della Ivy League, da Harvard a Stanford, e delle altre che avevano sfondato a Hollywood (l'istituto era proprio sotto la celebre megascritta sulla collina), però non erano molto inclini al culto della celebrità. Al contrario, erano anche più orgogliose delle tante ragazze che partecipavano con passione ai loro progetti caritatevoli. Il più importante era forse la mensa per senzatetto nel quartiere disagiato di Skid Row, dove Meghan prestò molte volte la sua opera. Il motto che le suore cercavano di inculcare alle educande risuona spesso nelle parole con cui oggi la duchessa di Sussex accompagna le sue attività filantropiche: «Metti i bisogni degli altri al di sopra delle tue stesse paure».

In senso stretto, non si trattava di un'educazione rigorosamente cattolica, ma fortemente centrata sull'importanza della spiritualità, questo sì. Che Meghan avesse però preso un indirizzo gradito alle sante suore, non saprei. A scuola avevano spiegato il significato della parola del greco classico *agape*, che indica la forma più pura e incondizionata di amore: «L'amore di Dio per l'uomo e dell'uomo per Dio». E Agape era anche il nome del Centro Spirituale Internazionale che organizzava ogni anno, per le vacanze estive, dei ritiri in campeggio ai quali Meghan non mancava mai. Si insegnava, come si legge nel manifesto del movimento, che «siamo sulla Terra per essere ed esprimere il Divino Amore di Dio che alita in ogni fibra del nostro essere».

Le religiose cattoliche approvavano? Pur trovandosi a Hollywood, è lecito più di qualche dubbio. Agape era stato fondato nel 1986 a

Los Angeles dal dottor Michael Bernard Beckwith, e a occhio e croce somigliava a uno dei tanti culti pasticcioni che trovano humus fertile lungo le dorate spiagge della California. Respingeva l'appellativo di setta ma si dichiarava una «comunità transconfessionale», nel senso che abbracciava il cristianesimo senza però escludere altre religioni. Non solo Gesù, ma anche figure come Buddha o Gandhi erano degne di venerazione, e assieme a Cristo rappresentavano «il grande esempio». Questo genere di insegnamento spirituale risultava particolarmente attraente per celebrità del calibro di Oprah Winfrey, Van Morrison, Stevie Wonder, per citarne solo alcune. Loro, «il divino in sé» del credo di Agape lo avevano già scoperto da un pezzo, e fatto fruttare.

Nel fascino esercitato su Meghan da questa confusa dottrina si può forse intuire un'eredità dell'attrazione materna verso le religioni alternative, infatti – a quanto risulta – Doria Ragland ancora frequenta regolarmente gli appuntamenti al Tempio del sodalizio dell'autorealizzazione su Sunset Boulevard. Ma anche la figlia non si è mai realmente staccata da Agape, nonostante l'adesione a una confessione battista e la successiva formale conversione all'anglicanesimo (indispensabile per poter sposare Harry).

Sia negli anni della scuola a Hollywood sia nel successivo periodo trascorso presso la Northwestern University di Evanston, nell'Illinois, concluso dal doppio diploma in teatro e relazioni internazionali, Meghan continuò a prendere parte alla vita della comunità e ai suoi progetti caritatevoli. Soprattutto, non ha mai tralasciato l'abitudine di alzarsi presto al mattino e meditare, ripetendo il mantra insegnato dai guru di Agape: «Dio è con me. Dio manifesta il suo essere attraverso di me». Si tratta di una divinità che anche lessicalmente osserva una rigida neutralità di genere, in armonia con le idee di una convinta femminista quale è la neoduchessa. Ed è anche una divinità piuttosto accomodante con le ambizioni umane. Continua il mantra: «Dio vuole che io sia tutto ciò che posso essere. Dio trova la sua ragion d'essere attraverso di me». Più che sincretismo, pare egolatria, che ben si sposa del resto con la smania di autoaffermazione dell'ambiente hollywoodiano. In ogni caso, è quello che, a quanto pare, Meghan continua a ripetersi ogni mattina, anche oggi.

I campi estivi di Agape non offrivano in verità solo arricchimento spirituale. Fu lì che Meghan provò per la prima volta i fremiti dell'amore, quello terreno. L'oggetto delle sue affezioni era un coetaneo tredicenne destinato anche lui a una brillante carriera nello *showbiz*. Nel 2018 Joshua Silverstein era ormai un affermato comico sulla quarantina, sposato e padre di due figli, quando ricordò cos'era successo quella lontana estate nel campeggio «spirituale» a Santa Monica.

«Stavamo per uscire e allontanarci, quando lei puntò dritto verso di me in modo intenzionale.» I due si erano già conosciuti e avevano legato, aiutati anche dalle comuni origini razziali miste. «Era una ragazzina sveglia e affascinante, non la tipica tredicenne... Non si vestiva di rosa o sfoggiava il trucco, voglio dire. Lei era se stessa, molto autentica, e seria su quello che voleva. Avevo già saputo dagli amici comuni che le piacevo, e lei mi piaceva, e penso che avessimo deciso che era una buona idea diventare boyfriend e girlfriend.» Si tenevano per mano e si erano pure abbracciati, ma l'ingenuo Joshua non era preparato a ciò che avvenne quel giorno. «*Lei* mi baciò. Fu *lei* a fare la mossa. Io pensai tipo: Beh, ok, siamo al punto che ci baciamo... Ma il bacio fu una sua iniziativa, assolutamente.» L'interessata avrebbe confermato molti anni dopo, già duchessa di Sussex, in un'intervista con Larry King: «Avevo tredici anni, era un campo estivo e lo baciai».

La confidenza di Joshua viola la prima regola del gentiluomo (mai raccontare...) ma la castità del contatto può assolvere l'indiscrezione. Sebbene aggiunga combustibile al diffuso sospetto che anche con Harry si sia ripetuto più o meno lo stesso copione. In tal caso, il principe potrebbe avvertire un lieve brivido d'allarme, perché Meghan prende e Meghan lascia, come testimonia la conclusione della cottarella per Silverstein.

Ci fu ancora, sì, qualche altro bacetto quell'estate, ma verso la fine del campeggio i due «fidanzati» discussero spassionatamente la loro relazione e conclusero che non volevano ipotecare troppo presto il loro futuro, una volta tornati a scuola. In altre parole, preferivano sentirsi liberi di fare altre esperienze amorose.

Non disponiamo di ulteriori indiscrezioni sugli anni giovanili della futura Rachel Zane della serie *Suits*, ma sappiamo come sono finiti i due legami seri di Meghan adulta. Fu lei a troncare dopo appena due anni il matrimonio con il produttore Trevor Engelson, che pure l'aveva lanciata in due film all'inizio della carriera d'attrice, e sempre lei a dire addio al *celebrity chef* italo-canadese Cory Vitiello, anche qui dopo manco due anni, nel maggio 2016. A questo punto, Meghan era pronta al fatidico appuntamento al buio con Harry, il luglio successivo. Sapeva chi era, naturalmente, ma non sapeva proprio niente della sua famiglia, avrebbe giurato cinque anni dopo davanti alle telecamere dell'amica Oprah Winfrey. Davvero?

A dispetto delle sue affermazioni di non aver mai googlato il principe o i Windsor, le testimonianze raccontano un'altra storia, di una ragazzina affascinata dalla famiglia reale sin dalla tenera età. In casa della compagna di scuola Suzy Ardakani, le due passavano interi pomeriggi a guardare e riguardare il video delle nozze di Diana e Carlo. La madre di Suzy, Sonia, ricorda di aver prestato a Meghan numerosi libri su Diana, compresa la controversa biografia di Andrew Morton. E la migliore amica d'infanzia, Ninaki Priddy, che in un viaggio a Londra del 1996 avrebbe posato con Meghan sullo sfondo di Buckingham Palace, ha aggiunto che il film *Pretty Princess*, con Anne Hathaway e Julie Andrews, era uno dei suoi favoriti: è la storia di una timida teen-ager americana che eredita un trono europeo, insomma «una *commoner*, una borghese qualsiasi, che entra nella famiglia reale. Era molto presa da questa idea».

E non solo da ragazzina, ma anche da adulta. Prima della famosa intervista-dichiarazione di guerra ai Windsor, lei non si era mai preoccupata di nascondere il profondo interesse verso i reali inglesi. Sul suo *lifestyle blog* The Tig (dal Tignanello, il suo rosso italiano preferito), dopo aver scherzato sul sogno infantile di diventare una principessa, si chiedeva perché anche donne mature continuassero a conservare questa fantasia. Era il 2014, e lei mostrava un interesse speciale verso i Cambridge, che si erano sposati tre anni prima ed erano da poco diventati genitori del piccolo George. Sottolineava eccitata «la pompa magna attorno al matrimonio reale e le infinite conversazioni sulla principessa Kate».

L'amica Priddy, che era stata la sua testimone alle nozze con Engelson, avrebbe poi detto di non essere sorpresa dalla storia d'amore con Harry. «Meghan è sempre stata affascinata dalla famiglia reale inglese», giura Ninaki, purtroppo non invitata al secondo matrimonio dell'amica del cuore di un tempo. «Lei vuole essere la Principessa Diana 2.0.»

Non che fosse la sola, tra parecchi milioni di ragazze al mondo. E almeno un'altra era molto più vicina a realizzare il sogno dall'altra parte dell'Atlantico, nella cittadina universitaria di St Andrews, angolo remoto della Scozia.

14

Galeotta fu la passerella

La sfilata di moda che si tenne nell'università scozzese di St Andrews il 26 marzo 2002, poco più di vent'anni fa, è già da un pezzo la più famosa della storia. E a ragione. Quale altra ha mai lanciato direttamente una fanciulla dalla passerella sul trono? Ci voleva una sottoveste trasparente sopra una succinta biancheria intima per accendere in William il fuoco della passione e fare di Kate la prima sposa reale di origini proletarie, almeno per metà. Di quando è scoccata la scintilla si sa già tutto o quasi. Il come è ancora controverso, o almeno aperto al dubbio. L'incontro fu davvero casuale? Per il momento lasciamo in sospeso l'interrogativo e seguiamo il principe mentre fa il suo ingresso nel più antico ateneo di Scozia (nonché sede del suo primo golf club).

Non furono primi passi felici. Lasciato Eton e consumato in giro per il mondo il suo *gap year*, il 24 settembre 2001 William arrivò a St Andrews per seguire il corso di laurea prescelto in storia dell'arte. Era molto nervoso, e non aveva torto. Ad attenderlo trovò uno schieramento di giornalisti e televisioni che per lui equivaleva a un plotone d'esecuzione. C'erano troupe da ogni parte del pianeta, e il clamore, gli strilli, i richiami dei reporter ebbero davvero l'effetto di stordirlo. Improvvisamente gli passò per la testa che forse aveva commesso un terribile errore. Aveva trascorso un anno magnifico viaggiando senza che nessuno lo disturbasse, e adesso era là, confinato in un angolo sperduto della Scozia, dove non conosceva nessuno e per di più era diventato selvaggina di caccia per una torma di fotografi e scatenati segugi dattilografi.

Ma Colleen Harris, addetta stampa del principe del Galles, aveva concordato con i direttori che, una volta sfruttata la *photo opportunity*, i media avrebbero rifatto le valigie e se ne sarebbero andati, lasciando in pace lo studente reale fino alla successiva occasione concordata. In caso contrario, furono le sue istruzioni a Niall Scott, addetto stampa dell'università, doveva semplicemente cacciare gli intrusi dalla città, ricorrendo se necessario all'intervento della polizia. L'ultima troupe aveva appena sgomberato che un incredulo Scott vide comparire sotto la sua finestra un plotone di cameramen, elettricisti, direttori delle luci e giornalisti, con ampio equipaggiamento, manco dovessero girare un kolossal.

Scott si affacciò al davanzale: «Ma che fate?»

Non gli lasciarono nemmeno finire la frase: «Siamo della Ardent», disse un tizio brandendo una business card. «Stiamo girando un documentario sui reali dall'A alla Z, per un programma di intrattenimento negli States, e siamo qui per filmare William quando esce da lezione». Come si degnò di aggiungere uno degli inviati, la Ardent Productions era la compagnia televisiva di proprietà del principe Edward e aveva ottenuto il permesso di fare quel che faceva. Quando ne fu doverosamente informata, Colleen Harris non credette alle sue orecchie: il primo a rompere l'embargo stampa così faticosamente negoziato era proprio lo zio di William! Chiamò subito la troupe, ingiungendo di togliere immediatamente le tende, solo per sentirsi rispondere: «No, abbiamo il permesso del principe Edward. Non ce ne andiamo».

A Londra, quando gli raccontarono la storia, Carlo si esibì in una delle sue leggendarie esplosioni d'ira. È vero che il fratello minore e la cognata, divenuti conte e contessa di Wessex, cercavano di incrementare le loro entrate inventandosi una qualche forma di lavoro, ma che dovessero farlo a scapito della tanto sospirata privacy di suo figlio a Carlo proprio non andava giù. La Ardent Productions fu costretta a rimpacchettare tutto l'equipaggiamento e andarsene velocemente.

Non bastava: per placare la furia dell'erede al trono, i Wessex furono costretti a cospargersi il capo di cenere e fargli visita a St James's Palace per porgergli formalmente le loro scuse.

L'incidente rese ancora più plumbeo l'avvio degli studi di William a St Andrews. Non solo l'invadenza dei media aveva vanificato la ragione principale per cui aveva scelto quella gloriosa ma piccola università, ovvero la lontananza da Londra e dai giornalisti ficcanaso, ma per di più lui aveva sottovalutato quanto il posto potesse essere noioso, per usare lo stesso aggettivo con cui lo descrisse al padre. Gli eventi della settimana si riducevano allo shopping nella locale succursale di TESCO, la catena di supermercati, e proprio la dimensione minima della cittadina sul mare finiva con l'amplificare il peso della notorietà del principe sulla sua vita sociale. Ovunque andasse, si sentiva addosso gli occhi della gente. Per sottrarsi alla sgradevole sensazione di essere un uccello in fiera, aveva adottato il sistema di bere da solo nel pub locale nascosto dietro un pilastro, dando la schiena alla porta. Questo non impedì che una sera poco dopo il suo arrivo una ragazza gli passasse accanto regalandogli un bel pizzicotto sul sedere. In risposta, William le scoccò uno sguardo sprezzante.

Le relazioni sociali avevano un andamento poco entusiasmante. A St Andrews non c'erano amici di Eton, dalla sua vecchia scuola erano arrivati solo un paio di tipi che non conosceva. Lui aveva fatto sapere di voler essere chiamato semplicemente William Wales, ma l'adozione di questo approccio fuori dal protocollo di Corte non favorì comunque la nascita di nuove amicizie. Dopo le partite di calcio o di pallanuoto del mercoledì pomeriggio, il depresso rampollo reale se ne tornava nella sua stanzetta nella residenza universitaria di St Salvator's (Sally's per i ragazzi), che veramente somigliava a una cella monastica. Il luogo era triste e freddo, le serate lugubri, al principe mancava casa. E gli mancava soprattutto il fratello. Quel Natale 2001 William tornò a Highgrove deciso a comunicare al padre l'intenzione di lasciare St Andrews.

Ora, questo sarebbe stato davvero un bel guaio per l'ignara Kate.

L'anno precedente, ad agosto, aveva ricevuto per posta i risultati dell'esame di maturità, ed erano eccellenti: due «A» e una «B», precisamente quello di cui aveva bisogno per assicurarsi un posto nella sua università di prima scelta, Edimburgo. Lì aveva pianificato di studiare storia dell'arte assieme a due delle sue migliori amiche del Marlborough College, Emilia d'Erlanger e Alice St. John Webster. Più o meno negli stessi giorni, mentre era lontano in Belize per esercitazioni militari con i reparti delle Welsh Guards, anche William aveva ricevuto simili buone notizie. Gli ottimi voti della maturità gli consentivano, come desiderava, di seguire i corsi di storia dell'arte all'università di St Andrews, considerata allo stesso livello del duo Oxford-Cambridge. La notizia fece il giro del mondo, e nel momento in cui le intenzioni del principe divennero pubbliche le domande d'iscrizione all'ateneo balzarono del 44%. Nella stragrande maggioranza, inutile dirlo, la richiesta veniva da ragazze e in larga misura dall'America.

Ma l'annuncio produsse un durevole impatto anche molto più vicino, nella rurale Bucklebury, nel Berkshire. Segnatamente, nella bella magione dove si erano ormai trasferiti i Middleton. La vulgata vuole che sia stata l'ambiziosa (per taluni, arrampicatrice) mamma Carole, non a caso figlia – ricordate? – di «lady Dorothy», a premere per la decisione che avrebbe cambiato il destino della sua Kate. Forse non sapremo mai come sono andate veramente le cose, sta di fatto che nel settembre 2000, Miss Middleton scrisse formalmente all'Università di Edimburgo per rinunciare all'ambitissimo posto nel corso che stava per cominciare e presentò invece domanda a St Andrews, per essere ammessa al corso di storia dell'arte dell'anno seguente. Quando anche William sarebbe rientrato dal vagabondaggio del suo *gap year*. Fu un bell'azzardo, premiato però dalla buona sorte.

Qualche anno dopo, sul numero dello *Spectator* del 6 agosto 2005, un giornalista del bel mondo, di nome Matthew Bell, avallò la tesi dell'intervento risolutore di Carole, invocando l'autorità di «una credibile fonte interna». Altro che una coincidenza fortuita ad aver prodotto l'incontro di Kate e William a St Andrews: «Sebbene al momento della richiesta d'iscrizione all'università non fosse ancora noto dove il principe intendesse andare, è stato suggerito che sia stata la madre, una volta sentita la notizia, a persuadere Kate a cestinare la sua prima scelta».

Tanta pena rischiò di andare in fumo, forse alterando per sempre l'attuale corso della monarchia, quando William tornò a casa quel primo Natale determinato a lasciare St Andrews, per andare ovunque, in Inghilterra o perfino negli States o in Italia, pur di lasciare quel piccolo, orribile buco scozzese. Carlo, vedendo il figlio così disperato, era propenso ad accontentarlo. Se il progetto accarezzato dai Middleton non saltò per aria, il merito inconsapevole fu tutto di sir Stephen Lamport e dell'ormai noto *spin doctor* reale Mark Bolland.

Fu a loro infatti che il principe del Galles confidò il disagio del figlio, assieme all'ordine di provvedere di conseguenza. Entrambi ne restarono orripilati. Lamport era il segretario privato di Carlo, Bolland il mago delle pubbliche relazioni: entrambi erano in grado di valutare freddamente, senza il velo dei sentimenti paterni, l'effetto che questo abbandono avrebbe avuto sull'immagine pubblica di William e sui sentimenti nazionalisti degli scozzesi. Non solo il rampollo reale avrebbe dato l'impressione di essere una «scamorza», imitando l'ingloriosa fuga dello zio Edward dal corpo dei Royal Marines, ma avrebbe anche mostrato di disprezzare un ateneo che era motivo di orgoglio per la Scozia.

«Sarebbe stato un disastro personale per William. L'avrebbero visto come un codardo», disse in seguito uno dei due consiglieri, e chiamarono in soccorso anche il Lord Rector dell'università, il giornalista Andrew Neil. È stato lui a raccontare che in quelle ore le linee telefoniche con Londra diventarono bollenti, e quando venne fuori che William sarebbe stato più felice di studiare geografia anziché storia dell'arte, il rettore sottolineò soddisfatto la struttura flessibile dei corsi di studio a St Andrews. Ciò significava che se il principe avesse voluto passare a geografia, non ci sarebbero stati problemi. Fu l'uovo di Colombo ma funzionò. I due consiglieri riuscirono a persuadere Carlo a mostrare maggior nerbo paterno, anziché indulgere alle paturnie del figlio (in memoria anche delle sue personali a Gordonstoun), e Carlo a sua volta passò il Natale a convincere William a ripensarci.

A gennaio il ragazzo tornò a St Andrews rinfrancato, deciso a tenere duro, e i risultati furono presto visibili. Il passaggio a geografia gli rendeva più interessante lo studio, e dopo i primi duri mesi anche la sua vita sociale si fece più attraente grazie alla prospettiva di lasciare la celletta di Sally's per affittare, a settembre, un appartamento in città assieme a qualche amico. Fu questo a spianare la strada per la memorabile serata del 26 marzo 2002.

Si può dare per assodato che quello non fu il primo incontro tra William e Kate. Lo sostiene con abbondanza di prove la biografa di lei, Katie Nicholl. Appare molto probabile che si fossero già visti in precedenza, quando lui era a Eton e lei al Marlborough College: là, un certo numero delle allieve più *posh*, molto amiche di Kate, erano anche compagne di divertimenti della Glossy Posse che abbiamo già incontrato, la banda di gioventù dorata che animava le feste dei due principini nel loro «covo» di Highgrove, il Club H. Del gruppo facevano sicuramente parte Emilia d'Erlanger e Alice St. John Webster, le due aristocratiche compagne di scuola con cui Kate aveva programmato di condividere anche gli anni di università.

Questo vuol dire che l'idea di passare da Edimburgo a St Andrews si basava in qualche misura sulla concreta possibilità di far parte della cerchia di intimi che si sarebbe saldata attorno al principe. Alcune testimonianze confermano che forse in casa Middleton si faceva affidamento più che sulla pura coincidenza. Quando seppe che William avrebbe frequentato St Andrews come lei, il primo «fidanzatino» di Kate, Paul Horsford, le disse: «Ovviamente potresti incontrarlo». E stando al suo racconto, lei rispose: «L'ho già incontrato una o due volte». Ma forse prima che si trasformasse in quello schianto di ragazza che era diventata.

In ogni caso, una volta iscritti entrambi a St Andrews, e inizialmente allo stesso corso di storia dell'arte, poco numeroso, è chiaro che cominciarono a incontrarsi con regolarità. Risulta che quando il principe non poteva seguire le lezioni, fosse la giovane e studiosa Middleton a prendere appunti per suo conto. D'altro canto, risiedevano nello stesso studentato di Sally's, le camere erano vicine, i pasti consumati nella stessa sala. Per di più erano tutti e due nel gruppo delle «allodole», gli studenti che facevano colazione di buonora la mattina tutti assieme, seguendo un'alimentazione rigorosamente salutista: niente *full Montgomery* stile inglese, con salsicce e bacon, ma solo una scodella di muesli e molta frutta.

Evidentemente la conoscenza reciproca doveva essere già abbastanza salda se, al ritorno a St Andrews dopo i tentennamenti natalizi, William decise di invitare la ragazza nel quartetto di coinquilini con cui dividere a settembre l'affitto di un appartamento. I restanti due erano Fergus Boyd, ex compagno dei tempi di Eton, e un'altra studentessa, Olivia Bleasdale. È fin troppo chiaro che se un'offerta del genere arriva dal futuro re d'Inghilterra, vuol dire che sente di potersi fidare completamente ed è sicuro di non essere «venduto» agli avvoltoi della stampa. Del resto, Miss Middleton aveva già ampiamente dimostrato di poter essere una perfetta compagna di alloggio. Seria, studiosa, affidabile, non era tipo da scambiare quattro chiacchiere con giornalisti in agguato e nemmeno da pagare in ritardo la sua quota d'affitto. Allegra ed estroversa, non era però una chiacchierona. Insomma, l'identikit di un'ideale compagna di appartamento senza che questo comportasse, come del resto è normale quest'oggi nelle relazioni tra i sessi, alcuna implicazione sentimentale o sessuale.

A far detonare la passione fornì un contributo decisivo l'apparizione, sebbene tragica, di una buona causa (e che altro se no, trattandosi del business principale della famiglia reale?) che coagulò gli sforzi congiunti dei due *flatmates*. A pochi mesi dall'orrore delle Torri Gemelle, gli studenti della St Andrews sentirono di dover fare qualcosa per aiutare le famiglie delle tremila vittime dell'11 settembre. Le sfilate di moda non erano certo nel DNA della prestigiosa università, ma se lo scopo era avviare una cospicua raccolta di fondi, anche una passerella poteva essere una buona idea per attrarre pubblicità e finanziatori. Il gala di beneficenza si sarebbe intitolato Dont Walk, come la scritta sui semafori pedonali di New York (famosa per la mancanza dell'apostrofo in *don't*), e si sarebbe tenuto nel marzo 2002.

Quasi quattrocento ragazze si candidarono a sfilare come modelle, mentre gli studenti con importanti connessioni famigliari si davano da fare per ottenere sponsorizzazioni dalle grandi case di *haute couture*. All'adesione di maggior rilievo, la *maison* Saint Laurent, seguì quella di firme più piccole e stilisti arrembanti come Charlotte Todd. Gli studenti maschi notoriamente più ricchi furono invece sollecitati a contribuire prenotando a caro prezzo i posti per la serata nella hall dell'ateneo: un tavolo in prima fila, sotto la passerella, costava 200 sterline e oltre.

William fece il suo dovere acquistandone uno, ma non a suo nome. Il tavolo figurava prenotato da un amico. Così nessuno sospettava che lui sarebbe stato presente all'evento, e la solita Colleen Harris, l'addetta stampa dei Galles, addirittura aveva assicurato al collega dell'università, Niall Scott, che il principe non ci sarebbe stato. Di conseguenza, Scott si sentì libero di aprire le porte alla stampa e anzi di sollecitare la presenza di paparazzi e giornalisti per far lievitare al contempo l'interesse del pubblico e la raccolta di fondi.

Fu nell'evidente sbalordimento generale che cinque minuti dopo l'inizio della sfilata William fece il suo ingresso in sala accompagnato dagli amici, prendendo posto al tavolo che aveva prenotato, giusto alla fine della passerella. Fotografi e reporter presenti non credevano ai loro occhi. Come disse in seguito Niall Scott, «pensarono di essere morti e arrivati in cielo». Dove probabilmente già si trovava, per fortuna viva, vegeta ed esultante, Miss Catherine Middleton. La competizione per far parte del plotone di modelle in passerella era stata dura, e solo le ragazze giudicate più sexy erano state scelte per la sfilata. Kate aveva superato la selezione a vele spiegate. E quella sera era fermamente intenzionata a essere la stella più brillante. Per la buona causa, si capisce. O anche per un certo futuro coinquilino la cui presenza per lei non era forse un segreto?

Il resto è storia. La foto di Kate, nota in tutto il mondo, è così – diciamo – intrigante che i reporter inizialmente la attribuirono a una sfilata di biancheria intima. Nient'affatto. Quella che lei indossa come una sottoveste trasparente è in realtà una gonna, disegnata da Charlotte Todd, che avrebbe dovuto portare dalla vita in giù, con un pullover a coprirle il busto. All'ultimo minuto Kate decise di lasciare il maglione nel cassetto, di tirar su la gonna trasparente sopra il seno, fermandola con una fusciacca di seta blu e trasformandola in un miniabito che rivelava reggiseno e mutandine neri. La sua apparizione in passerella fu comprensibilmente accolta da entusiastiche acclamazioni dei giovani maschi presenti.

William mantenne il contegno ma si chinò verso Fergus Boyd. «Wow», gli sussurrò. «*Kate's hot*», come dire piccante, bollente, sexy o qualsivoglia altro aggettivo si voglia scegliere per una giovane donna estremamente attraente. Diciamo che al défilé il principe aveva scoperto una dimensione inattesa della sua studiosa, futura compagna d'appartamento. Il resto della serata fu reso anche più caldo dall'eccitazione dell'evento e dall'abbondanza delle libagioni. Alla fine gli usuali confini di riservatezza e le distanze sociali finirono travolti, nel generale effetto inebriante indotto dal successo dell'iniziativa. Dont Walk, premiata come la sfilata studentesca di beneficenza col maggior impatto nel Regno Unito, diventò un appuntamento annuale, che nel corso del tempo avrebbe raccolto più di 300.000 sterline per diverse buone cause, dall'ecologia all'assistenza ai senzatetto. Il principale effetto collaterale fu la nascita della storia d'amore tra un futuro re e una bella borghese che, a differenza delle principesse nate, non trovava affatto ripugnante l'idea di entrare nella «gabbia dorata». Alla fine del party che seguì la sfilata, William e Kate furono visti baciarsi, senza nemmeno curarsi di nasconderlo.

Nei mesi precedenti gli amici li avevano già sorpresi qualche volta abbracciati, ma a tutti era parso un gesto puramente amichevole.

All'origine c'era una serata tra studenti in cui William era stato insistentemente tampinato da una ragazza molto intraprendente, anche troppo per il principe, che cercava di essere educato ma non sapeva come scrollarsela di dosso. Finché era comparsa Kate, che con la massima naturalezza gli aveva gettato le braccia al collo. «Oh, scusami ma ho una fidanzata», si era affrettato a dire lui alla scocciatrice, per poi bisbigliare complice a Kate: «Grazie infinite».

Questa intimità amichevole tra i due non si era però mai trasformata, in quei primi mesi, in un coinvolgimento emotivo. Durante il primo trimestre all'ateneo lei aveva anche avuto un boyfriend, un bel ragazzo al quarto anno di giurisprudenza, Rupert Finch, che aveva però cominciato a frequentare di meno dopo le vacanze di Natale, mentre l'amicizia con William si rafforzava anche in vista del prossimo trasloco in comune. La sera del 26 marzo 2002 fu il punto di svolta. Da quel momento il principe e la «modella» diventarono una coppia. Senza che il mondo là fuori potesse ancora sospettare nulla.

PARTE QUARTA

Mogli

15

Waitie Katie arriva all'altare

COME siano riusciti per molti mesi a tenere la loro storia lontana dai giornali suscita incredulità. A fine marzo 2002 William e Kate erano ormai una coppia ma la cortina di riserbo stesa attorno al loro amore restava impenetrabile. Non solo perché i due erano la riservatezza fatta persona. Attorno al loro collega più famoso gli altri studenti della St Andrews costruirono una specie di congiura del silenzio, destinata a proteggerlo dalle incursioni di una stampa fin troppo intrusiva. Incredibile a dirsi, non un solo allievo ruppe questo impegno di lealtà verso il principe, manco fossero tutti novelli cavalieri della Tavola Rotonda. Non solo nessuno fu mai tentato di vuotare il sacco con una stampa che non lesinava i mezzi di seduzione (leggi sterline) ma addirittura se si spargeva la voce che in città era arrivato qualche «ficcanaso» (leggi giornalista), gli studenti si mandavano subito reciproci SMS di allerta.

Protetti da questa lodevole omertà, William e Kate furono lasciati liberi di veder germogliare il loro amore. Anche una volta trasferiti, come previsto, con gli altri due coinquilini nell'appartamento al 13A di Hope Street, furono abilissimi a non far trapelare nulla dei loro sentimenti. La mattina uscivano di casa a orari diversi e in direzioni differenti, facilitati dal cambio di facoltà effettuato dal principe. E anche quando si trovavano in pubblico, si trattasse di drink o di pasti in comune con gli altri studenti, avevano cura di unirsi sempre a gruppi diversi, senza mai consentire che facesse capolino tra loro una qualche tenerezza. Eppure fu certamente nei mesi di convivenza nell'appartamento di Hope Street che il legame tra i due si rafforzò, maturando infine compiutamente quando si trasferirono nella romantica villa all'interno della tenuta di Strathyrum, vicino al celebre campo di golf di St Andrews.

Balgove House stava al centro di un bel parco di quasi un ettaro, protetta da un alto muro di cinta di pietra. Per la scorta del principe decisamente più comoda da sorvegliare e proteggere. William la definiva una specie di Highgrove in miniatura, con il vantaggio di trovarsi a meno di un chilometro dagli edifici dell'ateneo. La casa era bella e accogliente, e gli inquilini gente ospitale che amava ricevere: con William e Kate vivevano altri due ragazzi, amici di lui, Oli Baker e Alasdair Coutts-Wood. Presto le feste offerte dagli abitanti di Balgove House diventarono le più rinomate e ambite dell'università. Circostanza che naturalmente contribuì a rendere chiaro a un numero crescente di allievi della St Andrews che William e Kate formavano ormai una coppia stabile. Lei da parte sua fece l'errore di confidarsi con la madre, e se sulla discrezione di Carole aveva certamente ragione di contare, non altrettanto su quella del vanaglorioso zio materno Gary, al quale in un raptus di orgoglio genitoriale l'estasiata signora Middleton aveva spifferato tutto. In un incontro d'affari all'inizio del 2004, Gary Goldsmith, mago informatico diventato a sua volta milionario, allungò un biglietto a un collega, su cui aveva scritto: «Penso che sto per diventare lo zio della futura regina d'Inghilterra!!!»

Tuttavia non fu l'incontenibile gioia dello zio ad aprire una falla fatale nella diga del silenzio, ma l'irresistibile irruenza dell'amore. Sulle piste di Klosters, in Svizzera, dove i giovani erano andati a sciare nell'annuale vacanza invernale con Carlo, William non riuscì a trattenere un moto di tenerezza verso l'innamorata e le rubò un bacio sullo skilift. I paparazzi del *Sun* erano in agguato, e il 1° aprile 2004 il giornale sparò in prima pagina la sua *World Exclusive*: «*Finally… Wills gets a girl. Prince & Kate so close in Klosters*» (figuriamoci se il titolista rinunciava al gioco di parole...), ovvero: «Finalmente... Wills ha una ragazza. Il principe e Kate così vicini a Klosters».

I Galles, padre e figlio, fremevano di rabbia per la patente violazione dell'accordo di riservatezza ma il *Sun* tenne il punto: è vero che assieme agli altri tabloid si era impegnato a pubblicare solo foto concordate dei figli di Diana, almeno fino alla fine degli studi universitari, ma nel caso specifico – e visto pure che William era ormai maggiorenne – prevaleva il superiore interesse del pubblico a conoscere la giovane donna che un giorno sarebbe potuta diventare la sua regina. Ma nemmeno a Kate la pubblicazione portò granché bene. Nel caso avesse segretamente sperato che questo potesse forzare la mano a William, il risultato fu l'opposto. Con la tipica cocciutaggine ereditata dal padre, l'erede mise i puntini sulle i: «Insomma, ho solo ventidue anni, in nome di Dio!» esplose all'ennesima domanda di un giornalista sui suoi piani matrimoniali. «Sono troppo giovane per sposarmi alla mia età. Non voglio sposarmi finché non avrò almeno ventotto anni, o forse trenta.»

La sua innamorata avrà forse pregato che si trattasse solo di una battuta. Avrebbe invece presto verificato che erano esattamente le intenzioni del bel principe. Che, fedele al programma, nell'estate 2004 decise di lasciare a casa la fidanzata e accettare invece l'invito per una vacanza in Grecia «per soli uomini» organizzata dall'amico più fidato, quel Guy Pelly che senza fiatare si era preso la colpa di aver introdotto il più giovane Harry ai piaceri illeciti dell'hashish e per questa ragione era stato espulso dalla scuola a Cirencester. Molti anni dopo, in un'intervista del 2010 con Tom Bradby, giornalista di ITV molto amico di William, Kate avrebbe ammesso che «all'epoca non ero molto felice di quella vacanza. Ma in realtà questo fece di me una persona più forte. Uno scopre di sé più di quanto forse avrebbe immaginato». L'argomento suona vagamente autoconsolatorio, particolarmente alla luce delle foto di provocanti bellezze sulla barca «per soli uomini». Ma anche se al tempo Kate deve avercela avuta a morte con Pelly (che non faceva mistero del suo snobismo verso la ex hostess

Carole Middleton), la rabbia le era sicuramente passata nel 2018, quando accettò che proprio lui facesse da padrino al terzogenito Louis.

La crisi passeggera del 2004 era niente a confronto di quello che aspettava Waitie Katie (Katie che attende, come l'avevano ormai battezzata i tabloid) nel 2007, due anni dopo che entrambi gli eroi di questa storia avevano superato col vento in poppa, e voti molto alti, l'esame di laurea nei rispettivi corsi. Nella cerimonia di conferimento dei diplomi, il vicecancelliere dell'università aveva pronunciato un discorso d'addio che era parso piuttosto un vaticinio: «Qui avrete stretto amicizie per il resto della vita. Qui avrete forse incontrato il vostro futuro marito o vostra moglie. Il nostro titolo di prima università britannica per numero di unioni nate qui indica tanto di quel che c'è di buono a St Andrews, così contiamo su di voi perché cresciate e vi moltiplichiate».

Kate scoprì presto che non sarebbe stato semplice. Se nel piccolo e riparato ambiente di St Andrews la coppia aveva facilmente ricucito i modesti strappi dell'estate 2004, adesso nel vasto mondo era molto più complicato concepire una vita assieme, o almeno il momento buono per provarci. Finita l'università, ad aspettare William c'era la Royal Military Academy di Sandhurst, dove avrebbe speso gran parte del 2006 come allievo ufficiale, prima parte dell'addestramento previsto in tutte e tre le Armi, come d'uso per un futuro re destinato a essere anche il comandante supremo delle forze armate.

Contemporaneamente, aveva anche compiuto la sua prima visita ufficiale da solo in Nuova Zelanda, quale rappresentante personale della nonna, e aveva cominciato la routine di doveri reali, fatta di visite tra i sudditi e patrocini di fondazioni filantropiche: sulle orme di mamma Diana e della sua predilezione per i più deboli e deprivati, William diventò il presidente onorario di Centrepoint, la più grande organizzazione benefica giovanile in favore dei senzatetto. Un altro significativo impegno fu quello che assunse con il Tusk Trust, fondazione con base in Gran Bretagna ma in prima linea a difesa della fauna africana. I giornali riportavano educatamente tutte queste sue attività ma continuavano a insistere su quello che veramente stava loro a cuore: la sua vita sentimentale. Per la quale però lui sembrava avere sempre meno tempo.

Eppure, adesso che anche la turbolenta vicenda sentimentale di Carlo sembrava risolta dopo il sospirato matrimonio con Camilla nell'aprile 2005, tutti gli occhi erano puntati proprio sulla storia d'amore dell'erede con Miss Middleton. Kate aveva riscosso un trionfale successo tra le precedenti generazioni dei Windsor. Tanto Carlo quanto la matriarca regina si erano affezionati alla ragazza e le mostravano molta considerazione. In un chiaro segno di approvazione, il principe del Galles l'aveva personalmente invitata alla sua festa di compleanno in novembre e Sua Maestà aveva replicato con l'invito alla tradizionale battuta di caccia della famiglia a Sandringham, il giorno di Santo Stefano. In previsione, William aveva dato alla fidanzata lezioni di tiro e per Natale le aveva donato un set di binocoli.

Tutto lasciava immaginare che l'annuncio del fidanzamento non sarebbe tardato ancora a lungo. I grandi magazzini londinesi avevano già predisposto la produzione di tutta la paccottiglia di souvenir tipica dei matrimoni reali, i bookmaker accettavano scommesse sulla data delle nozze, e a quanto pare la stessa coppia interessata teneva in cucina un calendario su cui annotava per gioco il variare delle date più gettonate. Mancava solo una cosa, dando per scontato l'assenso di Kate: la proposta del principe.

Ma lui non aveva ancora alcuna intenzione di farla. Aveva detto e ripetuto che era troppo giovane per sposarsi e restava fedele alla linea. Il terrore di condannarsi a ripetere, in forza di un matrimonio affrettato, gli errori dei genitori lo spingeva a posticipare la scelta. Era arrivato il momento in cui i traumi infantili prodotti dalla drammatica dissoluzione del matrimonio dei Galles stavano presentando il conto. Era chiaro che Kate era diventata una presenza importante per William ma gli incubi dell'infelicità famigliare, mischiandosi con le aspettative di un giovane sulla soglia del futuro, lo rendevano incerto riguardo alla fermezza dei suoi sentimenti. In più, l'anno di istruzione militare a Sandhurst era esso stesso molto impegnativo e lasciava poco spazio alla vita privata.

A dicembre di quel 2006 Kate sedeva orgogliosa in prima fila, assieme ai genitori, per assistere alla cerimonia del diploma di William all'Accademia Militare, ma dietro i sorrisi la tensione tra i due in quei mesi era andata crescendo. Per Natale Miss Middleton aveva sì ricevuto l'invito della regina a Sandringham, cortesia mai riservata in precedenza a una fidanzata «non ufficiale», ma lei aveva chiarito al boyfriend che ci sarebbe andata solo il giorno in cui avesse ricevuto un anello con regolare proposta di matrimonio. Perciò, invece che nel Norfolk, andò a passare le feste con la sua famiglia in Scozia.

Fu una mossa sbagliata. Il principe confermò di avere, come aveva già mostrato, un carattere testardo. Non era tipo da lasciarsi mettere all'angolo. Il tempo passato lontano dalla sua ragazza e la congerie di impegni che lo assillavano da tutte le parti resero anche più pressanti i suoi dubbi. Dopo tutto, e nonostante l'ormai lunga durata della relazione, forse Kate non era la donna giusta per la sua vita. O forse l'aveva incontrata troppo presto. I primi mesi del 2007 videro un progressivo allontanamento della coppia. Lei passò con i famigliari anche il giorno del compleanno, il 9 gennaio, mentre lui era da qualche parte vicino a Bournemouth impegnato nelle sue perenni esercitazioni militari. Subito dopo l'Accademia, era entrato come desiderava nel corpo scelto dei Blues and Royals, noto anche – non senza ragione – come *Booze* (liquore) *and Royals*.

Lo stile di vita del reggimento, ad alta gradazione alcolica, risvegliò in William i piacevoli ricordi della stagione più scapestrata della sua vita, prima dell'università. Presto i night club del caro amico Guy Pelly, il *Boujis* e il *Mahiki*, lo riebbero tra i clienti più affezionati, felicemente ebbro sulla pista da ballo, e mai da solo. Il più delle volte si trattava di compagne occasionali. Una di loro, un'affascinante brunetta brasiliana diciottenne di nome Anna Ferreira, fotografata con William in un locale di Bournemouth, fornì ai reporter un vivace resoconto dell'incontro ravvicinato: «Ha mani grandi, molto maschili. E certamente sa che cosa farci… Anch'io ero piuttosto sbronza».

Non poteva durare a lungo. Kate nel frattempo cercava di capire cosa fare della propria vita. Aveva lavorato qualche mese nell'azienda di famiglia e poi aveva accettato un impiego da Jigsaw, la catena di negozi d'abbigliamento molto popolare tra i giovani. L'11 aprile 2007, nel bel mezzo di una riunione con i colleghi, chiese scusa e si allontanò per rispondere a una chiamata di William. Si chiuse per più di un'ora in una sala conferenze fuori dalla portata delle orecchie altrui. Quando ne uscì, era tornata single.

Single ma non sconfitta. O almeno, non permise mai a nessuno di vederla come tale. Se il suo ex voleva divertirsi, lo stesso avrebbe fatto lei, anche senza l'aiuto di aitanti studenti brasiliani. Miss Middleton inaugurò una stagione di grande presenzialismo mondano. Mostre d'arte, gallerie, tour culturali, iniziative di beneficenza come la traversata della Manica in barca a remi con altre venti donne, per raccogliere fondi per i bimbi malati di cancro. E naturalmente tanta mondanità. Vacanze a Ibiza, da zio Gary. E a Londra, eccola di nuovo in pista, splendida e allegra, nei soliti locali del circuito degli *enfants gâtés*, compresi i night dell'ex nemico Guy Pelly, che le diede un ottimo consiglio disinteressato: lascia a Wills un po' di spazio.

Immagini e notizie sulla magnifica giovane donna che flirtava nei locali alla moda con miniabiti e stivali sopra il ginocchio raggiungevano costantemente i tabloid. E sicuramente anche il lettore a cui Kate teneva maggiormente. William, dal canto suo, sperimentava l'opposto di quello che aveva immaginato di ottenere con la separazione. Anziché fargli apprezzare nuove compagnie e offrirgli l'occasione di correre un po' la cavallina (secondo il noto consiglio di «zio Dickie» Mountbatten al giovane Carlo), la recuperata condizione di single si portò dietro uno spiacevole senso di solitudine e di perdita. Intanto, il corteggiamento di altre ragazze del solito circolo aristocratico si rivelò più complicato del previsto, perché molte in realtà annusavano, con buon istinto femminile, che la storia con Kate non era finita. E poi, in modo forse anche più decisivo, William avvertiva la mancanza della famiglia. Non la sua, quella dei Middleton. Che però, nell'arco dell'ultimo anno e mezzo, era arrivato a sentire come la «sua» vera famiglia.

I dodici mesi all'Accademia Militare gli erano sembrati molto più accettabili proprio grazie alle fughe di ogni fine settimana verso l'idilliaca magione dei Middleton nell'incanto della campagna del Berkshire. Ma non erano tanto gli esterni quanto gli interni ad attirare il giovane principe. Tra le mura accoglienti di Oak Acre William trovava quel calore famigliare che prima di allora non aveva mai conosciuto. Il venerdì sera dai Middleton era il sogno realizzato di una vita normale sempre apparsa irraggiungibile. E invece eccola lì, tra la cura materna di Carole e la paterna disponibilità di Michael, tanto più pronto di Carlo a prestare orecchio a certe confidenze del giovane cadetto. La partita di calcio seguita in tv stravaccati sui divani con una ciotola di pop-corn, il barbecue in giardino nelle belle giornate di sole, la corsa in quad per la campagna ondulata attorno al villaggio di Bucklebury... Un giorno i libri di storia avrebbero registrato che il futuro William V era stato il primo reale britannico a passare le vacanze ospite dei parenti acquisiti decisamente non reali, ma al momento per il giovane Windsor contava solo il benessere fisico e spirituale che quella vicinanza gli regalava. E che cominciò a mancargli come l'aria nel momento stesso in cui disse addio a Kate.

Addio, poi... In realtà, dopo la presunta ultima telefonata, le chiamate del principe ripresero presto, già in quello stesso mese di aprile e poi a maggio. Il giorno stesso in cui la separazione era diventata una notizia sui giornali, un anonimo amico dei Middleton, ben a conoscenza dell'intimità maturata tra la famiglia e William, aveva già profetizzato a Simon Perry, giornalista di *People*: «Non penso che sia davvero finita. Non credo che questa sia l'ultima volta che abbiamo visto quei due assieme».

Giusto dieci settimane e mezzo dopo la separazione, il 24 giugno 2007, Katie Nicholl sparò in prima sul *Mail on Sunday* la sua esclusiva mondiale: Wills e Kate di nuovo insieme, «*Are Dating Again*».

In effetti, rivelava Nicholl, la coppia era stata vista ballare allacciata stretta e baciarsi a una festa nella caserma di William a Bovington, nel Dorset. La descrizione della giornalista non si esimeva dai dettagli adatti a soddisfare il voyeurismo dei lettori: «Non riuscivano a tenere le mani lontane l'uno dall'altra», stando alle parole di un testimone-guardone. «Ma a William non importava che la gente stesse osservando. Verso mezzanotte, ha cominciato a baciarla e a limonare con lei. I suoi amici scherzavano, invitandoli a 'prendersi una camera'. E in effetti non c'è voluto molto prima che William riportasse Kate nel suo appartamento.»

Non si trattava solo di un passeggero ritorno di fiamma. Katie Nicholl aveva con ogni evidenza ottenuto un più alto imprimatur, da entrambe le parti interessate, quando spiegava che la rottura c'era stata «perché William non voleva impegnarsi in una relazione a lungo termine e, in definitiva, nel matrimonio», ma ora la situazione era cambiata e il principe «ha detto a Kate che è molto serio nel voler tornare assieme... Vuole che tra loro funzioni e ha detto che se si rimettono insieme, stavolta sarà una cosa seria». Per rafforzare il concetto, un amico di William sentì di dover confermare che «lui continua a dire che lei è una ragazza straordinaria e la migliore cosa che gli sia mai capitata. È assolutamente serio sul tornare assieme». E la paziente Miss Middleton? Sentiamo anche, per interposta Nicholl, la sua voce: «Lei sa che se si rimettono insieme non ci saranno marce indietro. Dovrà esserci un fidanzamento e poi il matrimonio».

La pazienza della futura Queen Catherine avrebbe avuto ancora qualche anno per esercitarsi. Tra gli impegni personali e quelli dinastici, gli imperativi della carriera militare e quelli del calendario reale, fu solo nell'ottobre 2010, in una vacanza-safari alle pendici del monte Kenya, sulle sponde del lago Rutundu, che William s'inginocchiò davanti alla sua quasi decennale fidanzata per chiederla finalmente in moglie offrendole quel certo famoso anello, uno zaffiro circondato da diamanti, indossato dalla madre. Poco più di sei mesi dopo, il 29 aprile 2011, William Mountbatten-Windsor portava all'altare Catherine Middleton nell'abbazia di Westminster. Allo sposo mancavano due mesi per il compimento dei ventinove anni, come dire che aveva concesso uno sconto rispetto all'intenzione di non convolare a nozze prima dei trenta. Il fastoso matrimonio dei futuri sovrani d'Inghilterra, in mezzo a una folla di un milione di persone che aveva invaso le vie di Londra, fu uno di quegli eventi memorabili che saldano periodicamente la vita della monarchia a quella dei sudditi.

E cosa ne è stato, nel frattempo, di fratello Harry?

Lo abbiamo lasciato di ritorno a Londra dalla sua seconda e ultima missione in Afghanistan, nel 2012. Profondamente choccato e demoralizzato dal fatto che la sua valente prova di soldato fosse stata offuscata dall'ennesimo scandalo pompato dai tabloid, la storia del *billiard strip* a Las Vegas pubblicata dal *Sun*. In quel momento se ne sentiva profondamente offeso ma qualche anno dopo avrebbe confessato pubblicamente che in quel periodo, nell'ultimo biennio dei suoi vent'anni, la sua vita era inavvertitamente scivolata «in un caos totale. Non capivo che cosa ci fosse di sbagliato in me. Probabilmente sono stato vicino a un crollo completo in numerose occasioni».

Come sempre, fu il fratello maggiore, anche se ormai maritato e con la responsabilità di una famiglia che cresceva, a correre in suo soccorso. «Mio fratello fu un'enorme benedizione», ha raccontato Harry ad Angela Levin. «Continuava a dirmi: 'Non è giusto, non è normale, devi parlare con qualcuno di queste cose'.» Il consiglio di William fu di rivolgersi a uno specialista del disagio psichico, e il suo aiuto fu doppiamente prezioso, proprio perché in tandem con Kate si era già impegnato a fondo sul tema della salute mentale, diventando anche ambasciatore della *charity* Heads Together, Teste Assieme. Perciò fu anche in grado di suggerire al cadetto lo specialista giusto.

«Cominciai ad avere qualche conversazione», ha ricordato Harry nel 2017, «e di colpo tutto il dolore che non avevo mai elaborato iniziò a venire fuori e allora pensai: Qui c'è un sacco di roba che devo affrontare.» Molto naturalmente, il «sacco di roba» aveva a che fare con la tragedia della madre, in quell'ormai lontano 1997. Ma non solo, c'erano anche i traumi dell'infanzia con cui fare i conti. Semplicemente Harry si rese conto, come confessò lucidamente, che aveva «ficcato la testa nella sabbia, rifiutando di pensare a mia madre perché, ecco, a che serviva tutto quel dolore?... E così ero il tipico ventenne, venticinquenne, ventottenne che se ne andava in giro ripetendo: 'La vita è grande, la vita è bella'». Solo che non lo era veramente, e i ripetuti fallimenti sentimentali stavano lì a dimostrarlo.

Nella girandola di belle figliole che avevano fatto la loro comparsa accanto al principe rossocrinito in quegli anni di turbolenta giovinezza, ce ne sono due che si staccano nettamente, per intelligenza, lealtà e determinazione, dal resto della truppa. La prima è Chelsy Davy, una bella avvocatessa bionda nata nello Zimbabwe, che Harry aveva incontrato ancora negli anni della scuola. Chelsy aveva frequentato la Stowe School, dove le sue amiche conoscevano qualche ragazzo della vicina Eton, e così aveva incontrato il principino. Chelsy era allegra, estroversa ma anche tenace e determinata, una vera roccia a cui Harry poteva confidare le sue fragilità e alla quale tenersi aggrappato. Nel 2005, alla festa per il suo ventunesimo compleanno, la elogiò pubblicamente con parole entusiastiche: «Vorrei dire a tutti quant'è straordinaria. Ma una volta che comincio a parlare di questo, mi accorgo che non finisco più».

All'inizio della storia, questa solida «africana bianca» che aveva lasciato la sua scuola a Città del Capo per volare accanto a Harry all'epoca dello «scandalo dell'hashish» – le fumatine con gli amici della Glossy Posse –, sembrava disposta a pagare la pesante ipoteca sulla vita privata imposta dalla relazione con un reale. Paparazzi e reporter la seguivano dappertutto, e ogni volta che tornava in famiglia in Sud Africa si accorgeva che i fotografi piazzavano addirittura microspie e segnalatori di posizione sulla sua macchina. Ma Chelsy era decisa a non mollare. Al ballo di fine corso a Sandhurst, nell'aprile 2006, quando il Cadetto Wales uscì dall'Accademia con il grado di sottotenente, lei gli era accanto raggiante, volteggiando con lui per la sala in competizione con la coppia William-Kate. Ma mentre Kate fu in grado di resistere alla tremenda pressione esercitata da stampa, pubblico e famiglia, Chelsy tenne duro ancora qualche anno e alla fine si arrese. Paradossalmente, fu proprio il successo della cognata mancata a spingerla a gettare la spugna. Stando a un'amica, lei disse a Harry che non sarebbe mai riuscita a fare i sacrifici che aveva visto fare a Kate, particolarmente quello di modellare la propria esistenza secondo l'incessante attenzione della stampa.

Fuori Chelsy, dentro Cressida. Questa sottile, raffinata, colta giovane donna è la ragazza importante numero 2. Cressida Bonas proviene per parte di madre da una delle grandi famiglie d'Inghilterra, i Curzon, che hanno espresso tra Otto e Novecento uno dei più importanti viceré britannici dell'India. Modella e attrice emergente, Miss Bonas è stata la ragazza dello «Spare» tra il 2012 e il 2014, e decisamente non gradiva i commenti che si sentiva mormorare alle spalle quando camminava per le strade di Londra. Riecheggiando le parole della suocera che non avrebbe mai avuto, anche lei come Diana sentiva che la relazione reale la chiudeva «in una scatola». Che alla fine ruppe nel 2014, pure lei ammaestrata – o piuttosto terrorizzata – dall'esperienza che vedeva vivere a William e Kate. Le scene del loro tour australiano e neozelandese quell'anno, con il bebè George in scia, la lasciarono di sasso. Disse a Harry che non era quello il modo in cui lei pensava di godersi, un giorno, il suo bambino di otto mesi e con molto rammarico uscì anche lei di scena.

Se, oltre alla dolorosa rinuncia alla vita privata, tra le ragioni del doppio abbandono andassero annoverate anche certe debolezze del principe – tipo la sua attitudine al *billiard strip* – non è dato sapere. In merito, entrambe le signorine mantennero allora, e anche oggi, la massima discrezione, almeno in pubblico. Ma con gli amici Cressida si lasciò andare a un'ammissione a mezza bocca sulla nevrotica ossessione di Harry nei riguardi di media e giornalisti. E un altro indizio si potrebbe considerare il suo criptico post pubblicato su Instagram nel 2017, all'annuncio del fidanzamento del principe con Meghan Markle: «Non importa quanto colto, talentuoso, ricco o seducente credi di essere, è come tratti la gente che in definitiva dice tutto di te».

Per pesanti che fossero le disfatte amorose, ormai arrivato ai trent'anni Harry aveva tuttavia più di qualche ragione di soddisfazione per quello che era riuscito a realizzare nella sua non lunga esistenza. Poteva essere orgoglioso dei risultati raggiunti sotto le armi, della stima e considerazione che il suo coraggio gli aveva guadagnato. E ancora di più aveva da congratularsi con se stesso per il successo delle sue iniziative benefiche, dalla crescita costante della *charity* Sentebale allo straordinario impatto prodotto dalle Olimpiadi per i veterani invalidi di guerra, gli Invictus Games che avevano esordito su suo impulso a Londra. Come suggeriva la parola latina che aveva scelto per la competizione, anche lui – a dispetto di cadute e difficoltà – poteva considerarsi «imbattuto». La terapia personale intrapresa su consiglio del fratello sembrava funzionare, eppure gli pareva che i conti della sua vita non tornassero.

Sulla colonna delle perdite doveva annotare il venir meno dei suoi principali fattori di stabilità, che erano sostanzialmente due. L'esercito: erano stati anni esaltanti ma Harry sentiva che la carriera militare non poteva più portarlo da nessuna parte, e si era pertanto risolto ad andare in congedo permanente. E, soprattutto, il fratello. Non che William gli avesse voltato le spalle, o meditasse di farlo. Molto più semplicemente, e ovviamente, il matrimonio con Kate aveva alterato la vecchia equazione. Com'è naturale, il duo inseparabile non era più William e Harry, ma William e Kate: il fratello minore perdeva a vantaggio della moglie il ruolo del compagno, del confidente e anche del consigliere. Nel cammino appena intrapreso ufficialmente, che lo avrebbe portato un giorno sul trono più antico d'Europa, Wills era accompagnato da una Kate sempre più consapevole della sua parte, e chiaramente candidata a diventare il personaggio più popolare della casa dei Windsor una volta concluso il lunghissimo regno di Elisabetta.

Né per Harry si trattava soltanto di una «retrocessione» sul terreno dei rapporti personali. Con la nascita del piccolo George, nel 2013, il cadetto aveva perso anche lo status ufficiale di *spare heir* e il suo posto nella linea di successione sarebbe stato ulteriormente spinto verso il basso dalla nascita, nel giro di pochi anni, di Charlotte e Louis.

Il trono era sempre più lontano e l'esercito non era più un porto sicuro. Né l'abituale vita di feste sembrava più tanto affascinante. Che cosa restava da fare al principe inquieto che era stato per anni il beniamino del regno? Quale direzione dare alla propria esistenza, in che modo riempire il vuoto di scopi e di affetti che sembrava minacciarla come non mai? Nemmeno lui poteva certo sospettare che la risposta sarebbe venuta da lontano.

16
Un'(altra) americana a Londra

Il minimo che si possa dire, con il senno di poi, è che le divorziate americane non portano bene alla casata dei Windsor. Eppure, l'accoglienza riservata dai membri più importanti della famiglia alla signorina Meghan Markle, trentacinquenne attrice americana fresca divorziata dal produttore Trevor Engelson, era stata calorosa al limite dell'entusiasmo. Quando Harry gliel'aveva presentata, in un momento imprecisato tra la tarda estate e il primo autunno 2016, Carlo aveva subito concesso la sua paterna benedizione, e la nonna regina si era mostrata assolutamente deliziata di vedere l'irrequieto nipote «in una relazione amorosa stabile». Passati i tempi in cui Sua Maestà fissava criteri decisamente più rigidi per le unioni dei suoi discendenti. Il fallimento di tre matrimoni su quattro dei figli le aveva probabilmente insegnato che la miglior politica era quella di lasciar decidere i diretti interessati.

Harry, a trentadue anni, era evidentemente ansioso di esercitare il diritto di scelta. Solo un anno prima, nel 2015, aveva confessato pubblicamente di essere alla ricerca di una compagna di vita, non solo di letto: «Arriva un momento in cui pensi: Bene, adesso è tempo di sistemarsi». Visto che tra le donne che conosceva bene – modelle, attrici e aristocratiche del jet-set londinese – non riusciva a individuare l'anima gemella, a inizio luglio 2016 il principe ex scavezzacollo decise di accettare il *blind date*, l'appuntamento al buio propostogli da un'amica. La prescelta era per l'appunto Meghan Markle, e nessuno ci ha mai rivelato se Harry le avesse comunque dato prima una sbirciatina, magari in una di quelle scene di sesso alquanto torrido da lei interpretate nel ruolo di Rachel Zane, stella della serie televisiva americana *Suits*.

Quanto a Meghan, avrebbe dichiarato in seguito alla BBC «di non sapere molto di lui», il che suona abbastanza strano visto l'interesse che, secondo le amiche, avrebbe sempre manifestato verso i Windsor. All'amica che proponeva l'incontro chiese tuttavia solo una cosa, stando ai suoi ricordi: «Va bene, ma è simpatico? Perché se non era un tipo gentile, allora la faccenda non sembrava aver senso».

Stando al racconto dei biografi semiufficiali di Meghan, Omid Scobie e Carolyn Durand, a organizzare l'incontro con il principe erano stati i suoi buoni amici Misha Nonoo e Markus Anderson, che erano anche conoscenti di Harry. L'attrice americana non sembrava tanto convinta e anche Misha non si avventurava in previsioni: «Pensiamo solo a mettervi insieme in una stanza e vediamo che succede». Con alcune delle sue conoscenze londinesi Meghan si spinse a scherzare sull'interesse per qualche «simpatico gentiluomo inglese con cui flirtare», ma fu solo con la sua agente britannica Gina Nelthorpe-Cowne che infranse il segreto. A pranzo con lei il 1° luglio al ristorante *The Delauney*, a Covent Garden, le anticipò: «Stasera vado a un appuntamento al buio».

«Con chi? Lo conosco?» chiese eccitata l'agente.

Non meno eccitata, Meghan lasciò scivolare il nome in un bisbiglio. «Sono sicura che lo conosci. È il principe Harry.» Seguì comprensibile sbalordimento dell'amica, e la saggia inevitabile domanda: «Hai idea della cosa in cui stai per cacciarti?» «Beh, sarà un'esperienza. Almeno sarà stata una serata divertente», ribatté Meghan a cuor leggero. La sua agente, prosegue il racconto, cercò di metterla in guardia, soprattutto sull'ossessiva copertura che i tabloid inglesi riservavano a chiunque si azzardasse a far coppia con un reale: «Sarai la donna *most wanted* al mondo».

Meghan sorrise, scrollò le spalle e la sera si presentò come stabilito all'appuntamento alla Soho House, una catena di club privati molto di moda tra le élite cosmopolite costantemente in viaggio tra New York, Londra e altre grandi capitali europee (ne hanno aperto uno anche a Roma). Harry, com'è risaputo, passò a vele spiegate l'esame simpatia e a fine serata l'identica domanda affiorò sulle labbra di entrambi: che facciamo domani? Dobbiamo vederci di nuovo. Com'è noto, non si sarebbero più lasciati, e al giornalista che gli chiese, durante la *photo op* per l'annuncio del fidanzamento sedici mesi dopo, quando aveva deciso che Meghan era quella giusta, il principe rispose senza esitazione: «La prima volta che l'ho vista». Piuttosto diverso dal «*Whatever in love means*», Qualsiasi cosa significhi essere innamorati, pronunciato dal padre Carlo in analoga occasione trentasei anni prima...

Con queste premesse, anche il naturale approdo della storia d'amore non poteva seguire che allo stesso tempo di marcia. Nessun problema per papà e nonna, più che felici entrambi di vedere lo «scapestrato» finalmente sistemato. In occasione del trentaduesimo compleanno di Harry, in un week-end di caccia a Balmoral, Meghan fu presentata al principe del Galles, che la trovò «totalmente affascinante, assolutamente deliziosa». Carlo aderì con prontezza alla richiesta di mantenere il segreto totale sulla relazione, ma già a fine ottobre l'innamorato presentava la fidanzata a un certo numero di parenti su entrambi i lati della famiglia e anche agli amici più cari, come Tom Inskip e Guy Pelly. Lui del resto era al settimo cielo, convinto che «Meghan fosse caduta nella sua vita, e lui nella sua». Avrebbe detto in seguito: «È stato proprio un allineamento di tutte le stelle».

Stranamente, fu proprio il fratello a conoscere per ultimo la prescelta, nonostante vivessero a pochi metri di distanza, entrambi a Kensington Palace. «Harry aveva paura che per qualche ragione lei potesse non piacere a William, o comunque che lui non approvasse», confidò poi un amico comune del principe e della cugina Eugenie, la figlia del duca di York. «William può essere molto rigido, un vero tradizionalista. Ma la sua opinione significa tutto per Harry.» Alla fine, il 30 ottobre 2016, il *Sunday Express* pubblicò in prima pagina tutta la storia, e a quanto pare il futuro re aveva appena finito di leggere il giornale quando Harry e Meghan bussarono alla sua porta.

Lei, come avrebbe poi confidato, era terrorizzata. Temeva di essere «sottoposta a una specie di terzo grado», perché era ben consapevole di essere molto lontana da quel che si definisce tipico «materiale matrimoniale» per un principe del regno. Si aspettava inoltre che il primogenito fosse «protettivo» nei confronti del minore, «come ogni buon fratello dovrebbe essere». I suoi timori sembrarono però infondati. Quello che contava per William era che Meghan rendesse felice il fratello, come appariva evidente, e di questo le era grato. Perciò l'accoglienza fu calorosa, con baci sulle guance e tè in cucina e tutto il resto. Mancava solo Kate, in campagna nel Norfolk con i bambini.

Ma l'attrice americana aveva ragione a temere difficoltà proprio da dove Harry, probabilmente, meno se l'aspettava. Il fratello maggiore, il suo sostegno di sempre. Il fatto è che l'origine del problema stava proprio in questo rapporto. La relazione tra i due era sempre stata così simbiotica e scevra di secondi pensieri che ognuno non aveva mai esitato a parlare sinceramente con l'altro, senza timore di apparire offensivo. Ma questo poteva accadere finché il loro affetto reciproco rimaneva pressoché esclusivo, non nel momento in cui entrava in gioco il sentimento d'amore per un'altra persona.

Soprattutto se, come nel caso di Harry, la passione aveva preso le forme di un'autentica ossessione verso l'oggetto delle sue attenzioni. O almeno così sembrava a William, che in visita a Clarence House manifestò al padre tutto il suo sbalordimento: «È una cosa che non ho mai visto». Lo sconcerto dell'erede nasceva anche da un'altra ragione. Si era appena calato nel ruolo di «reale a tempo pieno», e come nel suo carattere, «se lo faccio, lo faccio al cento per cento», disse al suo segretario. Ma non aveva nessuna intenzione di immergersi nel lavoro senza un analogo, pieno impegno del fratello, che sfortunatamente però sembrava completamente assorbito e distratto dal nuovo amore.

La «guerra delle cognate» che, secondo la vulgata successiva, avrebbe avvelenato anche il rapporto tra i fratelli, è secondaria rispetto alle riserve nutrite da William per tutt'altre ragioni. Anzi agli inizi, non solo l'erede – come abbiamo appena visto – ma anche Kate accolsero la nuova arrivata americana con simpatia e sincero calore. La duchessa di Cambridge in particolare era troppo accorta per non capire che a entrambe, tutte e due outsider rispetto all'ambiente reale, conveniva essere amiche piuttosto che avversarie. No, la frattura si produsse quando il primogenito, come ha testimoniato più di un amico, disse chiaramente a Harry che secondo lui andava un po' troppo di fretta: «Sei sicuro?» gli chiese suscitando il piccato risentimento del Ricambio (ormai nemmeno più tale).

Nel settembre 2017 era ormai evidente che Harry e Meghan correvano verso l'altare, ad appena un anno dal primo incontro. William si era autoimposto un'attesa quasi decennale «per conoscere meglio» l'amata Kate, o piuttosto per sottoporla a un vero stress test. Perciò gli sembrava incomprensibile che Harry volesse precipitarsi a testa bassa verso il matrimonio senza curarsi di prendere le misure precise dell'«oggetto sconosciuto» appena incontrato. Invitò il fratello per un drink a Kensington Palace e gli parlò chiaro, come avevano già fatto gli amici intimi: «Kate e io pensiamo che Meghan sembri una ragazza adorabile, ma perché affrettare le cose? Lei sa davvero in che cosa si sta mettendo? Prenditi tutto il tempo necessario per conoscere veramente questa donna». Come si vede, fu abbastanza abile da presentare le proprie riserve rivestendole di apparente preoccupazione per l'impatto che l'ingresso nella famiglia Windsor avrebbe avuto sulla sposa americana, così distante dal loro mondo. A dare credito a quanto scrisse Emily Andrews sul *Sun*, «lui voleva giusto sottolineare che diventare parte della famiglia reale è un impegno ingente, la pressione e lo scrutinio a cui si è sottoposti sono incessanti. Meghan era quella giusta?»

Il dubbio, che risulterebbe inaccettabile per qualunque innamorato, fece montare una rabbia sorda nel fratello più piccolo. Era troppo scoperto l'espediente retorico perché lui potesse credere che la genuina preoccupazione di William fosse per Meghan piuttosto che per le fortune della *Royal Firm*, la «Ditta Reale» che si apprestava a ereditare. Perciò la reazione fu quella che ci si poteva aspettare: un brusco invito a farsi i fatti suoi, a conclusione di alcuni scambi di opinioni – diciamo così – alquanto pepati. E qui William commise un errore ancora più grave. Si rivolse allo zio Charlie Spencer perché lo aiutasse a convincere Harry. Ora, è vero che in tutti quegli anni dalla morte di Diana il fratello della principessa era più volte intervenuto a sanare piccole incomprensioni famigliari, ma in tema di matrimoni difficilmente poteva passare per la voce della saggezza, considerata la sua fama di adultero seriale e le tre mogli in rapida successione.

Com'era da attendersi, il suo intervento provocò solo una nuova esplosione di furia da parte di Harry, che non era però diretta contro lo zio ma contro chi lo aveva trascinato nella diatriba famigliare. Ovvero William. È precisamente a questo snodo della storia che occorre far risalire la prima, vera, seria frattura tra i due fratelli che fino ad allora avevano dato vita in nome della madre a un *double act* – un duetto – di sicuro successo, proprio perché autentico. Per la prima volta le ammonizioni del primogenito incrinavano quell'armonia, perché – come riportava Emily Andrews sul *Sun* – lui disse chiaramente al cadetto che «non sapevano niente sul retroterra di Meghan, le sue intenzioni, quello che lei realmente era».

Questi impliciti sospetti sulla donna che amava costrinsero Harry a chiedersi che cosa William avesse veramente più a cuore, se la sua felicità o i rischi potenziali di quel matrimonio per la Corona. Per converso, il futuro re fu indotto a domandarsi fino a che punto l'arrembante americana, che lo staff di Palazzo aveva già soprannominato *Me-gain* (Il mio tornaconto), avesse trasformato il fratello minore in una persona differente, e dove adesso si sarebbero collocate, in ultima analisi, le sue lealtà. Da quel momento, e nonostante le apparenti rappacificazioni e le pubbliche esibizioni di armonia, tra i due si sarebbe stabilita la cesura che a tutt'oggi è ben lontana dall'essere sanata. Anche se il rifiuto di entrambi di lasciarsi trascinare in un gioco pubblico di accuse e recriminazioni testimonia di una tenace persistenza del sentimento fraterno.

Per molti mesi, d'altronde, il comportamento di tutti i personaggi coinvolti rispettò la massima dello show business applicata alla monarchia: *The show must go on*. E questo accadde, a dispetto dei conflitti dietro le quinte. Alla fine di febbraio 2018, tre mesi prima del matrimonio a Windsor Castle, William, Kate, Harry e Meghan apparvero assieme sul palco per la prima volta per lanciare il Royal Foundation Forum. Si trattava del «braccio» operativo che i figli di Diana avevano creato nel 2011 per coordinare l'eredità benefica della madre e la loro personale attività filantropica sui tre principali filoni d'interesse: i veterani di guerra, l'assistenza all'infanzia e l'ambientalismo. Negli anni, questo impegno si era esteso a una quarta buona causa, la salute mentale, e adesso Meghan programmava di aggiungere a quelle attività una specifica dimensione femminista. Harry le diede il benvenuto dicendosi «incredibilmente orgoglioso ed eccitato che la mia futura sposa, che è egualmente appassionata al progetto di un positivo cambiamento nel mondo, presto si unirà a noi in questo lavoro».

Il saluto ufficiale toccò ovviamente a William, che si dichiarò «deliziato» per l'ingresso di Meghan nel team famigliare, guadagnandosi il convinto e caloroso applauso di Kate. Fu, da parte di tutti loro, una recita esemplare, che assicurò subito al quartetto il plauso dei tabloid e il nomignolo affibbiato ai leggendari Beatles: *The Fab Four*, i Favolosi Quattro. Ma era davvero oro tutto quel che luccicava? I cronisti più maliziosi cercarono di saggiarlo proprio in quella circostanza. «Lavorando assieme come famiglia», chiese uno non troppo convinto, «avete mai avuto disaccordi su qualcosa?» Seguirono risatine imbarazzate, le donne che guardavano per terra, Harry che afferrava la mano di Meghan come per soccorso, e finalmente William che parlava per tutti. «Oh, sì», fu la risposta secca e puntuta, provocando il fratello a intervenire in maniera più giocosa: «Molte volte».

«Ma i disaccordi sono stati risolti?» insistette il cronista. E Harry fu costretto a tornare serio: «Penso che sia davvero un bene che noi abbiamo quattro personalità diverse. Ma abbiamo tutti la stessa passione, vogliamo fare la differenza... Lavorare come famiglia presenta naturalmente le sue sfide. Ma noi resteremo insieme per il resto della nostra vita». Ah, le promesse a cuor leggero…

Infine, toccò a Meghan chiarire, come quarta fiduciaria del Trust, in che direzione voleva indirizzare il suo contributo specifico. Aveva idee molto chiare: estendere l'intervento della Fondazione a sostegno del movimento di valorizzazione delle donne nato negli Stati Uniti sull'onda dello scandalo sessuale causato dal produttore cinematografico Harvey Weinstein. «Proprio adesso», disse non meno assertiva della sua Rachel Zane in *Suits*, «con così tante campagne come Me Too e Time's Up, non c'è momento migliore per continuare a proiettare una luce sull'ambizione delle donne a essere valorizzate e sul lavoro delle persone che le sostengono.» Tutti annuirono convinti, come richiedeva la moda del momento dominata dalla giusta indignazione per le sopraffazioni sessuali denunciate dal Me Too. Pochi forse fecero caso al riferimento a Time's Up, un'organizzazione di assistenza legale fondata solo il mese prima con una dotazione di 13 milioni di dollari e un obiettivo preciso: combattere per una legislazione più severa in grado di disciplinare e punire le società troppo «morbide» nei confronti delle molestie sessuali. Il fatto è che legislazione vuol dire politica, e se c'è una cosa assolutamente tabù per la famiglia reale inglese è precisamente il possibile coinvolgimento in una disputa politica, non importa quanto giusta sia la causa per cui possa schierarsi. Semplicemente, il trono non deve prendere parte. Mai. Quando tutti avrebbero compreso l'implicazione delle parole di Meghan, sarebbero cominciati i guai.

Per il momento, le frizioni nascevano su problemi molto più spicci, da tipica fiera delle vanità. Ma in fin dei conti, anche comprensibili. Quale sposa non è nervosa alla vigilia delle nozze? I primi problemi nacquero per via delle damigelle, scelte ovviamente tra le fanciulle dell'aristocrazia e della stessa famiglia reale. A cominciare dalla piccola Charlotte, la figlia di tre anni dei duchi di Cambridge. Alle prove del matrimonio, qualche settimana prima della data fissata – il 19 maggio –, con la bimba si presentò ovviamente anche mamma Kate, e con Meghan furono subito scintille. Lei voleva che le bambine chiamate a sorreggere lo strascico sfilassero con le gambe nude, Kate pensava invece che in un'occasione così formale anche loro dovessero indossare le calze. Come dimostrano le immagini delle nozze, naturalmente l'ebbe vinta la sposa americana, dopo scambi d'opinioni così accaldati da rasentare il diverbio. Ma certo non aveva alcuna chance di prevalere con la successiva antagonista. L'oggetto del contendere, stavolta, era la tiara nuziale. All'inizio del 2018 Sua Maestà, che non perdeva occasione di mostrare la propria simpatia verso la nipote acquisita, l'aveva invitata a visitare con lei la sua collezione di gioielli personali, accumulati da generazioni di antenati, generalmente ritenuta la più favolosa e preziosa del mondo. In quell'occasione la regina le anticipò l'intenzione, come da tradizione per le spose reali, di prestarle per la cerimonia delle nozze una delle fantastiche tiare che sono i pezzi forti di questo tesoro. Gli occhi, e i desideri, di Meghan si fermarono estasiati su una di quelle corone. E a questo punto della storia le versioni di quanto accadde divergono.

Secondo i biografi Scobie e Durand, nella circostanza Meghan fu vittima di uno dei tanti episodi della guerra sotterranea dichiaratale dalla vecchia guardia di Corte. La colpevole nello specifico sarebbe Angela Kelly, sarta privata di Elisabetta II ma soprattutto sua confidente e «guardiana dei cancelli», la donna che concede o rifiuta l'accesso alla sovrana. E anche la custode dei gioielli. Proprio lei avrebbe dovuto mettere a disposizione di Meghan, per una prova con il parrucchiere arrivato appositamente da New York, il famoso *bandeau* Cartier di diamanti in stile art déco realizzato per la regina Mary. Ma una Kelly molto dispettosa avrebbe continuato a tergiversare finché non fu lo stesso Harry a intervenire furioso, pronunciando la frase che ha finito con il racchiudere più di ogni altra il carattere della moglie: «*What Meghan wants, Meghan gets!*» Quel che Meghan vuole, Meghan ottiene.

Un'altra versione accreditata dallo storico Robert Lacey, e non smentita dal Palazzo, racconta invece che la tiara desiderata da Meghan non era quella della regina Mary, poi effettivamente esibita, ma un altro favoloso pezzo della collezione: il diadema di smeraldi di squisita fattura arrivato, con altre meraviglie di alta gioielleria, «dalla Russia».

La vaghezza dell'indicazione di origine cela in verità uno dei segreti più imbarazzanti dei Windsor: l'acquisizione a prezzi stracciati dei gioielli degli zar, o strappandoli per un tozzo di pane agli stessi parenti russi in fuga dalla rivoluzione o acquistandoli per cifre irrisorie sul mercato nero alimentato dai bolscevichi. Nell'uno e nell'altro caso, si trattò di attiva partecipazione alla spoliazione degli sfortunati cugini Romanov. Il diadema di smeraldi, in russo *kokoshnik*, tanto bramato da Meghan aveva adornato l'acconciatura della granduchessa Xenia, sorella dell'ultimo zar Nicola II e cugina diretta di re Giorgio V d'Inghilterra, marito dell'avida regina Mary. Xenia era riuscita a fuggire assieme alla madre, la zarina vedova Maria Fedorovna, dalla Russia in Inghilterra con i preziosi smontati e cuciti nell'orlo delle gonne. Salvati dalle grinfie dei rivoluzionari, erano poi finiti per pochi soldi in quelle dei parenti inglesi. Ecco la ragione per cui la tiara di smeraldi veniva esposta al pubblico solo molto raramente, e preferibilmente mai. Indossarla il giorno delle nozze non sarebbe convenuto né a Meghan né ai Windsor. Ai giornali non sarebbe certo sfuggita la sua origine, la scia di sangue che si portava dietro e il modo poco onorevole in cui la famiglia reale ne era venuta in possesso.

Se Harry fosse stato meno ignorante di storia in generale e di quella famigliare in particolare, non se la sarebbe presa tanto di fronte al rifiuto di Angela Kelly, su evidenti ordini superiori, di concedere l'uso del *kokoshnik*. Invece, come spesso gli accadeva quando riceveva dei no dal Palazzo, prese la risposta per un affronto personale derivante da pregiudizi verso di lui e la promessa sposa, e alla presenza di sarti, valletti e gioiellieri si lanciò in una spettacolare tirata, conclusa (anche in questa versione) dall'ormai celebre battuta: «*What Meghan wants, Meghan gets*».

Non questa volta. Quando inevitabilmente la frase raggiunse le orecchie di Sua Maestà, la sua replica fu lapidaria. «Meghan non può avere qualsiasi cosa desideri. Lei avrà la tiara che *io* le darò.» Anche perché Elisabetta aveva già promesso alla nipote Eugenie, figlia del prediletto Andrea, di prestare a lei il diadema russo per il suo matrimonio, e trattandosi di un affare molto più riservato, quasi privato, il gioiello difficilmente sarebbe stato notato. L'attrice americana dovette inchinarsi. Se era sbarcata a Londra aspettandosi la parte di protagonista, l'incidente le ricordò ben presto che l'istituzione in cui si apprestava a entrare era fondata sulla gerarchia, e a lei era toccato un ruolo di contorno.

Il fatto è che già in queste prime schermaglie appariva evidente il contrasto tra due mentalità diametralmente opposte. Da una parte c'era l'aspirante celebrità di Hollywood, che avendo già raggiunto un certo grado di successo credeva che niente le fosse più precluso e ogni sua volontà dovesse essere esaudita. Dall'altro, tradizioni e valori del Vecchio Mondo, e particolarmente della sua istituzione più vetusta e anacronistica, la monarchia, che venerava come canoni della legge i riti della gerarchia, delle precedenze, del protocollo. In ogni caso, anche se qualcuno avesse riconosciuto l'inevitabilità della rotta di collisione, sarebbe stato comunque troppo tardi per tornare indietro.

E poi, non c'era nessuno in Gran Bretagna che non desiderasse fortemente che il progettato matrimonio fosse un successo. Ancor più dei semplici lettori dei tabloid, erano le élite ad augurarsi che questo avvenisse. I circoli reali, aristocratici, politici, ecclesiastici, mediatici avevano investito e scommesso su quell'unione. William, e qualche saggio ma silente cortigiano, avranno pure avuto le loro riserve, centrate soprattutto sull'eccessiva celerità impressa alle nozze. Ma erano rimaste circoscritte ad ambienti ristretti, mentre su impulso della regina tutta la famiglia reale e la Corte si erano buttate a capofitto per fare dell'evento un trionfo televisivo planetario, capace di far dimenticare le tante pecche della Casa Reale (e lo sarebbe stato, con un miliardo e novecento milioni di spettatori nel mondo).

Per i lunghi mesi tra il fidanzamento e la cerimonia nella cappella di St George a Windsor, giornali e uffici stampa furono inondati di racconti «di fonti reali» che esaltavano tutte le virtù di Meghan, la sua intelligenza (indubbia), la sua determinazione (altrettanto), il suo fascino, la sua vivacità, il senso dello humour e la dolcezza e lo stile e la bellezza. E la sua discendenza. Tutte le cose meravigliose che si potevano dire di lei erano particolarmente esaltate da quest'ultima peculiarità: la sua eredità afroamericana. Era non solo americana, e quanto a questo colta e perfino con una patina di sofisticazione così apprezzata dai britannici, ma soprattutto americana di colore. La regina, ben nota per lo spirito arguto, ci aveva perfino scherzato con un'amica: «Mr Corbyn», il leader laburista e antimonarchico, «troverà molto più difficile sbarazzarsi di noi adesso che Meghan è entrata in famiglia».

Era un modo scherzoso per manifestare un'importante verità. L'identità birazziale dell'americana consentiva alla monarchia di riflettere e rappresentare meglio la composizione multiculturale e multietnica della Gran Bretagna contemporanea, come provarono del resto le esplosioni di gioia il giorno del matrimonio nei quartieri più poveri e «colorati» di Londra, da Brixton a Tottenham. Fosse stata semplicemente un'attrice californiana di medio livello di una popolare serie televisiva, ma bianca, l'impatto sarebbe stato infinitamente minore. D'altronde, c'erano già stati matrimoni analoghi in altre case reali europee, da quella danese alla monegasca, e perfino due rampolli dei superbi Asburgo avevano impalmato ragazze dell'Africa subsahariana. Molti inglesi pensavano che fosse tempo anche per i loro reali di imitare i cugini europei, e i consiglieri di Elisabetta erano convinti che l'arrivo in famiglia di una discendente di razze un tempo oppresse avrebbe mandato un segnale positivo non solo al Paese ma anche a tutto il Commonwealth.

È vero, quei contrasti prima delle nozze potevano forse risultare allarmanti. Ma tutti preferirono attribuire capricci e scenate della «diva» all'inevitabile nervosismo prematrimoniale. Non è forse comprensibile la tensione che si accumula sul capo di una sposa? Il pubblico comunque non ebbe sentore di alcuna frizione. Il giorno del matrimonio Meghan era radiosa, sfoggiando sui folti capelli neri un meraviglioso pezzo di gioielleria qual è il *bandeau* Cartier, una corona di platino composta di undici sezioni di diamanti uno più scintillante dell'altro, e al centro uno spettacolare fiore di brillanti. Non era lo sfavillio di gioielli a mancare a Meghan mentre avanzava sola lungo la navata di St George a Windsor, ma il braccio del padre a cui appoggiarsi.

17

Matrimonio «afro» a St George's Chapel

FINO alla primavera del 2018, il pubblico affamato di dettagli sulla vita della futura sposa di Harry aveva imparato che era sì una *self-made woman* e tuttavia, a dispetto della sua autorappresentazione come donna che si era fatta da sé, la stessa protagonista dell'impresa ammetteva di essere stata una *daddy's girl*, una cocca di papà. Che cosa improvvisamente trasformò in un orco questo tenero e affezionato padre?

Inizialmente le reazioni di Thomas Markle all'annuncio del fidanzamento principesco segnalano l'orgogliosa soddisfazione di un uomo comune dinanzi alla prospettiva di una figlia chiamata a vivere una favola vera. «Penso che sia meraviglioso», disse Markle senior nel novembre 2017. «Credo che siano una bellissima coppia e sono molto felice per loro, Meghan e Harry… Amo molto mia figlia. E Harry è un *gentleman.*» Meghan, stando ai suoi stessi resoconti, aveva tenuto il padre costantemente al corrente dello sviluppo della relazione con il principe e si era anche premurata di presentarglielo al telefono. Questa stretta relazione confliggeva con il quadro dei legami famigliari che lei stessa aveva dipinto al suo innamorato.

Harry era chiaramente sedotto dall'immagine di forza e determinazione che lei gli aveva trasmesso sin dal primo incontro, e che cercava di rafforzare con il racconto di un'infanzia e un'adolescenza molto più deprivate di quanto fossero state in realtà. In questa descrizione, il ruolo del padre veniva per forza sminuito e perfino i suoi sforzi economici per offrire alla figlia un'educazione di buon livello erano pressoché cancellati. Nella versione di Meghan, non era stato Thomas Markle a pagarle gli studi all'Università dell'Illinois, ma era stata lei stessa a finanziarsi con grandi sacrifici e impegnandosi in ogni genere di lavoretti mal pagati.

A dare credibilità a questa fantasiosa rappresentazione contribuiva certamente la difficile situazione economica in cui gli ultimi tempi avevano precipitato Markle padre. A settantatré anni, scarseggiando il lavoro ed esaurite le vincite (che avevano tanto contribuito alla scuola privata di Meghan), l'ex direttore delle luci a Hollywood era stato costretto a trasferirsi a sud della frontiera californiana, nella modesta cittadina vacanziera di Rosarito, nel nord-ovest del Messico. La figlia si era preoccupata di dargli una mano con ripetute elargizioni, per un totale di 20.000-30.000 dollari. Ma non erano certo bastati a evitargli l'onta della bancarotta, che era stato costretto a dichiarare nel 2016.

Non proprio il biglietto da visita ideale per il consuocero del prossimo re d'Inghilterra. Ma purtroppo la condizione più favorevole per rendere irresistibili le lucrose seduzioni dei tabloid. Che si presentarono nella simpatica persona di Jeff Rayner, quarantaquattrenne fotografo britannico che aveva facilmente rintracciato Markle senior e si era affrettato a raggiungerlo con la sua Porsche da Los Angeles. La proposta di Rayner fu semplice e allettante: una bella fetta (che alla fine raggiunse i 140.000 dollari) dei profitti derivanti dalla vendita di una serie di foto che documentavano i suoi preparativi per il gran giorno. Come padre della sposa, anche lui avrebbe avuto un ruolo importante da giocare sotto l'occhio delle telecamere. Perché non offrire ai lettori l'opportunità di una sbirciatina innocente e al contempo guadagnare un bel po' di tanto desiderati bigliettoni verdi? Anche perché non si trattava certo di scattare istantanee ma fotografie accuratamente «sceneggiate» di Thomas che si rimetteva in forma in palestra, oppure che sfogliava un libro sui grandi monumenti inglesi mentre sorseggiava un cappuccino al tavolo di un bar, o – questa era decisamente il clou – che andava dal sarto per prendere le misure dell'abito da cerimonia.

Il guaio è che tutte quelle foto erano una bufala, e il team di un altro tabloid che aveva subodorato l'inganno era già entrato in azione. Sfruttando le telecamere a circuito chiuso aveva registrato ogni momento della farsa allestita dal duo Rayner-Markle, dimostrando che il presunto sarto era in realtà il commesso di un vicino negozio di oggettistica per feste, e l'allenamento con i pesi in palestra si era svolto invece in uno spiazzo zeppo di rifiuti che aveva il solo vantaggio di essere lontano da sguardi indiscreti. Il 13 maggio, meno di una settimana prima del matrimonio, il *Mail on Sunday* – non ancora nemico numero 1 della coppia Sussex ma sulla buona strada per diventarlo – rivelò l'intero imbroglio, imbarazzando i Windsor e avvelenando la gioia nuziale di Meghan.

Il risultato peggiore fu però il rapido deterioramento dei rapporti tra la coppia felice e lo sventato genitore. Il processo successivamente intentato dai Sussex contro il *Mail*, per violazione ingiustificata della loro privacy, offre la possibilità di seguire dall'interno genesi e sviluppo della frattura. Il giorno seguente all'uscita del giornale, il 14 maggio, Thomas Markle inviò un SMS alla figlia per informarla che non poteva più partecipare alle nozze e che avrebbe emesso un comunicato di pubbliche scuse. Harry e Meghan reagirono con molta calma e si attaccarono al telefono per persuaderlo che non era successo niente di irreparabile, mentre lo sarebbe stato il danno prodotto dalla sua assenza.

Non riuscirono a dirgli niente di tutto questo perché papà Markle aveva semplicemente staccato il telefono ed era irraggiungibile. A quel punto Harry affidò i tentativi di persuasione a un SMS inviato quello stesso 14 maggio (e ora leggibile nelle carte depositate per il processo): «Tom, sono ancora Harry! Bisogna proprio che ti parli. Non devi scusarti, capiamo le circostanze, ma una dichiarazione pubblica renderebbe solo peggiore la situazione. Se ami Meg e vuoi sistemare la cosa, per piacere chiamami... Meg e io non siamo arrabbiati, abbiamo solo bisogno di parlarti. Grazie... Ogni dichiarazione alla stampa si ritorcerà contro, credimi Tom...»

Dall'altra parte silenzio di tomba. In compenso Thomas Markle diffuse un comunicato pubblico, più tardi nella stessa giornata, attraverso il sito di celebrità TMZ, che usa pagare per le notizie giudicate d'interesse. E questa lo era, eccome. Papà Markle, che non aveva voluto parlare né con la figlia né col genero, annunciava al mondo intero che aveva avuto un attacco di cuore ed entrava in ospedale per un intervento urgente. Ma il suo telefono rimaneva ostinatamente staccato, almeno per le chiamate da Harry e Meghan. Il 15 maggio, - 4 dalla data delle nozze, il panico comincia a insinuarsi nei messaggi che la coppia continua a inviare. «Ho cercato di raggiungerti tutto il week-end», scrive una Meghan chiaramente frustrata, «ma tu non prendi nessuna nostra chiamata né rispondi a nessuno dei nostri messaggi... Molto preoccupati per la tua salute e sicurezza...» Ancora silenzio.

Solo il 16 maggio Thomas si fa finalmente vivo con un breve SMS alla figlia. Soltanto per comunicare che non potrà essere presente al matrimonio perché i medici non gli permettono di volare. Abbastanza incredibilmente, si preoccupa però di informarsi su chi la accompagnerà all'altare, aggiungendo che se proprio Meghan avesse bisogno di lui, allora lascerà il letto e la raggiungerà. Il messaggio ha un timbro disperato, ma l'angoscia del padre poteva decisamente eguagliare quella prodotta sulla figlia dalla sua défaillance alla vigilia del matrimonio. Rabbia, furia, rammarico, rimbrotti e un addio definitivo si mescolano nella lettera che lei gli scriverà tre mesi dopo, nell'agosto 2018, e che sarà la causa del processo intentato contro il *Mail on Sunday* nella primavera 2020.

Il giornale infatti ne pubblicherà estratti il 10 febbraio 2019, mentre secondo Meghan non avrebbe potuto farlo – trattandosi di un documento esclusivamente privato – o quanto meno avrebbe dovuto prima chiederle il consenso. Alla fine il giudice ha dato ragione alla duchessa di Sussex, sebbene lei stessa sembri negare che la lettera a papà fosse destinata a rimanere riservata. Lo si evince dalla deposizione resa dal suo ex addetto stampa Jason Knauf, che ha rivelato alla Corte d'Appello il testo di un SMS inviatogli in merito dalla sua principale:

«Ovviamente tutto quanto ho messo per iscritto tiene conto della possibilità che venga fatto trapelare, perciò sono stata meticolosa nella scelta delle parole».

In altri termini, Sua Altezza Reale (quale era diventata) scriveva al padre «col cuore in mano» ma calcolando l'effetto che la sua missiva avrebbe potuto avere su una più larga platea di lettori. Il minimo che si possa dire è che, oltre a una volontà di ferro, questa donna ha pure sentimenti d'acciaio. Non è un reato, si capisce, ma è una rivelazione che raramente suscita le simpatie del pubblico. Che Meghan, conoscendo il disperato bisogno d'attenzione del padre, abbia messo in conto la possibilità che lui divulgasse le sue parole non attenua la spiacevole sensazione di avere di fronte una gelida manipolatrice della comunicazione, che non manca occasione – anche di natura intima come questa – per manovrare gli eventi a proprio vantaggio.

Per Harry, a tre giorni dal matrimonio, la sua Meghan era naturalmente solo un'indifesa Ginevra che aveva bisogno di un Lancillotto. Ed eccolo infatti arrivare lancia in resta contro l'ingrato suocero. Quello stesso 16 maggio del definitivo SMS a Meghan, il principe gli scrive un messaggio furioso. Gli rimprovera di non aver risposto alle sue telefonate, «più di venti», lo sgrida perché parla con la stampa e lo ammonisce di smetterla. Tralasciando del tutto le buone maniere, non si degna nemmeno di chiedere a Markle com'è andata l'operazione al cuore, come si sente, o di fargli gli auguri. La nota conclusiva è amara come il resto, «per il grande dolore che stai causando a tua figlia».

A dispetto delle sue condizioni di malato cardiaco, Thomas non perde tempo a rispondere sullo stesso tono, a giudicare dalle carte depositate in tribunale. Il pronto SMS di replica recita seccamente: «Non ho fatto niente per ferire Meghan o chiunque altro, e non so niente di queste venti telefonate». La chiusa infine è una vera stilettata: «Mi dispiace che il mio attacco di cuore sia stato un fastidio per voi».

Non risulta che ci siano state altre comunicazioni tra padre e figlia. È vero che lui tentò di chiamarla al telefono la notte prima del matrimonio, ma erano le 4.57 del mattino, e comprensibilmente Meghan non rispose. Anche il padre era diventato uno dei rami secchi tagliati dalla sua vita.

La rancorosa querelle con la famiglia d'origine sarebbe diventata una costante della copertura giornalistica della duchessa di Sussex, particolarmente gli astiosi attacchi ricevuti dai fratellastri Samantha e Thomas junior. Questo avrebbe fatto ben poco per migliorare la sua immagine agli occhi di un pubblico britannico sempre più insofferente verso la «duchessa americana», ma per il momento il *mood* degli inglesi verso il nuovo acquisto reale era tutto latte e miele. E anche l'incidente dell'assenza paterna fu superato con una superba prova d'attore del principe del Galles.

«Ma certo, naturalmente. Farò tutto quello che è necessario a Meghan e sono qui per sostenervi.» La risposta di Carlo alla richiesta di Harry di prendere il posto del padre della sposa per condurla all'altare fece ovviamente di lui uno dei protagonisti della giornata, ampiamente lodato da spettatori e reporter per la disponibilità verso la nuora e l'affetto per il figlio. Di fatto, Meghan percorse da sola gran parte della navata di St George's Chapel, dalla scalinata d'accesso fino al transetto, dove il principe l'aspettava per condurla all'altare e consegnare la sua mano allo sposo in attesa. «Grazie, pa'», gli disse sorridendo il duca di Sussex, fresco del brevetto ducale come dono di nozze della nonna. La cerimonia poteva cominciare.

Il secondo fattore inatteso del matrimonio fu in effetti il predicatore incaricato, per espresso volere di Meghan, di condurre il rito accanto all'arcivescovo di Canterbury. «Lo ha dipinto di nero», fu il giudizio spassionato del repubblicano *Guardian*, «con la musica nelle braccia e il ritmo nella voce.» Niente potrebbe descrivere meglio il singolare – e molto americano nero – stile liturgico del reverendo vescovo Michael Curry, di Chicago, primo afroamericano a capo della Chiesa episcopale d'America, appartenente alla Comunione mondiale anglicana. Proprio a lui la neobattezzata anglicana Meghan aveva chiesto di pronunciare il sermone, e Curry aveva scelto di parlare del «potere guaritore dell'amore». Aveva preparato la sua orazione sull'iPad che aveva davanti (probabilmente il primo aggeggio del genere comparso sul pulpito di St George's), tenendo a mente il tempo assegnatogli di sei minuti. Purtroppo una volta davanti al microfono, e alle telecamere, mise da parte il tablet e parlò a braccio. Per quattordici minuti.

La reazione dello scelto uditorio fu quella che si può immaginare. Cominciò con qualche risolino, educatamente subito soffocato. Man mano che l'interminabile discorso accumulava minuti su minuti, però, le teste degli aristocratici invitati, e particolarmente dei membri della famiglia reale assiepati sugli scranni del coro, cominciarono a voltarsi l'una verso l'altra in smorfie complici, strizzatine d'occhio, sguardi di sbalordimento, risatine nascoste dietro la mano o fingendo una fitta di tosse. Impietose, le telecamere continuarono a documentare l'imbarazzato stupore, tipicamente britannico, della crema della società di fronte all'invadente ecclesiastico che violava tutte le regole di bon ton e di presenza televisiva, macinando migliaia di parole e un tempo apparentemente infinito su un soggetto che, onestamente, non era particolarmente nuovo. Incurante del mondano scetticismo del nobile pubblico, Sua Eccellenza Curry, dimenandosi come il pastore di una chiesa battista piuttosto che un vescovo anglicano, riuscì nell'impresa di pronunciare nel suo discorso ben sessantanove volte la parola amore.

Camilla, che sedeva sui banchi accanto a Kate Middleton, fu colta da un accesso di riso che nemmeno l'obliqua occhiata di rimprovero della nuora Kate poté domare. L'unica cosa che la duchessa di Cornovaglia riuscì a fare fu abbassare il capo in modo che la larga tesa del cappello le coprisse il viso, mentre le spalle continuavano a sussultare per le risate trattenute. Ma l'intera scenetta non andò perduta agli occhi di noi cronisti presenti al matrimonio, né tampoco all'occhio elettronico delle telecamere. Lo spasso si poteva cogliere ancora nei resoconti di stampa dei giorni seguenti. «Di solito non vediamo un comportamento così serio e severo da parte di Kate», fu il divertito giudizio di Susan Constantine, esperta comportamentale del periodico *Good House-*

keeping. «Questo gesto», sguardo crucciato e bocca piegata in giù, «è stata una maniera abbastanza dignitosa di rimproverare Camilla.»

Ma chi mai avrebbe potuto rimproverare il duca d'Edimburgo, che sfidando i novantasette anni e il recente intervento all'anca era seduto accanto alla consorte e non riusciva a cancellarsi dal volto un'aria di annoiato sbalordimento? Eppure lui l'aveva detto al nipote: «Le attrici si frequentano ma non si sposano». La regina invece, mentre il vescovo Curry avanzava verso la fine da tutti agognata e ancora lontana, esibiva più che mai la sua «faccia Queen Mary», come scherza lei stessa quando assume la maschera dura e arcigna di nonna Mary. Ma tutti gli altri membri della famiglia faticavano assai a mantenere lo stesso livello di autocontrollo. La nipote Eugenie, prossima a sposarsi in ottobre, spalancava ancor più gli occhioni perennemente sbarrati («Anche lei prenoterà Curry per il suo matrimonio?» chiese via Internet un impertinente osservatore), mentre Zara Tindall, la figlia della principessa Anna, pesantemente incinta del marito Mike Tindall, si dimenava sullo scranno come se il travaglio fosse già iniziato.

Naturalmente, queste e altre reazioni meno evidenti alimentarono subito la polemica se un simile comportamento fosse da definirsi razzista o no. Per un buon numero di commentatori i sogghigni, gli sguardi di sottecchi, le gomitatine di un simile pubblico *upper class* tradivano senza dubbio il pregiudizio razziale di una platea di altezzosi bianchi. Altri invece obiettavano che lo stesso genere di reazione avrebbe suscitato anche il più bianco dei predicatori che si fosse impantanato, con un intero armamentario di mossette profetiche, in un sermone di sterminata lunghezza (per il palato inglese). Dopo tutto, era vero che perfino nell'America «politicamente corretta» lo show del *Saturday Night Live* non aveva mancato di ridere del vescovo afro con una cruda parodia dell'attore Kenan Thompson: «Ho predicato e testimoniato e urlato mentre cinquecento ottusi ammuffiti inglesi mi guardavano come un peto in un ascensore».

Il punto cruciale sfuggiva, sembra, tanto ai critici quanto agli estimatori, ma sicuramente non a colei che aveva imposto la presenza di Curry sotto la navata gotica della cappella di St George. Lo stile liturgico da «cristiano rinato» incarnato dal presule black era la stessa modalità di preghiera che si era sviluppata fin dal Seicento negli insediamenti di schiavi trasportati dagli inglesi nelle loro colonie d'America. E ora, nel cuore dell'istituzione che incarnava la grandezza e la ferocia dell'impero britannico, e dal commercio degli schiavi aveva ricavato buona parte della ricchezza che finanziava il suo splendore, un discendente delle vittime pregava con lo stesso abbandono e la stessa gioia che aveva per secoli segnato la preghiera degli schiavi. Il sermone del vescovo nero stava alla Chiesa d'Inghilterra, guidata dalla sua devota regina, come l'arrivo di Meghan nella famiglia reale. Una rivoluzione nel nome dell'amore, e tuttavia una rivoluzione. Perciò, fu casuale che lasciando la cappella di St George al braccio di Harry, al termine della cerimonia, la fresca sposa tralasciasse di fermarsi nell'inchino protocollare davanti alla nonna sovrana? Fu davvero solo una momentanea distrazione, una dimenticanza dovuta all'emozione?

Venendo all'amore, anche alla luce degli eventi successivi, è lecito chiedersi quanto davvero fosse in grado di darne, sotto la lucida vernice della sua filantropia, la neoduchessa di Sussex. Poco all'indirizzo di servitori e collaboratori, questo è certo, benché i suoi avvocati si affannino a negarlo. Ma qui parlano i fatti. E non depongono bene a favore della nuova arrivata americana, che anziché curarsi di acquistare amici e sostenitori in un ambiente del tutto sconosciuto, procedeva con la proverbiale delicatezza dell'elefante nel negozio di cristalli.

Ai piani alti della società inglese, se la ruvidezza e la scortesia verso gli amici possono perfino essere tollerate, la maleducazione e l'aggressività nei confronti di servitori e dipendenti sono severamente condannate. La ragione è molto semplice: gli amici sono tuoi pari, e possono difendersi dagli sgarbi o decidere di accettarli. Il personale di servizio, no. È per definizione in una situazione di svantaggio, approfittarne per maltrattarlo è un comportamento assai poco signorile. E le dicerie che presero presto a correre sul conto di Meghan contribuirono non poco al rapido declino della sua popolarità.

Il primo incidente fu riportato poco dopo il matrimonio, e se risponde a verità certo era un brutto segnale per il futuro. La duchessa, che è notoriamente una perfezionista, fu accusata di avere scaraventato per terra un abito non stirato all'altezza dei suoi standard, maltrattando la domestica e ordinandole inferocita di rifare il lavoro. Un'altra storia che iniziò a circolare subito dopo è anche peggiore. Nel corso di una visita ufficiale, un membro dello staff fece infuriare Sua Altezza a tal punto che lei gli lanciò addosso la bevanda calda che stava sorseggiando. La persona aggredita lasciò subito il posto di lavoro e fu convinta a tenere la bocca chiusa solo al prezzo di una salatissima liquidazione di 250.000 sterline. Un quarto di milione di buone ragioni per spiegare l'impossibilità di ottenere conferma della vicenda.

Harry e Meghan hanno sempre sostenuto che questo genere di storie sul conto di lei è una conferma dei pregiudizi razzisti e sessisti che l'hanno circondata sin da subito. Ma molte delle persone che hanno diffuso queste voci non erano in realtà né razziste né sessiste, e anzi spesso si preoccupavano di avvertire la coppia sui rischi prodotti dal loro atteggiamento troppo assertivo, al limite dell'aggressività, e altrettanto esigente. L'adozione di un profilo basso, lontano dagli atteggiamenti condiscendenti di una celebrità hollywoodiana, era stata la scelta azzeccata di William e Kate, e la coppia dei Sussex avrebbe fatto bene a imitarne l'esempio. Ma non era nella cifra di Meghan. Così, se gli episodi finora raccontati non hanno il beneficio delle conferme, i ripetuti abbandoni di membri importanti dello staff parlano da soli, senza bisogno di testimoni.

Un addio totalmente imprevisto e inatteso fu quello di Katrina McKeever, capo dell'ufficio comunicazioni della coppia. Nei primi tempi era stata un tramite prezioso tra il Palazzo e il resto dei Markle, ma lasciò l'ufficio stampa di Kensington Palace poco dopo il matrimonio, nel settembre 2018, stufa di finire travolta dalle ondate di mail che Meghan le scaricava addosso sin dal mattino alle cinque. La duchessa, si è già visto, è mattiniera, e dopo la meditazione passa subito a eruttare idee, che intende mettere in pratica all'istante. È certamente una *workaholic*, ma per i suoi collaboratori può esserlo anche troppo.

Infatti due mesi dopo fu il turno dell'assistente personale, Melissa Toubati, ridotta in lacrime – stando ai testimoni – dalle incessanti richieste di Meghan. In precedenza aveva lavorato per una celebrità come Robbie Williams, e alla sua partenza il Palazzo si sentì in dovere di emettere un comunicato ufficiale per ringraziarla del ruolo decisivo che aveva svolto nell'organizzazione delle nozze reali. Un modo in codice per segnalare, a chi doveva intendere, che l'ex attrice era veramente impossibile. Altri due mesi, e fu la volta di Amy Pickerill, segretaria privata spesso descritta come «la mano destra» di Meghan. E dopo di lei toccò a Jason Knauf, dimessosi da addetto stampa congiunto dei Cambridge e dei Sussex per andare a dirigere la Royal Foundation allestita da William e Kate. Non si conta nemmeno il numero degli agenti di scorta che dopo un breve periodo di servizio chiedevano urgentemente di essere trasferiti ad altro incarico.

La cattiva fama che prese a spargersi sul conto di Meghan come datore di lavoro fu ingigantita dal conflitto apparentemente insanabile con il padre e il resto della famiglia. La duchessa era particolarmente infastidita dalle varie interviste, qui e lì, in cui Thomas senior e la sorellastra Samantha ripetevano quale ottimo genitore lui fosse stato e come avesse pagato di tasca sua gli studi della figlia. Questa narrazione implicava, per converso, che Meghan fosse un'ingrata e, anziché preoccuparsi di sanare le incomprensioni col padre, si comportasse piuttosto come un'altezzosa VIP infastidita per la reputazione macchiata da parenti chiacchieroni. Il punto è che la versione di Tom Markle confliggeva con l'immagine di se stessa che Meghan si era costruita, e che aveva alimentato l'ammirazione e l'amore di Harry: quella di una donna capace con la sola forza della sua intelligenza e determinazione di sottrarsi a una vita di penuria per accedere al successo e alla ricchezza.

Le cose non stavano precisamente così ma la protagonista non intendeva recedere. E approfittò della tribuna offertale dalla visita ufficiale nelle isole Fiji, cinque mesi dopo il matrimonio, per regolare in pubblico vecchi conti privati con il clan Markle. Alla fine del discorso tenuto ai giovani apparentemente per stimolarli a istruirsi, non mancò di sottolineare come anche lei si fosse mantenuta da sola all'università ricorrendo ai prestiti studenteschi e lavorando part-time. Il segnale era chiaro: non aveva alcuna intenzione di tendere la mano al padre per una riconciliazione che evidentemente non desiderava. Ma fu un errore scegliere un'occasione ufficiale per prendersi una vendetta personale. Non è quello che fanno i reali in visita di Stato, quando il loro compito è di rappresentare la nazione e sostenerne gli interessi. Del pubblico, non i propri. Anche tatticamente, fu uno sbaglio. La sorellastra Samantha si affrettò a gettarsi nella mischia accusando sostanzialmente Meghan di essere una bugiarda e un'ingrata per aver negato la generosità del padre. I giornali ostili non persero tempo e battezzarono la zuffa «*The Markle débâcle*».

Di pari passo col deterioramento dei rapporti con la vecchia famiglia andava il rapporto con la nuova. Il 15 ottobre 2018, alla vigilia della partenza per il tour ufficiale in Australia, Nuova Zelanda e nel Pacifico, i Sussex rivelarono felici la prima gravidanza della duchessa. Il pubblico e i reali gioirono assieme a loro, ma mentre i giornali suonavano la grancassa sull'arrivo in primavera del nuovo bebè, il rapporto una volta così stretto tra i due fratelli cominciò a mostrare le prime serie crepe.

La conferma giunse con l'annuncio della separazione non solo dei relativi staff, dal segretariato all'ufficio stampa, che i Sussex ora spostavano per conto loro a Buckingham Palace, ma anche delle attività benefiche: Harry e Meghan lasciavano la Royal Foundation, che lui aveva costituito assieme a William nel 2009, per allestire la loro personale «centrale» di beneficenza, Sussex Royal. Anche la coabitazione a Kensington Palace sarebbe finita, con la nuova coppia decisa a trasferirsi a Frogmore Cottage, nel parco di Windsor, ristrutturato a spese dei contribuenti per la bella cifra di 2,5 milioni di sterline. Ironicamente, era la stessa villa che aveva ospitato la granduchessa

Xenia al tempo dell'esilio dalla Russia: Meghan non aveva potuto indossarne la meravigliosa tiara ma adesso andava a vivere nella sua casa.

A Natale di quell'anno, come da tradizione, i Sussex furono invitati dalla nonna a trascorrere le festività con il resto della famiglia nel castello di Sandringham. Anche se la stampa aveva già captato le voci di un'inedita freddezza tra i fratelli e le mogli, e cominciavano le speculazioni sui motivi che l'avevano originata. Nonostante le smentite ufficiali, diventava sempre più difficile fingere che tutto andasse per il verso giusto. In assenza di notizie verificate, le chiacchiere però volavano. E come uno dei reali cugini confessò a quella gran pettegola (ma bene informata) di lady Colin Campbell, «non è un segreto che il problema è sorto perché William ha ammonito Harry a non affrettare il matrimonio, e Meghan non gliel'ha mai perdonata. Quella ragazza esige niente di meno di un'adorazione totale, e se non la ottiene, finisci congelato». I giornali, benché incerti sulle ragioni dell'evidente distanza tra le coppie, riportavano però con abbondanza di particolari che la regina in persona aveva ordinato agli ex «Fab Four» di fare fronte compatto davanti al pubblico e ai fotografi. E loro avevano coscienziosamente eseguito. Per i Sussex, sarebbe stata l'ultima volta.

18
La cucina di Meghan

Nel novembre 2018, con Meghan ormai incinta di pochi mesi, il trasloco dei Sussex da Kensington Palace fu molto più di un semplice cambio di indirizzo. Era l'aperto riconoscimento della frattura che si era creata tra i due fratelli. C'erano stati tentativi di chiarificazione e riavvicinamento, e perfino un week-end comune delle due coppie che avrebbe dovuto ricreare l'armonia degli inizi. Finì invece classicamente a pesci in faccia quando le cognate si misero a litigare per certi urlacci di Meghan contro il personale di servizio di Kate. A quel punto anche la convivenza sotto lo stesso tetto, seppure amplissimo, di Kensington Palace sembrò impossibile. Purtroppo il conto, come al solito, fu servito ai sudditi.

I Sussex, che avrebbero dovuto traslocare a giorni dal Nottingham Cottage nei giardini della reggia al sontuoso Appartamento 1, un tempo riservato alla principessa Margaret, decisero di punto in bianco che preferivano starsene per i fatti loro nell'isolamento del Frogmore Cottage, all'interno del Gran Parco di Windsor. *Granny* Elisabetta, evidentemente consapevole della tensione accumulatasi tra le due coppie, acconsentì prontamente a concederlo. Tanto pagavano i contribuenti.

In effetti, quando i Sussex annunciarono che dopo tutto non si sarebbero trasferiti nell'Appartamento 1, la ristrutturazione dell'alloggio in accordo con i loro gusti ed esigenze era appena stata completata, per la modica spesa di 1.400.000 sterline interamente versate dal Tesoro britannico. Col trasloco a Frogmore l'erario si trovava a fronteggiare la prospettiva di sborsare un'altra montagna di sterline, giacché il cosiddetto cottage è in realtà una sfarzosa villa ottocentesca con dieci camere da letto, tutelata dalle Belle Arti. Ma nemmeno questo è bastato a proteggerla dallo stravolgimento architettonico dettato dalle voglie di Meghan, compresa l'installazione di un pacchiano scalone doppio, puro stile *Via col vento*. Costo complessivo dell'intervento, 2.500.000 sterline, sempre scucite da Pantalone. In ogni caso, anche a Frogmore Cottage la famigliola non avrebbe messo piede: la ristrutturazione era a poco più di metà quando i Sussex realizzarono che era proprio l'Inghilterra a star loro stretta ed emigrarono in Canada. Dopo la partenza dal Regno Unito, Harry almeno si è impegnato a ripagare a rate le spese per i lavori.

L'abbandono di Kensington Palace significava ovviamente che i due fratelli avrebbero separato anche uffici e staff che condividevano a Kensington sin dal 2012. Harry provò addirittura a strappare a nonna e padre, che avrebbero dovuto finanziare il tutto, l'allestimento del suo ufficio e di una vera e propria minicorte nella villa di Frogmore, ma questo era francamente troppo. Gli fu detto che doveva accontentarsi degli spazi di Buckingham Palace e contare sul personale di Palazzo, sotto la supervisione del primo dignitario reale che era il segretario privato della regina, sir Edward Young. Scelta assai poco gradita ai Sussex, che lo giudicavano (e non erano i soli, in verità) un funzionario grigio e noioso, senza visione. Tuttavia, meglio della convivenza forzata con i Cambridge.

Il passo successivo fu anche più doloroso, e indicativo della profondità dello strappo tra i fratelli. La Royal Foundation, nata dieci anni prima dal comune impegno filantropico, non era solo il miglior prodotto della loro collaborazione, un'impresa capace di influire davvero nel concreto sulla vita delle persone. La Fondazione, in grado di raccogliere e distribuire ogni anno da 7 a 8 milioni di sterline tra ventisei organizzazioni benefiche, era anche un monumento vivente all'eredità di Diana, il pegno più prezioso del legame tra la madre scomparsa e i suoi due ragazzi. Era stata la principessa a crescere i figli nell'affetto reciproco, basato specialmente sull'abitudine a dirsi tutto, a non tenersi dentro segreti o rancori. «Per amor di Dio, parlatevi!» era la sua esortazione quando per una ragione o per l'altra i suoi *boys* si tenevano il broncio. Anche in questo era implicita la critica per la tradizionale educazione dei Windsor, basata sulla repressione dei sentimenti e il nascondimento delle emozioni, secondo il celebre motto «*Never complain, never explain*». Mai lamentarsi, mai spiegarsi: ma che razza di vita sarebbe? protestava Diana.

Nell'incomunicabilità calata tra i fratelli, la lezione della madre era andata perduta. Il 20 giugno 2019, poco più di un mese dopo la nascita del primogenito dei Sussex, Archie Harrison, fu annunciato che anche i beni della Royal Foundation sarebbero stati divisi. William e Kate avrebbero continuato a gestire l'organizzazione esistente mentre Harry e Meghan ne avrebbero costituita una interamente nuova «con un raggio d'azione globale». Il giorno seguente, 21 giugno (che era anche il trentasettesimo compleanno di William), presso l'Ufficio Proprietà Intellettuale del governo britannico fu registrato, con il numero UK00003408516, il marchio «Sussex Royal-The Foundation of The Duke and The Duchess of Sussex», e pochi giorni dopo la relativa società a responsabilità limitata fu regolarmente iscritta presso la londinese Companies House.

Solo poco più di un anno prima, nel febbraio 2018, i «Fab Four» si erano ritrovati assieme su un palco per lanciare il Royal Foundation Forum. L'aggiunta di Meghan sembrava in grado di offrire anche una dimensione nuova al lavoro filantropico delle due coppie. Nel suo intervento, lei aveva incoraggiato le donne «a usare la loro voce» per denunciare molestie e violenze sessuali. Era l'onda lunga del Me Too che lambiva anche i gradini del trono, e il patrocinio degli eredi reali disegnava un'inedita alleanza tra la più conservatrice delle istituzioni e le punte più avanzate del nuovo femminismo. Non sarebbe durata. Rompendo l'unità famigliare dell'attività filantropica, Meghan rivendicava in esclusiva per sé e per il marito, e per la loro

Fondazione, questo decisivo campo di battaglia. Decisivo anche per la costruzione di un profilo politico che nella cornice reale sarebbe stato impensabile.

La duchessa utilizzò appieno la prima occasione utile per issare il proprio stendardo. E questa fu l'offerta dell'edizione britannica di *Vogue* di fare il *guest editor*, il direttore ospite, di un numero speciale del periodico, privilegio che era toccato anche ad altre personalità femminili di spicco come la stessa Kate Middleton. Il fascicolo firmato da Meghan sarebbe uscito nel settembre 2019, e sarebbe stato il più ricco e significativo dell'anno. Nessuno immaginava che sarebbe stato anche catastrofico per i rapporti tra i Sussex e il resto dei reali. A gennaio 2019 la duchessa, benché incinta, si mise alacremente all'opera, e furono sette mesi di lavoro intenso che produssero uno dei numeri più singolari nella patinata storia di *Vogue UK*.

Tanto per cominciare, era proprio il levigato messaggio alle donne tipico della rivista che la duchessa sembrava voler contestare con le sue scelte. Le fu chiesto di selezionare un brano di poesia che ammirava, e lei se ne venne fuori con dei versi di Matt Haig, visionario autore britannico di Sheffield, particolarmente attratto dagli angoli bui e singolari, o eccentrici, della vita famigliare (sarà un caso?). La poesia scelta da Meghan ha per tema la follia della vanità umana e dell'eccessiva importanza che attribuiamo all'aspetto del nostro corpo. E il punto di vista sull'argomento è quello immobile e secolare di una spiaggia: «*Hello, I am the beach*», recita l'attacco, Salve, sono la spiaggia, e continua: «Io sono completamente indifferente al vostro indice di massa corporea / Io non sono colpita dai vostri muscoli addominali visibili a occhio nudo / Io sono indifferente / Voi siete una delle 200.000 generazioni di esseri umani / Io le ho viste tutte…» «*I literally don't give a fuck*», Non me ne fotte niente.

Come scelta per una rivista di moda, appare decisamente non convenzionale. Ma era proprio questo l'obiettivo che si era prefissata la direttrice occasionale. Che per essere ancora più chiara aveva fatto occupare la copertina dal vistoso titolo «*Forces for CHANGE*», Forze per il cambiamento, scritto proprio così, a lettere cubitali in un luminoso carattere arancione. Come se non bastasse a dare l'idea della differenza che voleva rimarcare, in copertina non c'era nemmeno l'ombra di una foto della star del numero, cioè lei stessa. Proprio il contrario di quanto si aspettava l'editore Condé Nast, che ovviamente contava su una bella foto sexy e commerciale della reale *guest editor* per vendere qualche decina di migliaia di copie in più. Dopo tutto, era quello che era successo già in passato, con i fascicoli diretti da Diana (quattro volte), dalla principessa Anna (tre), dalla raffinata lady Helen Taylor (figlia dei duchi di Kent) e da Kate duchessa di Cambridge, che nel giugno 2016 aveva dominato la copertina in elegante impermeabile Burberry e camicetta bianca da 293 sterline.

Ma Meghan si rifiutò. Mettere la sua faccia in bella vista sarebbe stato arrogante, vanaglorioso, fece sapere (e tanto peggio per le precedenti, illustri «colleghe»...). Piuttosto, scelse di mettere in copertina una galleria rigorosamente multirazziale di quindici attiviste donne che ammirava profondamente, dalla giovanissima Greta Thunberg alla veterana Jane Fonda. E in più, tocco finale, desiderava che ci fosse anche l'immagine del lettore/lettrice qualunque. Questo sembrava più difficile da realizzare: come catturare quel fantomatico volto? fu la sensata obiezione dei redattori. «Non possiamo metterci uno specchio?» replicò la duchessa. Uno specchio in mezzo a quindici fotografie? «Precisamente», insistette lei, come ha raccontato il direttore effettivo di *Vogue* britannico, il ghanese Edward Enninful. «Così i lettori possono guardarsi nello specchio e vedere anche se stessi tra le forze per il cambiamento.» Ogni reale desiderio è un ordine, pertanto la rivista più patinata del mondo uscì in edicola con un pezzo di carta stagnola riflettente inserito tra i ritratti delle quindici eroine femministe selezionate da Meghan, molte sicuramente lontane mille miglia dal mondo glamour della moda.

Tra le forze per il cambiamento non poteva certo mancare il marito, uno dei rarissimi collaboratori maschi del numero speciale. Al duca di Sussex, notorio campione della protezione ambientale, e in particolare della fauna africana, fu riservato l'onore di un'intervista a Jane Goodall, ottantacinquenne leggenda vivente dell'ecologismo e massima esperta degli scimpanzé. La conversazione non fu particolarmente pregnante e non andò molto oltre lo scambio di reciproci complimenti, ma a riempire il vuoto pensò la stessa Meghan con una ponderosa intervista a Michelle Obama, con ogni evidenza il suo modello, che serviva a lanciare anche la sua ultima iniziativa benefica, Smart Works. No, niente a che fare con il «lavoro a distanza» che ci è diventato familiare con la pandemia (all'epoca nemmeno immaginata). L'idea di Smart Works era quella di prestare assistenza alle donne in cerca di lavoro fornendole di abiti adeguati e «allenandole» ai colloqui con i reclutatori.

Attenzione, avvertì Meghan, il compito dell'organizzazione non era quello di raccogliere qualsiasi genere di abiti usati. Il tipo di donazione sollecitato riguardava esclusivamente capi di un certo stile, possibilmente firmati dagli stilisti più noti, in modo da dotare le signore delle armi più efficaci nelle interviste di lavoro. «Questa è la storia di Wonder Woman», scrisse testualmente la duchessa riferendosi alla supereroina del celebre fumetto americano. «Una donna pronta a prendere di petto il mondo nel suo mantello metaforico e letterale.»

Inutile dire che il direttore «stabile» Enninful si dichiarò estasiato. «Non posso spiegare quanto abbia significato per me vedere Sua Altezza Reale il duca di Sussex sposare questa brillante, birazziale fucina americana. Semplicemente, non ho mai immaginato in vita mia che qualcuno del mio stesso colore entrasse, o potesse entrare, ai piani più alti della nostra famiglia reale.» Non c'è dubbio che gli stessi sentimenti provasse in larga maggioranza quel 15% di britannici appartenenti alle minoranze etniche, ma il guaio è che nel frattempo molti degli atteggiamenti di Meghan, dallo scarso riguardo verso le tradizioni locali all'ossessiva protezione della propria privacy, si erano attirati l'ostilità dei tabloid, spesso decisivi nel forgiare gli orientamenti dell'opinione pubblica.

Lei non aveva tutti i torti nel denunciare un pregiudizio razzista nei suoi confronti. Sin dalle prime voci sul suo conto i campioni più conservatori della stampa popolare avevano dato il peggio di sé. Il *Mail* le aveva dedicato un titolo nello slang dei ghetti neri, e l'edizione domenicale del giornale aveva ospitato un editoriale di Rachel Johnson, sorella del futuro primo ministro, che fingeva di rallegrarsi perché Meghan avrebbe «ispessito l'acquoso, sottile sangue blu reale [...] con qualche ricco ed esotico DNA».

A scatenare l'attacco frontale di Harry ai tabloid, nel novembre 2016, era stata un'altra ignobile prima pagina, stavolta del *Sun*: «*Harry's Girl on Pornhub*». È ovvio che la «ragazza di Harry» non era mai finita sul sito porno, che aveva invece rubato e messo on line alcune scene blandamente erotiche, ma non certo porno, di Meghan nella fiction *Suits*. A ragione il principe vedeva in questo trattamento una replica di quello che la stampa aveva riservato alla madre, e si preoccupava – scrisse in un durissimo comunicato – che rappresentasse una minaccia per la sicurezza della moglie come lo era stato per Diana.

Insomma, nessuno può negare che l'apparizione in scena di Meghan avesse scatenato i peggiori istinti del giornalismo sensazionalistico britannico, e persino dal fronte della stampa si levarono voci favorevoli alla crociata antitabloid del principe. Sul *Guardian*, Catherine Bennett scrisse: «Tormentare Meghan Markle è diventato uno sport nazionale che ci copre di vergogna». E vuol ben dire qualcosa che lo stesso *Sun* fosse costretto a informare pubblicamente di aver ammonito uno dei suoi cronisti ad «agire secondo la legge» nei reportage sui Sussex. Rimane il fatto che il diffidente pubblico più conservatore intuiva chiaramente nei comportamenti della duchessa il distacco, se non il disprezzo, verso i compiti che le imponeva la sua appartenenza alla famiglia reale. E che erano del resto l'essenza del patto stabilito tra i sudditi e la monarchia.

La *Court Circular*, la gazzetta ufficiale che riporta gli impegni quotidiani dei reali, documenta che nei famosi sette mesi tra gennaio e settembre 2019, dedicati da Meghan alla redazione del suo numero di *Vogue*, la duchessa di Sussex partecipò ad appena ventidue eventi ufficiali, meno di uno alla settimana. Anche considerando il congedo di gravidanza e tre giorni di vacanza in Marocco, era inevitabile che i sudditi si domandassero perché la «brillante fucina americana» trovasse tempo ed energia per tutto fuorché quello per cui era pagata, ovvero lavorare a tempo pieno come *royal* in ogni circostanza della vita nazionale. E perché, se questo le pesava tanto, avesse accettato di accedere – *incredibile dictu* –, lei divorziata afroamericana, alla sommità della società britannica, negli sfarzosi saloni dell'istituzione più venerata del Paese.

Eppure, era un lavoro in cui avrebbe potuto portare un tocco di quello stile spontaneo, alla mano, che era stato la vera forza della suocera mai conosciuta. Meghan ne diede prova prestandosi senza clamore né pubblicità per i sopravvissuti del terribile incendio di Grenfell Tower. Il decrepito grattacielo di ventiquattro piani, in uno degli angoli più miseri di Notting Hill, si trovava a meno di cinque chilometri dalla prima casa dei Sussex nei giardini di Kensington Palace, ed era andato a fuoco nel giugno 2017 uccidendo settantadue persone, in gran parte famiglie di immigrati. Sette mesi dopo, nel gennaio 2018, Meghan non ancora duchessa ma solo fidanzata ufficiale di Harry cominciò a frequentare segretamente la Hubb Community Kitchen (*hubb* in arabo vuol dire «amore»), un gruppetto di donne che nella cantina di una vicina moschea aveva allestito una cucina dove si preparava cibo tradizionale, dal pane *chapati* al curry, per gli sfollati del palazzo distrutto.

«Arriva senza chiasso, si piazza tra noi e si mette un grembiule», diceva ammirata una delle donne che animavano il gruppo. «Si sente che vuole aiutare, si sente che è vera.» Il risultato di quella collaborazione fu il lancio di un libro di cucina intitolato *Together: Our Community Cookbook*, che riuscì a raccogliere oltre mezzo milione di sterline destinate ovviamente alla Hubb Kitchen e ai superstiti dell'incendio. La presentazione, nel settembre 2018 in un party molto informale nei giardini della reggia di Kensington, fu un grande successo: le «colleghe cuoche» nei loro costumi nazionali erano tutte presenti e impegnate a sfornare all'istante esempi delle pietanze di loro produzione. Harry fu colto dalle telecamere nell'atto di trangugiare *samosa*, le speziatissime frittelle indiane, mentre l'intellettuale Meghan pronunciava uno dei suoi discorsi più ispirati, che somigliava anche molto a un manifesto di un modello monarchico «stile Diana»: «Questo è un racconto di amicizia, e una storia di solidarietà. È un omaggio al potere di cucinare come comunità e alle ricette che ci permettono di connetterci, condividere e guardare al futuro».

Proprio da questa iniziativa di successo era scaturita l'idea della collaborazione con il direttore di *Vogue*, anche lui di colore, ed entrambe sembravano tappe di un progetto destinato a inserire Meghan nell'attività dei reali con un contributo specifico e originale, ancorato non solo alla sua birazzialità e spontaneità nei contatti, ma anche all'incrollabile convinzione femminista. Niente all'epoca sembrava suggerire da parte sua un istinto di fuga, come testimonia Anne McElvoy, prima direttrice dell'*Economist*. L'8 marzo 2019, in occasione della giornata internazionale della donna, la duchessa prese parte a una discussione ospitata dal King's College londinese su come sostenere l'emancipazione femminile in tutto il mondo. Le altre invitate erano la celeberrima Annie Lennox, non solo popstar planetaria ma anche attivista infaticabile, e Julia Gillard, ex primo ministro australiano (nonché prima donna ad aver ricoperto quell'incarico), mentre a guidare la discussione era stata incaricata proprio Anne McElvoy.

Chiese a Meghan, ormai incinta al settimo mese, come stesse andando la gravidanza. E lei rispose con una citazione da un documentario visto di recente su Netflix, in cui una madre in attesa dichiarava di «sentire l'embrionico scalciare del femminismo» dentro di sé. «Mi è piaciuto», fu il commento della duchessa. «Che sia un bimbo o una bimba, qualunque cosa sia, speriamo che sia questo il caso... Io spero che gli uomini siano parte di questo discorso. Mio marito certamente lo è.»

La giornalista McElvoy, appartenente di diritto a quelle *chattering classes* urbane (ovvero i ceti intellettuali) che abitualmente non amano la monarchia, dovette ammettere di essere rimasta colpita dalla forza con cui Sua Altezza Reale difendeva le sue posizioni nella discussione, e soprattutto si spinse a prevedere che «in futuro potrebbe diventare anche più franca sugli effetti insidiosi del pregiudizio». Come scrisse due giorni dopo sul *Sunday Times*, Meghan «sposa una specie di pluralismo e progressismo che attraversa le divisioni politiche», sebbene dovesse guardarsi dal rischio di fare troppo la morale: «Se predichi contro il cambiamento climatico, devi stare attento a usare gli elicotteri». Quando, a gennaio 2020, la Megxit (copyright del *Sun*) era ormai cosa fatta, McElvoy confessò che nell'incontro di dieci mesi prima lei non aveva avuto il benché minimo sentore di un qualche piano di defezione: «Incontrai una donna equilibrata, calorosa, pesantemente incinta. Si presentava aperta e gioviale, con un'evidente determinazione a combinare la vita reale con l'attività di beneficenza». Due mesi dopo, tutto sarebbe cambiato.

19

Il mistero della culla

La conclusione a cui storici, biografi e cronisti reali sono unanimemente arrivati è che la nascita del primo figlio abbia avuto sui Sussex un impatto tale da trasformare i loro pensieri e atteggiamenti. Le loro comuni debolezze caratteriali e un eccesso di autostima facile a diventare sfiducia e vittimismo hanno offerto il terreno ideale per questo mutamento, tanto che a un certo punto Harry e Meghan hanno avvertito come non più tollerabili eventi e comportamenti che prima giudicavano sopportabili. Ma il catalizzatore furono ancora una volta la disistima e l'ostilità verso la stampa, accoppiate all'ossessione per la privacy. Questo spiega perché il parto e la nascita di Archie, vale a dire momenti che in Inghilterra sono tradizionalmente di attesa e gioia condivisa tra i sudditi e i reali, furono invece avvolti da una coltre di mistero apparsa ingiustificata, se non proprio sospetta.

Anzitutto, il tira e molla sul luogo del parto. Tanto William quanto Harry erano venuti al mondo nella Lindo Wing del St Mary a Paddington, prima volta in assoluto che un erede al trono – e anche quello «di ricambio» – nascevano in un ospedale pubblico (per di più davanti a una stazione ferroviaria) anziché nella reggia. Nello stesso posto aveva partorito la principessa Anna, e Kate a sua volta aveva seguito l'esempio con i suoi tre figli. In qualche modo, anche questa era diventata una tradizione, con la piccola folla che fuori dalla clinica aspettava con trepidazione l'esito del travaglio e subito dopo gioiva con i reali genitori per il nuovo infante. Restano impresse nella memoria collettiva le immagini di Diana con in braccio i suoi bebè sui gradini della Lindo Wing, o di Kate raggiante con il primogenito mentre William si dà da fare con il seggiolino per bimbi sulla Land Rover. Ma a Meghan questo non andava bene. Né lei né il marito avevano alcuna voglia di esibire il loro neonato su *quei* gradini né di condividere la loro felicità con dei perfetti sconosciuti. Perciò il loro bimbo sarebbe venuto al mondo nel chiuso della loro camera da letto, nella riservatezza della loro villa a Windsor.

Un tale desiderio, forse in ossequio alla mistica olistica imperante in California, era sfortunatamente in diretto conflitto con le esigenze imposte dalla storia alla monarchia. Meghan, da brava americana, era autorizzata a ignorarle. Ma che un principe della Casa Reale non ne tenesse conto, o per ignoranza o per indifferenza, era certamente imperdonabile. Ogni studente di scuola media inglese sa bene che la dinastia Stuart fu travolta, nel 1688, dal cosiddetto «scandalo dello scaldino». Si sostenne che la larga padella di ottone piena di carboni ardenti solitamente usata per scaldare le lenzuola fosse in realtà servita a introdurre nel letto di partoriente della regina Mary di Modena, moglie di Giacomo II, un neonato sano in sostituzione del figlio nato morto. La storia, certamente fabbricata ad arte dall'aristocrazia nemica del re cattolico, fu comunque utile per giustificare il colpo di Stato denominato Gloriosa Rivoluzione, conclusosi con la deposizione del sovrano e la sua sostituzione con la figlia protestante Mary. Da quel momento, per quasi tre secoli, ogni parto di un potenziale erede al trono dovette per legge avvenire alla presenza dei più alti dignitari del regno, in grado di testimoniare la sua legittimità dinastica. Fu solo Giorgio VI, nel 1948, a dispensare l'amata figlia Elisabetta dall'applicazione di questa norma incivile.

Carlo fu il primo erede al trono dopo il 1688 a venire al mondo senza l'indiscreto controllo di vescovi, ministri e dignitari sulla sua effettiva provenienza. Ma in qualche modo fu lui, esibendo con Diana sui gradini della clinica il neonato erede, e due anni dopo pure lo

«Spare», a riesumare almeno in spirito l'antica tradizione, rinnovando in maniera allusiva il patto di fiducia della monarchia con il popolo. William, il futuro re, aveva imitato il padre, e la moglie Kate, conscia del proprio ruolo, aveva acconsentito a ripetere i gesti di Diana. Ma perché mai anche il Ricambio (ormai ex) avrebbe dovuto assoggettarsi allo stesso rituale? E perché mai avrebbe dovuto accettare l'idea che il primo sguardo di suo figlio sul mondo fosse accecato dai flash degli odiati fotografi? Non era proprio quello che Harry aveva in mente, né per sé né per il suo erede, e Meghan era totalmente d'accordo. Di conseguenza, la decisione di far nascere il bambino nella quiete e nell'isolamento di Frogmore Cottage, ben lontano dagli occhi del pubblico. Che non la prese affatto bene.

In primo luogo, tutte queste pretese di riservatezza dei Sussex e l'invocazione di un presunto diritto alla privacy, beh, cozzavano apertamente con il loro essere figure pubbliche quando risultava conveniente. E la convenienza toccava borsellino e stile di vita: chi aveva finanziato la loro reggia campestre e ne assicurava il funzionamento? Chi pagava per il sontuoso mantenimento della coppia e della creaturina che adesso avevano tanta urgenza di nascondere al mondo? E non sarebbe stato il caso, piuttosto, di ringraziare questi generosi contribuenti condividendo con loro la gioia della nascita? E poi, un momento: è vero che il nuovo nato sarebbe andato a occupare solo il settimo posto nella linea di successione al trono ma, la vita essendo imprevedibile, gli inglesi avevano tutto il diritto di essere certi della legittimità di un loro ipotetico (per quanto remotamente) sovrano. Perché allora tanti misteri attorno a questa culla reale? Nell'era dei social e delle fake news, l'ossessione di Harry e Meghan per la privacy della loro famigliola resuscitava facilmente i sospetti sullo scaldino allignati nel 1688.

Alla fine, si incaricarono i fatti di spegnere sul nascere le polemiche. Il nascituro tardava a farsi vivo, e dopo due settimane di attesa il dottore consigliò un parto assistito in ospedale. Ma il mistero avvolse perfino la figura del ginecologo di Meghan, che è rimasto a tutt'oggi un segreto gelosamente custodito, tanto per continuare ad alimentare i dubbi dei complottisti di mezzo mondo. La duchessa comunque seguì il consiglio ed entrò in clinica. La Lindo Wing, penserete voi. Manco per idea. Harry mise in macchina la moglie e la suocera Doria, e invece di dirigersi verso il vicino ospedale di Frimley Park, affrontò il viaggio fino a Londra per consegnare la consorte alla più cara clinica ginecologica d'Inghilterra, il Portland Hospital, di proprietà americana, e soprattutto famoso per i parti delle celebrità. La premio Oscar Kate Winslet, l'ex Spice Girl Victoria Beckham, l'attrice e modella Liz Hurley, tutte donne famose diventate madri nel comfort di una suite al Portland, a tariffe che partono da 10.000 sterline ma offrono al neonato perfino il lusso di una culla con baldacchino. Una scelta decisamente poco coerente con l'immagine di «Principessa del Popolo» che l'ex attrice sembrava così decisa a incarnare.

La motivazione offerta dai suoi assistenti invoca naturalmente il solito imperativo della privacy. E se erano i segugi della stampa che i Sussex intendevano depistare, riuscirono perfettamente nell'intento. Meghan era arrivata al Portland totalmente in incognito la sera del 5 maggio, la notte passò nel travaglio e all'alba del 6 maggio 2019 – per la precisione alle 5.26 – diede alla luce la sua creatura, un bel bambino ritardatario ma perfettamente in salute di oltre 3 chili e 200 grammi. Quello stesso giorno, la felice coppia con neonato e suocera a rimorchio tornò a Frogmore Cottage, beffando i reporter anche con l'aiuto di Buckingham Palace: l'ufficio stampa reale se ne uscì nel pomeriggio alle due annunciando che la duchessa aveva appena cominciato il travaglio, quando in realtà il bimbo era nato più di otto ore prima. I media rimasero a bocca asciutta, ma non la presero bene e si sarebbero vendicati.

Anche William, veramente, non sembrò troppo contento dei sotterfugi fraterni. Stentava a capire la ragione di tenere celato al mondo quello che la tradizione reale imponeva invece di rendere pubblico. Nei lunghi pomeriggi domenicali passati a Windsor da adolescente, sorseggiando il tè con la nonna nel salotto blu caro alla regina Vittoria, aveva imparato bene la storia di famiglia e le lezioni che impartiva. Sapeva che proprio il rifiuto della grande antenata di apparire in pubblico dopo la morte dell'amato marito Alberto di Sassonia-Coburgo-Gotha aveva incrinato la devozione popolare e fatto correre alla monarchia rischi gravissimi. «Sono i sudditi a pagare per la corona, lo scettro e tutto quell'oro», aveva commentato al tempo un ministro del governo Gladstone, «e vogliono vedere quello per cui pagano.»

Harry e la cognata americana si erano sottratti a questa regola, e William – ormai fin troppo conscio del ruolo di futuro capo dell'impresa di famiglia – nutriva in silenzio il proprio disappunto. Ma lo lasciò trapelare in pubblico abbastanza chiaramente andando a visitare, assieme a Kate, la mamma e il bebè ben otto giorni dopo la nascita. Non era certo una gran dimostrazione di premura verso il primo figlio dell'amato fratello. Tanto più che il resto dei parenti stretti, da Carlo a nonna Elisabetta, si erano precipitati a vedere il piccolo già poche ore dopo il suo arrivo.

Il peggio doveva ancora venire, sia in pubblico sia in privato. Prima, però, i Sussex segnarono un punto a loro favore prendendo in contropiede gli odiati giornali. Si lamentavano perché nessuno ancora sapeva com'era fatto il bambino, visto il bando ai fotografi? L'8 maggio Harry e la moglie che cullava in braccio il piccolo Archie Harrison Mountbatten-Windsor apparvero sotto i fasci di luce delle alte finestre gotiche di St George's Hall, nel castello di Windsor. Di fronte a loro c'era soltanto un fotografo, di loro scelta, e un selezionato gruppo di troupe televisive convocate al castello per raccogliere la loro gioia. «È magico, è straordinario», trillò Meghan. «Ho i due migliori ragazzi del mondo, sono così felice.» «Ha il più dolce dei caratteri», dichiarò il padre estasiato mentre a sua volta prendeva in braccio il bimbo: «È davvero così calmo. Non so da chi ha preso!» Era tutto perfettamente coreografato, e il risultato fu quel genere di immagini patinate così care alle celebrità di Hollywood. Ovviamente con un pizzico di modernità multirazziale quando al gruppo si unirono nonna Doria da una parte e i bisnonni Elisabetta e Filippo dall'altra. La foto del gruppetto era quasi un manifesto di nuova monarchia multietnica, incarnata per ovvie ragioni molto più dalla coppia Harry-Meghan che dai pallidi Cambridge.

Il nome Archie era un altro mattone di questa costruzione. Risulta impossibile trovarne traccia in qualsivoglia anagrafe reale degli ultimi duemila anni, ma la madre dimostrò di aver tratto giovamento dagli studi classici nella scuola di Los Angeles spiegando che veniva dal greco *arché*, che vuol dire «origine» o anche «fonte di azione». Insomma, una cosa molto più originale ed elegante dei soliti Giorgio, Carlo, Guglielmo ed Enrico con cui si ostinano a chiamarsi i sovrani d'Inghilterra, distinguendosi solo per il numero ordinale. Con Archie non c'è rischio, e poi comunque è seguito da Harrison, che è una specie di battuta, *Harry's son*, figlio di Harry. Ma perché, si chiesero subito i complottisti, se è il figlio legittimo del duca di Sussex, viene presentato solo come «Master Archie» invece che con il titolo di cortesia che spetta ai figli dei duchi, e nel caso specifico quello di conte di Dumbarton?

William ovviamente non aveva alcun dubbio sulla legittimità del nipotino, ma giusto dietro l'angolo c'era un problema ben più stringente dal punto di vista del protocollo reale. Il battesimo. E anche qui fu presto chiaro che i Sussex non avevano nessuna intenzione di seguire il sentiero tracciato da decine di precedenti battesimi reali. E non solo per questo aspetto della crescita e educazione del loro bambino. C'è un episodio particolarmente rivelatore. A maggio, quando Archie (che i genitori pronunciano non con la «c» palatale come d'uso ma con la «k», *Arki*, alla greca...) venne al mondo, Meghan era ancora alle prese con il suo numero di *Vogue* e Harry con la conversazione-intervista con l'antropologa Jane Goodall. Alla dottoressa Goodall, andata a trovarlo a Frogmore Cottage, fu doverosamente presentato il neonato, e Meghan che lo teneva in braccio lo passò teneramente all'anziana studiosa perché lo cullasse per qualche minuto. Era molto piccolo e sonnacchioso, ha poi ricordato la scienziata, «e non tanto felice di essere staccato dalla sua mamma. Penso di essere stata una dei primi estranei a cullarlo. Io feci fare ad Archie con la manina il tipico gesto di saluto della regina, dicendo: 'Immagino che dovrà imparare questo'. E Harry fu pronto a rispondere: 'Oh, no! Lui non crescerà in questo modo'».

William, e probabilmente gli altri *senior members* della famiglia reale, non ebbero bisogno di questa testimonianza per restare molto perplessi di fronte alle modalità d'ingresso del piccolo Sussex nella Chiesa d'Inghilterra, guidata (non va mai dimenticato) dalla nonna regina. Per la confessione anglicana la scelta dei padrini è una componente essenziale del battesimo, perché saranno proprio questi mentori adulti ad accompagnare la crescita spirituale del figlioccio, e in certi casi anche quella materiale in assenza dei genitori naturali. Perciò la selezione di questi «garanti», così rilevante per le persone comuni, è tanto più essenziale per una famiglia così speciale come quella reale. Questo punto di vista, come si è detto, tendeva regolarmente a sfuggire ai duchi di Sussex ma nemmeno loro, con tutta la loro ansia di normalità e libertà, potevano cancellare il dato di fatto che il loro bambino occupava una posizione molto alta nell'ordine di successione al trono, e quel posto numero 7 ne faceva comunque un reale, che a loro piacesse o meno. La presenza della regina al suo battesimo sembrava dunque un obbligo, oltre che un onore, ineludibile.

Harry e Meghan non se ne curarono. Nella difficoltà di trovare una data che risultasse conveniente per tutte le personalità coinvolte, venne fuori un 6 luglio che permetteva sì la presenza di Carlo e Camilla, William e Kate, e ovviamente dell'arcivescovo di Canterbury che tradizionalmente celebra il rito per i reali, ma non di Elisabetta e Filippo, già impegnati a Edimburgo nell'usuale settimana estiva di presenza nella reggia di Holyrood. In ogni caso è normale che, assente o presente alla cerimonia, il monarca, e con lui i dignitari di Corte nonché i membri più importanti della famiglia, vengano informati dell'identità dei «garanti» cristiani del neonato reale. E in effetti non solo loro hanno buon diritto a rivendicare questa informazione ma anche i sudditi: la forza della monarchia costituzionale in Gran Bretagna si basa su un patto di trasparenza con il pubblico, e in base a questo è indubbio che la gente abbia diritto di sapere chi guida, o guiderà, la formazione morale di un possibile sovrano. Ma se i padrini rimangono segreti, come si può giudicare della loro attitudine?

Il comunicato emesso da Buckingham Palace il 3 luglio lasciò in molti un serio sconcerto. Annunciando che Archie Harrison Mountbatten-Windsor sarebbe stato battezzato il 6 luglio «con una piccola cerimonia privata» (la solita ossessione della privacy...), il Palazzo proseguiva: «Il duca e la duchessa di Sussex saranno felici di condividere alcune immagini scattate nella circostanza dal fotografo Chris Allerton. I nomi dei padrini, in accordo con i loro desideri, rimarranno privati». La scelta del fotografo unico confermava naturalmente la ferrea determinazione di Meghan di essere la sola a costruire la narrazione iconica della sua famiglia, e questo non poteva non scontentare i giornali. Ma molto più grave era il *vulnus* costituzionale sulla segretezza dei padrini.

«Ho coperto cinque o sei battesimi nella mia carriera di osservatore reale», commentò nel programma *Today* della BBC Ingrid Seward, non solo autorevolissima biografa reale ma anche direttrice del periodico *Majesty*, «e non mi sono mai imbattuta in tanta segretezza.» Ma la questione, stabilì con fermezza l'ufficio stampa dei Sussex, non era negoziabile, i nomi dei padrini non sarebbero stati rivelati. Il resto della famiglia mantenne un silenzio tombale. A quel punto non aveva più tanta importanza chi fossero i misteriosi «garanti», se davvero si trattasse secondo voci mai smentite di celebrità americane come George Clooney e Serena Williams. Il punto era che alla coppia di felici genitori sfuggiva del tutto la rilevanza costituzionale della cerimonia, la sorta di legittimità sacrale costituita dal battesimo per qualunque Windsor effettivamente suscettibile di salire al trono. Era questa forma di legittimazione a essere compromessa da padrini «segreti», o addirittura assenti. Ed era questo a preoccupare il giovane uomo destinato a diventare il capo della casata e il responsabile del suo futuro.

Che cosa passava per la testa, e per il cuore, di William risultò abbastanza evidente a quanti osservarono il suo comportamento e la sua espressione quella mattina del 6 luglio, nella cappella privata della regina a Windsor, e poi in occasione della foto ufficiale scattata poco dopo nella solenne formalità della Green Drawing Room, il Salotto Verde del castello. I commentatori ebbero tutto l'agio di sbizzarrirsi nell'interpretazione del suo sorriso storto, quasi incredulo, e della postura sua e della moglie. Il linguaggio del corpo diceva che Kate, non casualmente adornata dello stesso paio di orecchini di perle indossati da Diana al battesimo di Harry nel 1984, sedeva per la foto dritta e imbarazzata, nell'atteggiamento di qualcuno che non vede l'ora di scappare via. Niente a paragone del disagio manifestato da William, ritto in piedi dietro la moglie. Teneva le mani unite davanti all'inguine in una posizione che l'esperta di *body language* Judi James definì «a foglia di fico», e il mento «sollevato nell'atteggiamento che potrebbe adottare un poliziotto prima di arrestare un sospetto». Per i fan su Internet era chiaro che William avesse l'aria di «uno che vorrebbe trovarsi altrove», e a un altro non sfuggì che, trattandosi del primo figlio del fratello, «avrebbe dovuto avere in faccia un sorriso molto più largo».

Date le circostanze, era già molto che non esibisse una smorfia anziché l'abbozzo di un sorriso. Un paio di mesi prima del battesimo un altro serio incidente aveva alimentato la paranoia di Harry e contribuito ad allargare il fossato con il fratello. L'8 maggio, giorno scelto dai Sussex per apparire a Windsor assieme al loro fresco pargolo, uno dei più popolari conduttori della BBC, Danny Baker, pluripremiato presentatore di Radio 5 Live, postò sul suo seguitissimo profilo Twitter una foto in bianco e nero risalente al lontano 1925. L'immagine mostrava una coppia elegantemente vestita che si presentava nell'aula di un tribunale del Tennessee tenendo per mano un piccolo scimpanzé vestito come loro, giacca, bombetta e lucide scarpe con le ghette.

Era un pezzo di propaganda americano usato nella battaglia combattuta all'epoca nelle corti di giustizia tra creazionisti ed evoluzionisti. La foto fittizia con due attori professionisti e una scimmia già nota al cinema serviva ovviamente ai fondamentalisti cristiani a sostenere che, pur con una bombetta in testa, uno scimpanzé resta sempre tale. Solo che Baker aveva veramente esagerato, perché la didascalia che accompagnava l'istantanea sul suo account social diceva: «*Royal baby leaves hospital*», Il bebè reale lascia l'ospedale. Chi poteva dar torto a Meghan quando accusava la società britannica di essere rimasta in fondo razzista?

Nell'eruzione di indignazione che ne seguì, Baker rimosse immediatamente il post e cercò di giustificarsi twittando che avrebbe usato «la stessa stupida immagine per qualsiasi altra nascita reale, o per il bambino di Boris Johnson, o perfino per uno dei miei. È solo un'immagine divertente... Comunque, questo è per te Archie, scusami amico». Le scuse non servirono a evitargli l'immediato licenziamento dalla BBC, e a molti sembrarono tutt'altro che convincenti. Buckingham Palace restò nel più completo silenzio, e lo stesso fecero Harry e Meghan. Ma oggi si sa che la coppia fu amaramente colpita non solo dalla vergognosa uscita di Baker ma ancor più dal fatto che la Gran Bretagna, tanto orgogliosa di non essere razzista, in verità aveva sguazzato nella storia. Anziché ignorare l'indecente battuta o trattarla con il disprezzo che meritava, giornali e social media rilanciarono in tutto il Paese la foto incriminata, in un chiacchiericcio allusivo e complice che si protrasse per giorni.

L'incidente riaccese, comprensibilmente, nei Sussex la sgradevole sensazione di essere un bersaglio (e di essere pertanto in pericolo) sperimentata pochi mesi prima ancora per colpa della BBC. Nel dicembre 2018 il sito web delle News aveva pubblicato un'immagine di Harry sorridente ma tutto coperto di sangue mentre qualcuno gli teneva la pistola alla testa: «SEE YA LATER RACE TRAITOR!» strillava la scritta sotto, Ci vediamo dopo, traditore della razza! La minaccia era firmata da un sedicente gruppo neonazista britannico, la Sonnenkrieg Division, che secondo la BBC si ispirava a Hitler e all'assassino di massa Charles Manson, responsabile della strage a Los Angeles della moglie di Roman Polansky – l'attrice Sharon Tate – e dei suoi amici. In seguito, nel giugno 2019, per effetto della denuncia, due giovani furono arrestati per incitamento al terrorismo e condannati a pene detentive abbastanza lunghe.

In realtà venne fuori che i due erano i soli membri del presunto gruppo e, per quanto le loro minacce fossero allarmanti, erano tuttavia ben lontane dall'avere quel rilievo che era stato loro attribuito dalla BBC. Facendone invece una notizia da prima pagina, la «zietta Beeb» – una volta nota per il suo equilibrio – aveva fatto del sensazionalismo buono per l'audience ma pericoloso per Harry, come il principe scrisse direttamente ai dirigenti della società: la diffusione su scala nazionale e più volte ripetuta dell'invito a ucciderlo sollevava «serie preoccupazioni di sicurezza e aveva inoltre causato alla sua famiglia una grande angoscia, particolarmente mentre sua moglie era incinta di quasi cinque mesi».

A differenza di quanto avrebbe fatto l'anno dopo nel caso di Danny Baker, in questa circostanza la BBC rifiutò di scusarsi, affermando di aver invece prodotto «un importante pezzo di giornalismo», e l'Autorità per le comunicazioni sostenne la sua posizione. Solo molti mesi dopo, in una conversazione privata con il direttore generale dell'epoca, Tony Hall, Harry ricevette le scuse che meritava, particolarmente in considerazione dei rischi che già correva per la sua partecipazione alla guerra contro i terroristi islamici in Afghanistan.

Tutti e due gli episodi apparvero agli occhi dei Sussex come una conferma delle loro peggiori paure: che larga parte del pubblico britannico e decisamente quasi tutti i media (compresi quelli più rispettati come la BBC) considerassero le loro vite come qualcosa con cui giocare e divertirsi, allo stesso modo in cui si erano comportati con Diana. Se in certi momenti questa sensazione di pericolo nei Sussex poteva sfociare in paranoia, non si può negare che ci fossero anche elementi di oggettiva preoccupazione. Soprattutto angosciava Harry l'eventualità che l'irresponsabile comportamento dei tabloid, come aveva già denunciato nel 2016, potesse mettere a repentaglio la vita della donna che amava come aveva già fatto con quella della madre. E la nascita di Archie non fece che aumentare questo peso sul cuore. Lo stesso principe aveva dovuto patire un ingiusto trattamento al tempo degli scandali giovanili, più che altro montati ad arte, e gli sembrava che adesso la moglie corresse un analogo rischio per la sua birazzialità, e ancor più il loro bambino per la sua pur parziale discendenza afroamericana. Chi, si chiedeva Harry, lo avrebbe aiutato a difendere la sua famiglia vulnerabile di fronte ai pregiudizi velenosamente diffusi nel Paese?

Se aveva contato che fosse il fratello a farlo, la speranza andò presto delusa. Già in passato William era rimasto muto quando il cadetto era finito nei guai sui giornali anche per colpa sua, come nelle storie di sbronze e fumatine a Highgrove o della festa in divisa nazista. Allora tra i due erano anche volate parole grosse, ma la frattura era stata presto sanata tanto dalla giovane età quanto dalla comune volontà di non infrangere il loro straordinario vincolo. Stavolta era diverso. Già da mesi gli ex fratelli inseparabbili si parlavano poco e per mezze frasi. Adesso, quando una sua parola di condanna sarebbe stata di sostegno ai Sussex e di ammonimento alla nazione, il futuro re scelse invece di attenersi al motto di famiglia. «*Never explain, never complain*» pesava più dell'amore fraterno.

20
Addio, fratello crudele

La crisi decisiva, che innescò il secondo grande scisma dei Windsor dopo l'abdicazione di Edoardo VIII, fu la conseguenza dell'*opus magnum* a cui Meghan aveva lavorato per gran parte della gravidanza, ovvero il suo numero speciale di *Vogue*. Ad aiutarla era stata soprattutto la sua ex agente di Hollywood, Keleigh Thomas Morgan, rappresentante della potentissima Sunshine Sachs – società di PR dei divi –, che era rimasta accanto alla neoduchessa quando questa aveva abbandonato la carriera di attrice. Thomas Morgan era stata anche preziosa nella creazione della Fondazione Sussex Royal, e soprattutto nella scelta azzeccatissima del marchio. Adesso, nel luglio 2019, attendeva di vedere come sarebbero state giudicate le anticipazioni, appena diffuse, del fascicolo di *Vogue* firmato da Meghan in uscita a settembre. Fu un disastro di dimensioni inimmaginabili anche per un'esperta di PR del calibro di Thomas Morgan.

L'editorialista Melania Phillips attaccò sul *Times*: «Il 'woke' *Vogue* di Meghan è vacuo e divisivo», affibbiando al fascicolo il termine dello *slang* afroamericano usato per indicare una nuova consapevolezza sociale. «L'ostentazione di moralità di Meghan è tutta vanteria... Grida: 'Io! Io! Io!'» Ridotto a puro narcisismo l'esibito impegno sociale della duchessa, Phillips andava oltre rimproverandole di non aver capito i doveri del nuovo status, che chiaramente «le preclude dichiarazioni politiche. Non ha ancora afferrato che il ruolo della monarchia è di unire il Paese». E il suo numero della rivista faceva invece il contrario, a cominciare dalla scelta dei quindici volti di copertina, tutte personalità della sinistra più aggressiva.

In cauda venenum, avvertivano i latini. E infatti il rimprovero più velenoso arrivava in fondo alla requisitoria. Soprattutto, rimarcava perfida Phillips, «in cima alla lista della duchessa avrebbe dovuto esserci la nonna acquisita. Probabilmente, però, la regina non è mai entrata nella sua mente. Dopo tutto, lei rappresenta uno straordinario senso del dovere, umiltà e modestia, unità piuttosto che divisione».

Anche il *Sun* si improvvisò tribuno del popolo per attaccare Meghan sul fronte di classe: «Una donna che vuole essere autenticamente reale, difendendo i più deboli della società, non dovrebbe pubblicare una rivista patinata zeppa di moda supercostosa per la gente più ricca del pianeta». Seguiva elenco del prezzo di alcuni accessori, dalla borsetta da 12.000 sterline alle scarpe da 600, ma la chiusa batteva sempre sullo stesso tasto: «*Our royals should keep their political opinions private*», ovvero: i nostri reali dovrebbero tenere per sé le loro opinioni politiche. Una specie di articolo di fede su cui si basa la sopravvivenza della monarchia in Gran Bretagna.

Altri commentatori scelsero di rivestire i rimbrotti del più soffice tessuto del rammarico. «Avevi cominciato così bene», scrisse Sarah Vine sul *Daily Mail*, forse reso più cauto dalla causa intentata da Meghan al gruppo per violazione della privacy. «Un soffio d'aria fresca, proprio la giusta miscela di fascino e sicurezza, la perfetta consorte per Harry, il beniamino della nazione.» Ma a quanto pareva nessuno a Palazzo aveva spiegato a Meghan i fondamentali del lungo patto tra monarchi e popolo: «Noi vi forniamo fondi e palazzi per condurre una vita di lussi, e ci impegniamo a non tagliare la vostra testa o quella di nessun vostro parente. In cambio, voi ci lasciate adorare il vostro bambino Archie e cercate di non fare troppo gli arrabbiati quando chiediamo chi sono i padrini. [...] Essere veramente reali è tutta questione di tradizione e dovere, modesto servizio e lealtà, anno dopo anno dopo anno, stagione dopo stagione».

Il guaio per Meghan (e di conseguenza per Harry) era che questo coro di disapprovazione rifletteva ormai il sentimento dominante anche tra i Windsor. Il più perplesso e preoccupato sembrava proprio William. Ed era perfettamente comprensibile, considerando che la lunghezza della sua prospettiva era notevolmente maggiore, per ovvie circostanze anagrafiche, di quella del padre e della nonna. Al giovane erede, ormai uomo maturo, appariva chiara quale fosse la condizione necessaria per assolvere al suo compito, che era di traghettare la Corona nella contemporaneità e assicurarsi di consegnarla integra nelle mani del primogenito George. Per riuscirci, era fondamentale tenere a mente il tasto su cui batteva e ribatteva ogni giornale: «La ragione fondamentale per cui la monarchia ancora esiste è perché si mantiene al di sopra della politica», come aveva riepilogato per tutti il *Sun*. Ma le sparate modaiole (non nel senso della *couture*) di Meghan rischiavano invece di mettere tutto in pericolo: «Temiamo che la Corona stia andando incontro a ricadute negative presso lo stesso pubblico che ora la finanzia».

Come poteva il futuro capo della casata ignorare minacce del genere, nemmeno tanto velate? D'altro canto, la leva finanziaria era quella a cui i sudditi, o meglio i loro rappresentanti in Parlamento e nell'*establishment*, avevano sempre fatto ricorso ogni volta che i sovrani davano l'idea di voler imporre le loro preferenze politiche. Qui entravano in gioco questioni fondamentali per la sopravvivenza del trono, di gran lunga più importanti e pressanti delle urgenze femministe o *woke* dell'ex attrice americana. William aveva volentieri sostenuto l'iniziativa benefica della cognata a favore degli sfollati di Grenfell Tower, ma in quel caso la chiave del successo era stata proprio il desiderio della Royal Foundation «di fare *insieme* la differenza». Ecco, il sesamo magico – per la monarchia e il suo futuro – era proprio quello: *together*, insieme. Il compito del sovrano è esattamente quello. Unire il Paese, unire le sue energie, e William avvertiva come suo il dovere di realizzare questo comandamento. Certo non avrebbe permesso che il suo lavoro fosse messo a rischio dai progetti filantropici alla moda, ma profondamente divisivi, della cognata e del fratello.

Il conseguente colloquio con Harry fu un disastro, d'altronde prevedibile. L'ansia del cadetto di infrangere il guscio reale aveva trovato in Meghan una testa d'ariete. Di conseguenza, ogni riserva, e soprattutto critica, all'indirizzo della consorte era accolta come una conferma del pregiudizio nei suoi confronti, proprio quello da cui lui cercava di proteggerla. Le perplesse reazioni di William al carattere «militante» del fascicolo «*Forces for CHANGE*» produssero un'incontrollabile esplosione di rabbia nel fratello minore. Ne seguì un approfondirsi della frattura tra i due, e la gravità della rottura si palesò nell'improvviso annuncio dei Sussex che non avrebbero trascorso il previsto periodo di vacanza estiva a Balmoral con la regina e il resto della famiglia.

Il pretesto ufficiale fu che Archie era ancora troppo piccolo, a tre mesi, per imbarcarsi in un viaggio aereo. Ma stranamente questo impedimento svanì quando mise piede coi genitori sul jet privato di Elton John, che quella stessa estate scarrozzò i Sussex su e giù per il Mediterraneo, da Minorca alla Costa Azzurra e poi di ritorno a casa a Windsor. La stampa ovviamente non aspettava altro per mettere in luce la scarsa coerenza tra i proclami ecologici della coppia ducale e la consistenza dell'impronta carbonica lasciata nell'atmosfera dai loro tanti voli privati. In un'esibizione di superiore virtù, William e Kate coi loro bambini presero invece un volo low cost per andare da Norwich ad Aberdeen, vicino a Balmoral, tra le fanfare dell'intera stampa nazionale che ne lodava parsimonia e attenzione all'ambiente. Peccato che la compagnia Flybe, pur di farsi pubblicità, avesse inviato un aereo vuoto per raccogliere i Cambridge da uno scalo semideserto, emettendo qualche tonnellata in più di anidride carbonica.

La ripresa autunnale si presentò un po' più rosea per i Sussex, con la promessa di riprendersi dalla *débâcle* del numero speciale di *Vogue*. Era alle viste a fine settembre un tour di dieci giorni nell'Africa australe, dove Harry e Meghan avrebbero dovuto rappresentare Sua Maestà la nonna. Come tutti i viaggi reali, anche questo era stato organizzato dal Foreign, Commonwealth & Development Office per rafforzare i legami d'amicizia e promuovere gli interessi britannici nei Paesi che avrebbero visitato, cioè Sud Africa, Botswana, Angola e Malawi. Dal punto di vista di Buckingham Palace, il tour non sarebbe potuto arrivare in un momento migliore. Offriva l'opportunità di dar corpo alla nuova strategia elaborata a Corte per disinnescare la mina Meghan e trasformarla invece in un fattore di innovazione e stabilità per la monarchia.

Autore del piano era lord Christopher Geidt, ex segretario privato cacciato dal suo posto accanto alla regina con un colpo di Palazzo ordito da Carlo e Andrea (che lo detestavano per differenti ragioni). Elisabetta però lo teneva in massima considerazione, e dopo poco lo richiamò al suo fianco nella qualità di Lord-in-waiting, un ruolo cerimoniale che gli permetteva di essere liberamente «occhi e orecchie» di Sua Maestà. Acutamente consapevole del rischio rappresentato dai Sussex, Geidt e l'ex diplomatico sir David Manning elaborarono un piano che, stando agli ambienti di Corte, venne discusso dettagliatamente con la sovrana.

In buona sostanza, si trattava di allontanare Harry e Meghan dal regno per un periodo abbastanza lungo da consentire a tutti di riprendere fiato. L'opportunità era offerta su un piatto d'argento da quell'istituzione che Elisabetta considerava suo dominio riservato, ovvero il Commonwealth. Aveva già nominato Harry presidente del Queen's Commonwealth Trust, nato per sostenere «giovani leader in tutto il mondo impegnati a guidare positivi cambiamenti sociali». E, con una chiara manifestazione personale di fiducia, aveva conferito a Meghan la carica di vicepresidente. L'idea era di affidarle «uno speciale lavoro a sostegno di donne e ragazze». Il Commonwealth sarebbe dunque divenuto – nei progetti reali confezionati dal duo Geidt-Manning – il campo d'azione dei Sussex, che avrebbe offerto a entrambi onori e status semiregali e al tempo stesso precise responsabilità generate dalla personale manifestazione di fiducia della sovrana.

Lontano dalle controversie, e soprattutto dalla fraterna competizione, della madrepatria la coppia avrebbe potuto positivamente trasformarsi in una forza per il bene. Harry avrebbe finalmente trovato un ruolo ufficiale che lo avrebbe liberato dalle costrizioni della condizione di Ricambio senza però minacciare lo status del fratello. E Meghan avrebbe potuto dare libero sfogo a tutte le ambizioni di attivista per l'*empowerment*, l'emancipazione femminile, al riparo dalle vetrioliche polemiche britanniche. Il viaggio nell'Africa australe era l'occasione tanto attesa per mettere in opera il piano. Le ambizioni della coppia sarebbero tornate utili per dare impulso allo sviluppo del Commonwealth, progetto a cui Elisabetta aveva dedicato tanta parte del suo lavoro di statista. In più, per il giovane principe la tappa in Angola sarebbe stata un momento speciale: era previsto che camminasse nello stesso campo minato, a Huambo, che Diana aveva attraversato nel 1997 nella sua famosa azione dimostrativa contro le mine antiuomo. Il ritorno del figlio in quel luogo era un cerchio che si chiudeva.

Sunshine Sachs, la società di PR che curava anche l'immagine dei Sussex, accolse con entusiasmo l'opportunità di una redenzione personale dei suoi assistiti dopo il disastro, in termini di pubbliche relazioni, del numero di *Vogue*. Stavolta in valigia niente vestiti eleganti o abiti alla moda che ricordassero anche lontanamente il mondo patinato della rivista. Solo un abbigliamento semplice, informale, capi di origine rigorosamente etica, prodotti da marchi che non sfruttavano il lavoro minorile o femminile in Asia. E, per carità, niente jet privati. Soltanto voli di linea come tutti i normali esseri umani. E poi, una volta in Africa con baby Archie al seguito, niente misteri, nessun segreto sul bambino, in nome del cielo, mostrarlo invece orgogliosamente al mondo come fanno tutti i genitori del pianeta... Insomma, un vero e proprio catalogo per ripulire agli occhi dei sudditi le figure macchiate dal duplice peccato del privilegio e dell'incoerenza.

In Africa, peraltro, benissimo i discorsi appassionati di Meghan sull'emancipazione delle donne, ma attenzione a non farli troppo puntuti e aggressivi in società ancora profondamente segnate dal modello patriarcale. L'esperienza in cucina della duchessa con le donne di Grenfell Tower sarebbe tornata utile per allestire qualcosa di simile anche nei miseri slum di Città del Capo, e qualche visita a scuole femminili e centri di assistenza anti AIDS avrebbe ulteriormente arricchito il menù. Dopo tutto, se la sapiente campagna d'immagine condotta da Mark Bolland era riuscita a riabilitare Camilla agli occhi del pubblico, tanto più facile sarebbe stato per una coppia giovane e *glamorous* come i Sussex. Così istruiti e armati, Harry e Meghan con Archie al seguito sbarcarono dal loro ordinario volo British Airways a Città del Capo.

Gli inizi del tour filarono via lisci secondo i piani. Niente foto della coppia che scendeva dall'aereo: la prima occasione di scatti per i fotografi fu molto più significativa e ricca di simboli, ovvero la visita a Nyanga, uno dei sobborghi neri più poveri dell'intero Paese, «la capitale sud africana del crimine, uno dei posti più pericolosi al mondo», secondo la definizione di Tom Bradby, l'inviato amico di Harry e William incaricato di seguire il viaggio per ITV: «La violenza contro le donne a Nyanga è endemica». Nella miserabile *township* la coppia reale fece quello che le riusciva meglio: si mescolò con la gente e soprattutto coi bambini che seguivano lezioni sui loro diritti e corsi di autodifesa, e con le ragazzine che imparavano come tradurre in pratica i principi dell'*empowerment* femminile.

Tutto materiale che sarebbe finito nel documentario sull'attività filantropica dei Sussex che Bradby avrebbe realizzato per ITV. Il titolo era *Harry & Meghan: An African Journey*, e avrebbe raggiunto la fama ma per tutt'altre ragioni. In qualche modo sarebbe diventato storico, almeno per la vicenda dinastica dei Windsor. Il programma prevedeva interviste con i due protagonisti, e fu precisamente quello il momento scelto da Harry per gettare luce sui rapporti col fratello, che tutto il mondo poteva vedere deteriorati dal momento della comparsa di Meghan. È nella conversazione con Bradby che Harry finalmente riconosce e rivela all'opinione pubblica la serietà della rottura con il primogenito, parlando per la prima volta dei «diversi sentieri» intrapresi dalle loro vite negli ultimi due anni.

«Inevitabilmente le cose succedono», dice a Bradby sotto il cielo scuro di una notte africana, appena rischiarata dai fuochi di un campo sullo sfondo. «Ma guarda, siamo fratelli. Saremo sempre fratelli. Al momento siamo certamente su diversi sentieri ma io ci sarò sempre per lui, e io so che lui ci sarà sempre per me.» Davvero, Harry? E soprattutto, Meghan lo avrebbe permesso?

La risposta della duchessa arrivò nell'intervista con Bradby a conclusione del tour africano, giusto prima di riprendere l'aereo per casa. Anche questa giustamente entrata nella storia. La visita della coppia fino a quel momento era stata un clamoroso successo. Erano riusciti a mostrare al mondo il loro volto più aperto e solidale, erano stati semplici e alla mano, e la presentazione di Archie a Desmond Tutu, Nobel per la pace, era stato un colpo magistrale, capace di far dimenticare tutti gli incomprensibili maneggi per «nascondere» il bambino. Tutto bene, dunque? Non proprio, perché inspiegabilmente l'umore di Meghan, sempre oscillante tra autoesaltazione e vittimismo, si era fermato alla fine sul secondo polo.

«Come si sente, Meghan?» esordì Bradby, difficilmente immaginando la risposta che stava arrivando.

«Grazie per avermelo chiesto», replicò lei con aria puntuta. «Perché non tanta gente mi ha chiesto se ero OK.»

Bradby, apparentemente sorpreso, ripeté la domanda. «E la risposta è? Sarebbe corretto dire: 'Veramente non OK'? Che è stata davvero una lotta?»

Stavolta la risposta arrivò secca come una fucilata: «Sì». Dopodiché si spalancarono i cancelli dell'inferno, almeno per quanto riguardava i Windsor. Perché sospinta da Bradby, che era anche un amico, la duchessa cominciò a elencare le ragioni della sua infelicità. Lei aveva cercato, spiegò, di «adottare questa sensibilità britannica dello *stiff upper lip*... Ci ho provato, veramente provato». Ma aveva smesso di farlo quando si era resa conto che questo stava danneggiando la sua salute mentale: «Ho detto molte volte a H», l'iniziale con cui chiama Harry nell'intimità, «che limitarsi a sopravvivere non è abbastanza, giusto? Non è questo il punto della vita. Uno deve prosperare, uno deve sentirsi felice».

Se a questa infelicità si aggiungono le difficoltà della gravidanza, disse, perché «sa, ogni donna quando è incinta è veramente vulnerabile, e poi cercare di essere una nuova mamma, o una fresca sposa...» Meghan non riuscì a finire la frase, impegnata come appariva a ricacciare le lacrime in gola.

Per il pubblico inglese, vedere l'intervista fu come fare un tuffo nel passato. Dalla confessione di Diana a *Panorama* nel 1995 erano passati ventiquattro anni, ma i tanti che conservavano memoria di quell'evento ne riconobbero subito le tracce: le somiglianze di comportamento delle due protagoniste, il dolore esibito, il pianto trattenuto. Qui non c'era ovviamente il «matrimonio troppo affollato», anzi era evidente l'amore coniugale, ma la fonte d'infelicità era la stessa che aveva avvelenato il matrimonio dei Galles. L'insensibilità della famiglia reale, l'anaffettività dei Windsor, la loro sordità di fronte alle richieste di aiuto di un outsider che si sforza di integrarsi nei loro costumi ma viene inesorabilmente snobbato. Anche Meghan, insomma, si presentava come una vittima della reale prassi del silenzio, un'altra donna immolata sull'altare del protocollo e dell'etichetta. Beh, lei semplicemente non ci stava.

Che cosa l'abbia tanto amareggiata alla fine di un tour reale che era stato invece un vero trionfo d'immagine non è mai stato chiarito, perciò non resta che avanzare supposizioni. La più gettonata è che sui Sussex abbia influito negativamente l'inasprirsi della battaglia con la stampa, almeno quella britannica. Perché mentre la rivista americana delle celebrità *People* aveva dedicato alla duchessa sette pagine di entusiastici commenti degli amici sulle sue tante virtù, in contemporanea nel febbraio 2019 l'inglese *Daily Mail* aveva pubblicato la lettera di Meghan al padre in cui gli ingiungeva «di lasciarla in pace». E il risultato era l'ennesima causa intentata dalla coppia contro un giornale britannico. Su incarico dell'ex attrice (istigata dalla sua agenzia americana di PR), lo studio legale Schilling aveva avviato, il 1° ottobre 2019 – quindi due giorni prima del ritorno dal viaggio africano –, un'azione di responsabilità civile contro la Associated Newspapers, editrice del

Mail. Sommata alle denunce presentate pochi giorni prima da Harry contro il *Mirror* e contemporaneamente il *Sun* di Murdoch, faceva sì che i Sussex adesso si trovassero direttamente sulla linea del fuoco dei tre maggiori gruppi giornalistici (e dei tabloid più aggressivi) del Regno Unito. Una prospettiva davvero poco esaltante.

Non solo per loro. L'effetto combinato delle dichiarazioni di Meghan e dell'ennesima causa contro un giornale fu l'equivalente, per Elisabetta e i suoi eredi diretti Carlo e William, di una carica di tritolo sotto il trono. Da ogni punto di vista, il comportamento di Harry e Meghan rappresentava l'esatta antitesi della costante attitudine dei Windsor. I reali non vanno in giro a denunciare le persone per le critiche che ricevono, manco fossero delle celebrità di Hollywood. Buckingham Palace ha trascinato in giudizio la stampa in non più di un paio d'occasioni durante l'intero regno di Elisabetta, l'ultima quando la rivista francese *Closer* aveva pubblicato una foto di Kate in topless ripresa con un teleobiettivo a un chilometro di distanza. Il risarcimento era stato opportunamente devoluto in beneficenza. In quel caso si trattava comunque di un'evidente violazione del diritto di privacy, senza alcun pretesto di interesse pubblico. E certamente l'azione legale aveva ricevuto l'autorizzazione della regina.

Perché la regola fondamentale della casa è questa. Nulla si fa senza il consenso diretto della Principale. E l'idea di lanciare una simile offensiva giudiziaria, non una ma tre cause, senza nemmeno curarsi non dico di avere la benedizione reale ma almeno di informare Sua Maestà o il suo segretario privato sir Edward Young, il più alto dignitario di Corte, era assolutamente inaudita. Forse per amore del nipote prediletto Elisabetta avrebbe potuto decidere di passarci sopra ancora una volta, come per molte altre scorrettezze della coppia, ma quando si mise davanti alla tv per vedere il documentario di Bradby sul tour dei Sussex, ogni eventuale residuo di clemente disposizione d'animo svanì. Non furono tanto le accuse di freddezza e insensibilità implicitamente rivolte ai reali a colpire la sovrana, quanto il feroce contrasto tra le lamentazioni di Meghan e l'ambiente in cui le pronunciava.

In questo Elisabetta era tutt'altro che sola. Mentre le «sofferenze» dell'ex attrice scaldavano in suo favore l'opinione pubblica americana, nel Regno Unito la reazione unanime di stampa e sudditi fu di palese fastidio. Perché mai invece di ringraziare Harry, Dio e la regina per averla fatta entrare in una terra di lussi inimmaginabili, lei sollecitava invece compassione? Elisabetta ne fu scossa. Davanti alla telecamera, ecco una delle donne più privilegiate del pianeta piangere sulla dura sorte di vivere in una reggia, e questo giusto sullo sfondo di uno degli angoli più miserabili del globo, dove la gente era costretta a lottare per un secchio d'acqua potabile, una ciotola d'avena e un tetto di paglia sulla testa. Era sul destino di questi «dannati della Terra» che la duchessa avrebbe dovuto versare le sue lacrime, invece di limitarsi ai sorrisi smaglianti per le *photo op* in loro compagnia. Tutto il suo comportamento suggeriva distacco, indifferenza verso i bisogni dei normali esseri umani e, per converso, un'irrefrenabile attitudine all'autoindulgenza e all'autocommiserazione. Era evidente, a questo punto, che i Windsor avevano un problema.

Anche perché, come tutte le sortite di Meghan, pure questa si mostrò subito divisiva. Se la stragrande maggioranza dei lettori dei tabloid pensava che la duchessa reale avesse fin troppo di cui essere grata e non meritasse dunque alcuna simpatia per le sue presunte pene, un folto schieramento di parlamentari donne guidate dalla trentatreenne deputata laburista Holly Lynch si mosse in suo sostegno. Il 29 ottobre le settantuno deputate sottoscrissero una lettera aperta indirizzata a Sua Altezza Reale la duchessa di Sussex per manifestarle completa solidarietà nella battaglia contro la stampa. Era loro opinione – dichiaravano nel documento – che molte storie dei giornali sul suo conto non solo violassero il diritto alla riservatezza ma fossero «disgustose e ingannevoli». Alcune in particolare rivelavano «una datata mentalità coloniale» da condannare senza esitazioni. Appariva evidente che le scriventi si erano fermate un attimo prima di pronunciare la parola «razzismo». La deputata marxista e repubblicana Rebecca Long-Bailey andò invece oltre, dichiarando che sebbene desiderasse abolire la monarchia, prima però avrebbe voluto vedere Meghan regina.

Non c'è dubbio che l'eventuale usurpatrice americana ne fosse estasiata, i reali nemmeno un po'. Non solo il conflitto tra un principe del sangue e i maggiori giornali dovrebbe essere evitato, ma nell'incresciosa ipotesi che si verifichi, è il minimo galateo costituzionale che i politici se ne tengano rigorosamente fuori, nel rispetto assoluto dell'indipendenza della stampa. E invece ecco qui un cospicuo drappello di deputate impegnate a sfruttare l'identità e lo status di Meghan a proprio beneficio e a vantaggio dei loro interessi politici. Elisabetta non ne dava la colpa alla nipote acquisita, ma era certamente sua la responsabilità di aver provocato questo corto circuito, e solo perché spinta dalla smania di mettere davanti a tutto il suo ego, le sue incertezze o le sue aspirazioni. Il contrario di come la sovrana intende *the royal duty*, il dovere reale.

Come se non bastasse, fu proprio in quell'autunno di mutua crescente insoddisfazione che venne fuori l'insospettato lato commerciale del brand Sussex Royal. Non solo un marchio filantropico, per quanto si era inteso fino ad allora, ma anche una vera e propria attività mercantile. In realtà, quando avevano registrato il loro trademark presso l'Intellectual Property Office, il 21 giugno 2019, i Sussex – sempre aiutati dai valenti assistenti americani (*business is business*...) della Sunshine Sachs – avevano anche elencato più di un centinaio di prodotti che sarebbero stati oggetto della loro attività commerciale. Si andava dalle bandane ai cappucci, dai pigiama ai segnalibri, ma non erano escluse nemmeno iniziative imprenditoriali più complesse, come «servizi di assistenza sociale, in particolare organizzazione e conduzione di gruppi di sostegno psicologico, servizi di consulenza, offerta di personale di supporto per servizi d'assistenza alle persone bisognose» e così via.

La scoperta che, zitti zitti, i Sussex erano entrati in affari mandò fuori dai gangheri i reali e i loro principali assistenti. Ambienti di Corte assicurano che per un paio di giorni Buckingham Palace e Clarence House (la residenza di Carlo) sembrarono formicai impazziti. Non era cosa inedita che membri della famiglia reale traessero un profitto dalle loro proprietà. Del resto, molte di queste erano state costituite proprio per assicurare ai principi un'esistenza adeguata al ruolo senza pesare sulla comunità. Era il caso del ducato di Cornovaglia, creato nel 1337 da Edoardo III come appannaggio per l'erede al trono e trasformato da Carlo in una moderna ed efficiente azienda agroalimentare, famosa per i biscotti biologici *Duchy Originals*. Ma una cosa sono i dolcetti digestivi e un'altra i servizi di assistenza alla persona, per non dire le sessioni di psicoterapia, e in ogni caso era forse venuto in mente a Harry di parlarne con il padre o il fratello, se non voleva consultare i funzionari di Corte? Niente, zero. Come al solito, i Sussex pensavano ai loro affari senza informare nessuno, e senza preoccuparsi di ottenere il consenso dell'unica persona che conta nella linea di comando monarchica: la regina.

Stavolta Elisabetta decise che nipote e moglie avevano passato il segno. Non solo avevano ignorato la sua autorità, minando in questo modo la base stessa del trono, ma stavano usando un marchio della Corona – Sussex Royal – per mettere sul mercato prodotti commerciali senza chiedere però alla Corona stessa il necessario consenso. Questa era ribellione bella e buona, e nessun affetto di nonna poteva impedire che venisse trattata come tale.

Che cosa sia effettivamente successo tra i Windsor e i ribelli in quell'ultimo scorcio di 2019, prima delle feste di Natale, non è documentato. Sembra improbabile che la questione sia stata affrontata da Carlo, notoriamente incline a evitare come la madre i contrasti diretti. Ed è inimmaginabile che William e Harry ne abbiano parlato da buoni fratelli, come sarebbe successo una volta. Dopo l'intervista del cadetto a Bradby, l'erede aveva calato le saracinesche, limitandosi a far trapelare su parecchi giornali di essere «preoccupato» per Harry e di temere che la coppia si fosse ficcata «in una situazione delicata».

I commenti fecero infuriare l'interessato, secondo il resoconto che ne fece un amico qualche tempo dopo. «È questo genere di giochetti che la coppia non vedeva l'ora di lasciarsi alle spalle. Invece di tendere loro la mano, qualcuno vicino a William», sostengono i biografi Scobie e Durand, «passava ai giornali il suo punto di vista sulla salute mentale di Harry. A giudizio di quest'ultimo, era meschino condividere pubblicamente opinioni del genere.» Il duca era ormai convinto che il fratello maggiore e le persone attorno a lui fossero troppo interessati alla copertura della stampa.

Quanto al contenzioso sugli affari di Sussex Royal, tutto lascia intendere che l'intera faccenda, con tutti i suoi aspetti sgradevoli, sia finita tra le mani dei burocrati di Corte, quelli che Diana chiamava *men in grey*, gli uomini in grigio. Il risultato non poteva che essere pessimo per i Sussex.

Ogni discussione, ogni problema, ogni disaccordo non veniva più affrontato tra famigliari ma a livello di staff. La coppia si sentiva incompresa e isolata, costantemente sotto pressione, non solo della stampa ma anche della Corte. La conclusione a cui arrivarono Harry e Meghan fu che avevano urgentemente bisogno di allontanarsi dalla Gran Bretagna per un consistente periodo, e questo li spinse all'annuncio che arrivò a novembre. Sarebbero andati in vacanza per sei settimane, di conseguenza non avrebbero passato il Natale con la regina e il resto dei reali a Sandringham, come da tradizione, ma per conto loro, soli con Archie e nonna Doria, in un posto abbastanza lontano da nasconderli alla vista degli odiati tabloid. La scelta cadde su Mille Fleurs, una villa da mille e una notte (e 18 milioni di dollari di valore) a Vancouver Island, in Canada: la proprietà, affittata dai Sussex attraverso l'amico Ben Mulroney, aveva due spiagge private su una tenuta di 2 ettari, un numero imprecisato di camere da letto e tutta la tranquillità che poteva desiderare la coppia decisamente ammaccata e depressa per gli attacchi dei tabloid.

Ansiosi di vendicarsi, i mastini della stampa inglese non si mostrarono magnanimi. Accompagnarono i duchi fino alla partenza con una salva di attacchi, che addebitavano la loro «diserzione» natalizia alla presunta mancanza di rispetto verso la regina e di affetto per nonno Filippo. In effetti era noto che la salute del duca di Edimburgo era in pessimo stato, e molti temevano che quello potesse essere il suo ultimo Natale. Ma da questo a sostenere che i Sussex, così caritatevoli verso gli estranei, fossero invece disumani con i parenti francamente ce ne corre. E come se non bastasse, almeno un paio dei giornali popolari misero in dubbio l'effettiva necessità della vacanza, considerato che Meghan aveva speso buona parte dell'anno in congedo (dimenticando che il permesso di maternità è diritto di tutte le donne) e Harry, anche lui, non aveva avuto un calendario particolarmente faticoso.

Si può ben capire che una volta arrivata nella villa di Vancouver Island la coppia abbia sbarrato porte e finestre agli odiati tabloid e abbia deciso di comunicare direttamente con gli undici milioni e passa di follower pubblicando sul sito web di Sussex Royal un'elegantissima cartolina d'auguri. È una foto informale in bianco e nero di Harry e Meghan accucciati per terra accanto a un sontuoso albero di Natale, che sorridono raggianti ad Archie mentre il bimbo guarda direttamente in camera. La scritta, sotto un'elegante corona ducale, recita: «Auguri di Felice Natale e Buon Anno Nuovo dalla NOSTRA Famiglia alle VOSTRE». Ecco, per loro adesso tutto ruotava attorno alla *loro* famiglia, e per il suo futuro erano ormai pronti alla battaglia decisiva. Il messaggio natalizio di Elisabetta, con la loro foto mancante e la censura perfino del nome di Archie, presentato solo come «l'ottavo bisnipote», la rese soltanto più urgente.

Epilogo
Ritorno a Sandringham

E RIECCOCI, lunedì 13 gennaio 2020, nello studio di Sua Maestà nell'avita dimora di campagna dei Windsor. William, come abbiamo visto all'inizio, aveva dribblato l'invito di Elisabetta per un pranzo di famiglia, solo loro quattro, nonna, figlio e i due nipoti. Naturalmente, ligio alla convocazione, si era presentato all'appuntamento delle due del pomeriggio nella Long Library di Sandringham ma con lo stato d'animo di chi va a un colloquio d'affari. Niente sorrisi, niente abbracci, niente ipocrisia. Però, fino a un certo punto. Perché quando quella mattina il *Times* se n'era uscito con un articolo francamente abrasivo, ancora una volta i due fratelli avevano fatto fronte comune. Secondo il giornale di Murdoch, Harry riteneva «di essere stato spinto lontano dalla famiglia reale dall'atteggiamento da bullo di suo fratello, il duca di Cambridge».

La replica, bruciante, era arrivata con la velocità della luce. Alle 12.09 le agenzie battevano la risposta congiunta dei due: «Nonostante chiare smentite, un giornale britannico ha pubblicato oggi una falsa storia che avanza congetture sulla relazione tra il duca di Sussex e il duca di Cambridge. Per fratelli che tengono così profondamente alla problematica della salute mentale, l'uso di un linguaggio così infiammatorio è offensivo e potenzialmente dannoso». William e Harry potevano pur evitare quel giorno di pranzare insieme per rancori difficili da decifrare e risolvere ma restavano comunque i due figli di Diana, ancora una volta (sebbene forse l'ultima) fianco a fianco contro il resto del mondo. Anche perché, pur se meno vocale solo per ragioni di ruolo, il disprezzo di William verso i giornali non era meno intenso di quello del fratello.

Su ciò che accadde quel pomeriggio nella Long Library abbiamo solo quella che si può ritenere la versione di Harry, visto che è l'impressione fornita nella biografia «amichevole» di Scobie e Durand. Presieduta ovviamente dalla novantatreenne regina, la riunione adottò un approccio molto pratico. Furono subito tutti d'accordo nel ritenere che fosse nell'interesse generale trovare un'intesa prima possibile. Avendo stabilito questo principio, la cosa più utile da fare sembrò quella di affidare agli assistenti delle diverse parti il compito di fissare tutti i punti del compromesso, in un incontro da tenere a brevissima scadenza a Buckingham Palace. L'happy end, seppur scaturito dalla forzatura dei Sussex, pareva a portata di mano. Se non fosse che, com'è noto, il diavolo si nasconde sempre nei dettagli.

Quel lunedì mattina il *Sun* aveva anticipato che la tattica negoziatoria dei Sussex, in armonia con i principi da «dura» del personaggio Rachel Zane, sarebbe stata sostanzialmente ricattatoria. «Il principe Harry e Meghan Markle potrebbero minacciare la regina di rilasciare un'intervista rivelatrice a Oprah Winfrey per imporre le loro condizioni al summit reale di oggi», aveva scritto Emily Andrews. La coppia avrebbe potuto agitare questo spettro, aggiungeva Andrews, «dal momento che certo i reali non vogliono lavare in pubblico i loro panni sporchi. Pare certo che il team di Meghan sia in contatto con ABC, NBC e CBS e con conduttori-*celebrities* dei talk show come Oprah Winfrey». Era una premonizione di quanto sarebbe avvenuto ma non era ancora il momento.

È vero invece che i seguenti cinque giorni di negoziati furono molto duri, e stando a una fonte di Palazzo citata da Robert Lacey «fu come trattare con un tosto avvocato di Hollywood. I Sussex volevano garanzie su ogni singolo punto come se fosse un negoziato contrattuale». La discussione andò avanti dal 14 al 18 gennaio e, sebbene Meghan non fosse presente, un Harry a muso duro e spesso schiumante rabbia agiva come suo efficace delegato. Il risultato di questo approccio affrettato e aggressivo da parte della coppia fu solo di suscitare fastidio e malanimo nella famiglia e tra i cortigiani, due fattori che in definitiva si sarebbero ritorti contro di loro.

Al tavolo del negoziato Sua Maestà era rappresentata dal segretario privato sir Edward Young, un burocrate di scarsa fantasia marchiato dai suoi critici come un semplice passacarte. A parlare per conto di Carlo era stato designato il suo segretario privato Clive Alderton, e il suo omologo per William era Simon Case. Elisabetta aveva chiesto anche l'aiuto della fidata assistente di lungo corso Samantha Cohen, ma nemmeno il suo cameratesco e pragmatico buonsenso riuscì ad alleggerire il clima conflittuale che si respirava attorno al tavolo. Quello che venne fuori fu un compromesso solo di nome, e comunque il contrario di quello che Elisabetta avrebbe voluto raggiungere. Lei puntava a riportare tutti insieme i famigliari, non a dividerli e allontanarli, che fu invece quello che accadde.

Per la regina, la vacanza dei Sussex a Vancouver – che le ricordava tanto quella giovanile e spensierata che aveva trascorso accanto a Filippo sull'isola di Malta – era una buona occasione per implementare il progetto abbozzato d'accordo con la coppia: come rappresentanti personali della regina per il Commonwealth, Harry e Meghan avrebbero potuto passare una parte dell'anno in Gran Bretagna e una parte in Canada, conservando la condizione di *working royals*, reali a pieno servizio, e al contempo alleggerendo la pressione dei media su di loro e la tensione all'interno della famiglia. Purtroppo, per l'esecuzione del piano era stato scelto l'uomo sbagliato. Da funzionario scrupoloso ma privo di visione, sir Edward Young si limitò a eseguire senza interpretare gli ordini della «padrona», obiettando alle puntigliose pretese dei Sussex con altrettanta ostinazione. Il risultato fu che quella che doveva essere solo una base straniera per il lavoro dei Sussex si trasformò in un esilio rancoroso. La reciproca cattiva disposizione d'animo generò un disastro per le aspettative della coppia.

L'accordo annunciato dal Palazzo ai corrispondenti reali il 18 gennaio era più che altro una sequela di inibizioni. Presentata come «una soluzione che guarda avanti in modo costruttivo», l'intesa in realtà spogliava completamente i duchi del loro status reale. Contrariamente alle loro attese di fare i *royals* a mezzo tempo, adesso Harry e Meghan erano costretti ad abbandonare del tutto i *royal duties*, e conseguentemente non avrebbero più potuto rappresentare la regina e nemmeno usare il titolo di Altezze Reali, «visto che non erano più membri in servizio della famiglia reale». In più, Harry avrebbe perduto tutti i suoi amati (e meritati) titoli militari, nonché il ruolo di ambasciatore della gioventù del Commonwealth, conferitogli dalla sovrana.

Quanto alla questione del loro mantenimento, non avrebbero più goduto dell'appannaggio garantito dal Sovereign Grant (i fondi statali alla regina) e avrebbero restituito, sia pure a rate, i soldi spesi per il restauro di Frogmore Cottage. In verità, erano stati loro stessi a offrire la rinuncia a ogni finanziamento pubblico come prezzo della loro libertà, ma la cosa adesso veniva fatta passare come una punizione. Restava solo un ultimo punto in sospeso, cioè se avrebbero potuto o meno guadagnarsi da vivere (lautamente) usando il brand Sussex Royal. Questa decisione fu demandata direttamente alla regina e il pronunciamento arrivò qualche settimana dopo. No. La Fondazione Sussex Royal cessava di esistere come marchio commerciale, sostituita qualche tempo dopo dalla nuova società Archewell, scrigno delle diverse attività professionali e commerciali della coppia (dai ricchi contratti con Netflix e Spotify ai ben pagati discorsi pubblici, alle consulenze aziendali).

Il diktat, com'è giusto chiamarlo, più che compromesso, sembrò soddisfare gli istinti vendicativi affiorati nell'opinione pubblica britannica, offesa perché Meghan aveva preferito tornare in America e Harry aveva «tradito» il suo Paese pur di seguirla. Si diffuse presto la convinzione che questo fosse stato il piano della sposa americana sin dall'inizio, e il rapido trasferimento dal Canada in California, nella supervilla milionaria di Montecito, a un tiro di sasso dalla chicchissima Santa Barbara, sembrò dar credito ai sospetti. Tutto può essere. Ma ciò non toglie che la monarchia britannica abbia sciupato un'occasione storica per far pace non solo con le minoranze etniche ma con il suo stesso passato coloniale. Come la regina aveva ben intuito all'apparizione di Meghan sull'orizzonte, la sua presenza avrebbe costretto anche i repubblicani più fanatici a misurare le critiche, e la sua birazzialità avrebbe emendato la Corona della «colpa» storica di pinnacolo dell'impero coloniale. Espellerla dalla famiglia o, a seconda delle letture, mostrarsi incapaci di trattenerla era per i Windsor uno smacco, una straordinaria opportunità sprecata per sempre.

La monarchia poteva consolarsi solo con l'evidente giubilo dei tabloid per la cacciata dell'«impura» e la restaurata sacralità del trono, ma era decisamente poco in confronto all'occasione perduta. Con tutte le riserve che si possono nutrire sui reconditi propositi di Meghan, che fosse una fredda calcolatrice o solo un'outsider poco disposta a lasciarsi integrare, non c'è dubbio che la campagna della stampa ostile non le concedesse respiro. Per tutto il corso del fatale 2019 i titoli sul suo conto tendevano a essere da sbrigativi a critici a sprezzanti. Inaccettabile la scelta di smalto scuro per le unghie delle mani. Una volgarità le gambe accavallate a un evento con la regina. E, oh diodio, una bretella del suo reggiseno fu visibile per meno di un secondo durante un evento reale. Indossava troppo nero, si accarezzava troppo il grembo rigonfio di Archie, così si confermava troppo appariscente, ed era pure troppo esigente, troppo mattiniera, troppo... Insomma, non c'era niente che andasse bene in quella che lietamente i tabloid etichettavano, riprendendo i pettegolezzi di Corte, come «Duchess Difficult», o anche «Hurricane Meghan».

In un giochino fin troppo scoperto, seguiva sempre il paragone con l'inappuntabile Kate, finché alla duchessa di Sussex sembrò chiaro «che volessero una tipica narrazione da eroe contro il cattivo... Molto di quello che ho visto segue il copione di questa idea di polarità. Ma se ami me, non sei costretto a odiare lei. E se ami lei, non devi necessariamente odiare me». Ai suoi occhi, e di Harry, non solo il Palazzo non si preoccupava di rimettere le cose a posto coi giornali proteggendo – come aveva promesso – la sua reputazione, ma addirittura erano proprio «gli uomini in grigio» a spargere molti dei commenti malevoli ripresi dalla stampa, con l'obiettivo di far risaltare per converso le figure di altri membri della famiglia. I Cambridge, in primo luogo. Inesorabilmente, il tipico modello di rivalità tra l'erede e il Ricambio si riproponeva come il fattore capace di avvelenare non solo i rapporti famigliari ma anche l'indispensabile armonia politica ai vertici della monarchia.

Sfortunatamente, William si lasciò catturare da questo meccanismo vizioso. Il risentimento, anche comprensibile, per quello che percepiva come un tradimento del cadetto ebbe il sopravvento tanto sul radicato affetto fraterno quanto sulla lungimiranza del politico. In tutti quei mesi, così assillato dai doveri di futuro capo della casata e della nazione, non fu mai nemmeno sfiorato dalla tentazione di porgere la mano a Harry. E lo mostrò in modo plateale nell'ultima apparizione dei Sussex a Londra, nell'abbazia di Westminster, assieme al resto della famiglia reale. Era il 9 marzo 2020, il giorno celebrativo della nascita del Commonwealth, tre settimane prima che scattasse la data fissata – 31 marzo – per l'uscita dei Sussex dal novero dei *working royals* e l'abbandono di titoli e incarichi reali. Era inteso che da quel momento, e per quello che ancora si intendeva come «un periodo di prova» della durata di un anno, Harry e Meghan avrebbero fatto la spola tra le due sponde dell'Atlantico. Nessuno ancora immaginava che il «maggiore spazio» concesso alla coppia per coltivare la propria libertà sarebbe diventato una separazione definitiva.

Per i giornali, comunque, quell'incontro nell'abbazia già rappresentava «l'addio tra i fratelli», anche se la stampa ignorava che Meghan aveva prenotato il volo di ritorno a Vancouver dal suo Archie la sera stessa. Ventitré anni prima, nel momento più tragico delle loro giovani vite, William e Harry avevano percorso insieme quella stessa navata, uno accanto all'altro, facendosi forza a vicenda dietro il feretro della madre. Sarebbero adesso riapparsi insieme, ancora una volta, per sostenere la nonna ultranovantenne che celebrava i settantun anni della sua benamata creatura, il Commonwealth? I molti che ci speravano rimasero delusi. Anche se, una volta di più, larga parte della colpa fu dei *men in grey* che governano la vita del Palazzo e dei suoi occupanti, reali compresi. Il protocollo è la loro tavola dei comandamenti, e il protocollo aveva già condannato Harry all'inferno.

L'accordo che i Sussex avevano finito con l'accettare per poter vivere la vita che volevano era in buona parte il risultato delle tattiche negoziali aggressive, che si erano ritorte contro di loro. Nella furia di voler ogni cosa nero su bianco, alla fine erano stati spogliati di tutti i loro titoli e incarichi reali. Soprattutto, la coppia aveva perso lo status di *senior royals*, membri di primo rango della famiglia, per essere declassati a quello di *junior*, in seconda fila. Così, quel pomeriggio a Westminster Abbey, alla funzione per il Commonwealth, il cerimoniale dettato da tradizione e precedenze prevedeva che Sua Maestà entrasse nell'abbazia dietro la bandiera del Commonwealth accompagnata da Carlo e Camilla, seguita da William e Kate, e dietro di loro la folla delle alte cariche dello Stato come il premier Johnson e i reali *junior*, quali Edoardo e la moglie Sophie. I Sussex, ormai declassati, avrebbero dovuto competere per un posto con i reali «minori» in fondo all'abbazia.

Quando Harry aveva appreso che nella loro ultima apparizione lui e Meghan sarebbero stati anche visivamente messi da parte, aveva reagito furiosamente. Per fortuna, William si era dimostrato più intelligente e sensibile dei suoi subalterni. Appena si era reso conto, nelle settimane precedenti, del problema riguardante fratello e cognata, aveva fatto sapere che lui e Kate sarebbero stati felici di «saltare» la processione d'ingresso e di andare a sedere direttamente accanto a Harry e a zio Edoardo. Era un piccolo ma significativo gesto di pace. E di fatto così andarono le cose. A pochi minuti di distanza gli uni dagli altri, i due principi e le consorti scivolarono tranquillamente ai loro posti e sedettero aspettando l'inizio della sfilata cerimoniale aperta dalla regina e da Carlo. Ancora una volta, però, il diavolo era nascosto nei dettagli, o forse nei cortigiani.

William aveva fatto un gesto magnanimo e fraterno, ma nessuno dei suoi tanti assistenti si era preoccupato di far ristampare l'ordine di servizio della cerimonia, già riprodotto in duemila esemplari e ora distribuito agli ospiti nell'abbazia. E lì c'era scritto nero su bianco che il duca e la duchessa di Cambridge avrebbero fatto il loro ingresso in chiesa con il principale corteo reale, mentre del fratello e della moglie non c'era traccia alcuna. Spariti, scomparsi, svaniti. Cancellati dalla storia reale, e per iscritto, così che tutti ne serbassero memoria.

Lo sgarbo per Harry fu davvero troppo. In un certo senso, era il promemoria più brutale possibile di ciò che effettivamente è l'erede di ricambio nella logica dinastica. Un'aggiunta, un'appendice che si può cancellare con un tratto di penna una volta che il Numero Uno si è garantito la successione. Probabilmente niente più di questo poteva rafforzare Harry nella decisione di cercarsi una strada e una vita autonome e lontane dai sentieri dei Windsor. Tanto più che quel pomeriggio né l'uno né l'altro dei fratelli fece il benché minimo sforzo di familiarizzare, benché fossero seduti vicini. I Sussex arrivarono per primi e, come notò Judi James, implacabile osservatrice e lettrice dei gesti dei reali, «la tensione era palpabile specialmente nel linguaggio del corpo» di lui. Sedettero, smisero di tenersi per mano e subito il duca, «teso e serio», cominciò a stringere l'anello nuziale, come a cercare conforto e rassicurazione.

Poi li raggiunsero i Cambridge, e difficilmente il primogenito avrebbe potuto essere più formale. L'unica frase indirizza al cadetto fu: «Hello, Harry». Subito dopo, gli esperti di lettura delle labbra furono in grado di cogliere il commento di Harry alla moglie: «E non ha detto niente di più di questo!» Rabbia e delusione non avrebbero potuto essere maggiori. Per tutta la durata del servizio Meghan continuò invece a spargere sorrisi radiosi in pretto stile Hollywood, mentre vanamente cercava di spingere il marito a imitarla. «*Big smiles*», grandi sorrisi, gli sussurrò come certificarono poi i soliti lettori delle labbra. Ma non ci fu verso di smuovere Harry dal suo umore nero. Judi James leggeva quell'atteggiamento come un libro aperto, secondo il racconto che ne fece alla PA Media (ex Press Association): «L'espressione del volto sembrava distante, e il suo continuo sbatter di ciglia suggeriva perfino che stesse ricacciando indietro le lacrime».

Meghan partì la sera stessa, forse già con l'intenzione di non rimettere più piede in Inghilterra (lo ha fatto di sfuggita solo una volta, come vedremo, il 14 aprile 2022). Il marito la seguì pochi giorni dopo, e solo la morte del nonno Filippo, il 9 aprile dell'anno successivo, lo avrebbe riportato per una manciata di ore nel regno. Quali che fossero i piani al momento della partenza, lo scoppio della pandemia di Covid-19 contribuì a far volgere le cose al peggio. Con l'intero pianeta bloccato dal lockdown, Inghilterra inclusa sebbene buon'ultima, i Sussex trovarono il pretesto più semplice per rinviare *sine die* il loro ritorno a Corte senza presentarla come una scelta definitiva. Anche se l'acquisto ad agosto 2020 della principesca magione a Montecito, al costo di 14,65 milioni di dollari (non proprio una casa «normale»), rappresentava un indizio evidente dei loro progetti. Così come i favolosi contratti che avevano firmato con Netflix, Spotify e altri vari colossi o startup americani lasciavano immaginare che, per quanto libera dagli impacci dell'etichetta, la vita sarebbe rimasta comunque principesca per i «Windsor d'America».

A testimonianza che il vincolo fraterno manteneva però la sua forza a dispetto di tutto, il primo anno della separazione trascorse senza che nessuno dei due fratelli-nemici rivelasse le ragioni della rottura. Non solo William tenne la bocca chiusa, e questo è comprensibile visto il ruolo personale di erede e la regola del silenzio tipica della casa. Ma pure Harry rifiutò di scendere nei dettagli, anche quando cadde nello scherzo preparato da due comici russi, Vovan e Lexus, che lo chiamarono al telefono in Canada spacciandosi per Greta Thunberg e il padre Svante. Ovviamente, non sarebbe mai successo se i Sussex avessero potuto contare sul filtro offerto da Buckingham Palace.

Alla finta Greta Harry non disse una sola parola sul conto di William ma spiegò le ragioni che lo avevano spinto a rompere con i reali. Anzitutto la ricerca della vagheggiata normalità, identificata come la possibilità di «usare la nostra voce e incoraggiare un vero cambiamento». Poi gli odiati tabloid inglesi, che «hanno troppo potere e influenza e nessuna moralità». E infine, il piccolo Archie: lasciare il regno e la famiglia non era stata «una decisione facile ma era la decisione giusta per la nostra famiglia, la decisione giusta per poter proteggere mio figlio». Fino a quel punto, la strada di una riconciliazione, per quanto difficile, era ancora aperta.

Tutto cambiò la sera del 7 marzo 2021, quando le tv di mezzo mondo mandarono in onda l'ormai celebre intervista della coppia con Oprah Winfrey, l'amica Oprah, la vicina di casa a Montecito che aveva mandato l'aereo personale del suo produttore per provvedere al loro trasferimento da Vancouver a Los Angeles. Erano tre anni, dal momento del matrimonio, che l'imperatrice del talk show televisivo cercava di assicurarsi quell'intervista. Finalmente c'era riuscita, e aveva già venduto i diritti di trasmissione alla CBS per 9 milioni di dollari. La conversazione li valeva sino all'ultimo centesimo. Sessanta milioni di spettatori in tutto il mondo si bevevano le parole dei Sussex, che erano il puro equivalente di una bomba atomica sganciata sui Windsor.

Nelle parole di Meghan, con Harry nel ruolo di spalla, le rivelazioni s'inseguivano l'un l'altra. I suoi pensieri di suicidio (e rivolgendosi al marito: «La tua decisione mi ha salvato la vita. E ha salvato la vita di tutti noi»). La cattiveria e le bugie dei cortigiani. La freddezza e l'avarizia di Carlo, che aveva tagliato loro tutti i fondi (ma con una fortuna di parecchie decine di milioni di dollari, che bisogno c'era della paghetta di papà?). E ancora Kate, era stata lei a far piangere Meghan prima del matrimonio, non viceversa. Harry si fece sentire per sentenziare che aveva temuto che «la tragedia di Diana si stesse ripetendo» e per salvare doverosamente la regina dalle critiche: almeno lei era gentile, calorosa e generosa, «non potrei mai ignorare mia nonna, ho troppo rispetto per lei». Il padre invece ne usciva male («Ho provato due volte a chiamarlo, ma mi ha tagliato fuori»), e quanto al fratello William, «la relazione al momento è ferma su 'spazio'. Il tempo guarisce tutto, speriamo».

Chissà, forse avrebbe davvero guarito tutto, o in parte, se l'intervista si fosse fermata lì. Invece, con l'annuncio dell'arrivo di un secondo figlio, una bambina, vennero pure le accuse di razzismo. Fu Meghan, ovviamente, a dar fuoco alle polveri, sostenendo che nei primi tempi del loro matrimonio nella famiglia reale erano state sollevate «preoccupazioni» sul possibile aspetto del loro bambino, tipo quanto scuro sarebbe stato il colore della pelle e cosa questo avrebbe significato per la monarchia. Harry andò oltre, descrivendo qualcuna di queste conversazioni sotto lo sguardo convenientemente orripilato di Oprah, rifiutando però in ultima analisi di fare i nomi dei colpevoli, perché li avrebbe «danneggiati troppo».

Se già le accuse non fossero risultate abbastanza vergognose in sé, a renderle ancora più inaccettabili per i Windsor c'era la penosa coincidenza con il ricovero in ospedale del principe Filippo, in condizioni notoriamente gravissime. E dal momento che proprio lui, viste le frequenti gaffe razziste, divenne subito il principale sospettato, Harry si sentì – o fu – costretto a telefonare all'amica Gayle King, conduttrice di una trasmissione mattutina della CBS, per escludere tanto la regina quanto il marito dal novero dei possibili colpevoli. Con il che, non ne restavano molti altri.

A Windsor Castle, a Clarence House e ad Anmer Hall (la residenza dei Cambridge nella tenuta di Sandringham), la regina, il principe del Galles e William seguirono le «rivelazioni» – presentate da Oprah Winfrey come vangelo – con un senso crescente di incredulità e di sgomento. Che nel caso di Carlo e del primogenito si tramutarono presto in rabbia e indignazione. Non c'è dubbio che fossero loro due a uscirne peggio: il primo descritto come un padre assente e avaro, quando tutti i fatti provavano il contrario, e il secondo dipinto come «intrappolato» alla pari del genitore «nel sistema della vita reale che non riescono a lasciare, e per questo provo una profonda compassione». Perché «nessuno, incluso William, vuole essere re». Fosse stato per loro, Carlo e William avrebbero risposto con pari violenza all'attacco. Per fortuna dei Windsor, in famiglia c'era sempre la statista che aveva imparato a dominare le emozioni (ad abrogarle, secondo molti).

Elisabetta seguì l'intervista nel suo salotto del castello di Windsor. In cuor suo affranta, perché il nipote non aveva avuto nemmeno il buon gusto di rispettare la malattia gravissima del nonno centenario, che pure lo aveva amato molto. Alla fine chiamò il segretario privato sir Edward Young, e assieme scrissero il testo poi diffuso alla stampa: «L'intera famiglia è rattristata di apprendere fino a che punto questi ultimi anni sono stati difficili per Harry e Meghan. I problemi sollevati, particolarmente quello della razza, sono preoccupanti. Sebbene certi ricordi possano differire, vengono presi molto seriamente e saranno affrontati dalla famiglia privatamente. Harry, Meghan e Archie saranno sempre membri molto amati della famiglia». Poche righe che chiusero ufficialmente la questione prima che provocasse altri e più gravi danni.

William, come sempre, obbedì alla nonna e tenne la bocca chiusa. Fino a un certo punto. Quando un giornalista a un evento pubblico gli gridò dietro: «Sir, la famiglia reale è razzista?» lui si voltò con uno sguardo furente e sibilò seccamente: «Noi non siamo per niente una famiglia razzista».

In realtà, le dichiarazioni di Meghan, con il sostegno esplicito di Harry, erano destinate ad avere un forte impatto su un Paese dove il razzismo esiste anche se viene negato, a tal punto da evitare perfino di parlarne. Una simile accusa rivolta alla suprema istituzione del regno rischiava di proiettare una luce sinistra sulla monarchia, soprattutto (ma non solo) tra quelle minoranze etniche che rappresentano ormai un sesto della popolazione. E che saranno, quando il tempo verrà, la sfida principale per la modernizzazione che ha in testa il futuro re Guglielmo V. Da qui la sua reazione furiosa a un attacco che minacciava le fondamenta stesse del trono, ed era a suo avviso totalmente infondato.

Sì, è vero, le battutacce del principe Filippo erano spesso a sfondo razziale. Ma a differenza del marito, nessuno aveva mai sentito pronunciare da Sua Maestà un solo commento anche lontanamente indelicato sul terreno della razza o dell'etnia. Lo stesso poteva dirsi di Carlo, con l'eccezione di un unico modesto scivolone, quando gli era scappato di dire a una persona di colore con un'acconciatura rasta che non sembrava fosse nata a Manchester. Un peccato veramente veniale, a paragone del coraggio che aveva mostrato in occasione dei terribili disordini razziali scoppiati nelle periferie delle grandi città inglesi nel 1984. Ignorando gli inviti del padre e dei cortigiani a tenersi fuori dalla mischia politica, il principe del Galles aveva accolto l'appello di Stephen O'Brien, capo dell'organizzazione Business in the Community, a convocare a Windsor una conferenza dei leader delle comunità nere e degli affari. Fu a giudizio unanime uno dei passi avanti più significativi mai compiuti nella storia delle relazioni razziali nel Regno Unito.

È vero che una parente reale come Marie Christine di Kent, moglie del principe Michael, non mostrava la stessa sensibilità. In campagna, nella sua fattoria nel Gloucestershire, aveva due pecore nere che aveva chiamato Serena e Venus, come le due Williams campionesse di tennis, e aveva provocato uno scandalo quando si era presentata al primo pranzo di Natale con Meghan sfoggiando sulla giacca una spilla di oro e gioielli che rappresentava il tipico *blackamoor*, ovvero lo schiavo nero inturbantato dello stile rococò. Ma è anche vero che subito dopo fece seguire le scuse pubbliche e ufficiali a Meghan; inoltre Marie Christine è solo tangenzialmente una Windsor, essendo nata austriaca e figlia di un ufficiale delle SS.

Il punto è però un altro, e di maggior sostanza, come spiega Kehinde Andrews, professore di sociologia alla Birmingham City University: «La famiglia reale è così strettamente legata alle idee dell'impero, del colonialismo, della purezza razziale, da rappresentare probabilmente il principale simbolo di supremazia bianca che abbiamo». Qui è la storia che conta, e fa dei Windsor – a dispetto della loro prudenza – un obiettivo naturale della *woke culture*, la ribellione culturale generata da movimenti come Black Lives Matter che sta spazzando soprattutto (ma non solo) le Americhe. La rivolta si fa già sentire nei regni «personali» di Elisabetta nei Caraibi, con Barbados che si è proclamata repubblica alla fine del 2021 e la Giamaica che intende seguirne l'esempio al più presto. Chi può garantire che la tentazione non contagi anche un'isola più grande e più fredda, sulle sponde del canale della Manica?

La realtà è che il domani si presenta agli occhi di William come un grande foglio bianco. E qualunque cosa vorrà o riuscirà a scriverci sopra, dovrà farlo da solo, o con l'aiuto della sua Kate. Il *double-act*, il duetto pluridecennale con il fratello minore è finito, probabilmente per sempre. E l'annunciata autobiografia di Harry minaccia di essere la pietra tombale sul rapporto. Che cosa racconterà il duca in cambio dei 17 milioni di dollari d'anticipo? Lui assicura «un resoconto vero e accurato, scritto non da principe quale sono nato, ma da uomo quale sono diventato». A Londra il Palazzo si prepara al peggio, se è vero quel che dice l'esperta Katie Nicholl: «Saranno le dichiarazioni più intime e scioccanti di sempre». Come che sia, William non ha più dubbi che il peso della monarchia nella grande transizione del Ventunesimo secolo sarà tutto sulle sue spalle. Lui è preparato, determinato e ha assorbito ogni parola di quelle lezioni sul senso del dovere e del servizio che nonna Elisabetta gli largiva ogni domenica assieme al tè nel castello di Windsor. Ma il progetto di una «monarchia dimagrita», coltivato e realizzato dal principe del Galles, forse si è spinto troppo oltre. Elisabetta ha i giorni contati, Carlo è arrivato alla terza età, Andrea è inservibile dopo lo scandalo Epstein. E i tre principini Cambridge ancora infanti hanno davanti almeno un paio di decenni prima di poter diventare *working royals*. Il carico sulle spalle di William, tra eventi, incontri, beneficenza, viaggi e cura degli affari pubblici rischia di essere schiacciante.

Harry sarebbe stato prezioso. Lo «Spare» sarebbe stata una spalla magnifica. Con il suo carattere alla mano, estroverso e allegro avrebbe incantato le folle anche per conto del fratello. E curato i rapporti con un Commonwealth in declino con l'entusiasmo di chi non ha ruoli più seducenti. Meghan sarebbe riuscita a parlare senza filtri alle minoranze etniche e alle avanguardie culturali che si battono per l'estensione dei diritti civili e la completa emancipazione femminile. E i loro figli non solo avrebbero sedotto i sudditi ma avrebbero potuto aiutare gli eredi dei Cambridge nell'inventare il futuro di un'altra generazione di Windsor. Tutto questo è destinato a rimanere un libro dei sogni. O no?

Dopo la disastrosa intervista con Oprah, Harry è tornato a Londra in rare, e fulminee, occasioni. La prima per il funerale di nonno Filippo, il 17 aprile 2021, e la seconda pochi mesi dopo – il 1° luglio –, per lo svelamento della statua a Diana nei giardini di Kensington Palace. Dopo lunga assenza, è comparso a sorpresa una terza volta addirittura in compagnia di Meghan, per una visita lampo alla regina il 14 aprile 2022, giovedì di Pasqua: solo una breve sosta sulla strada verso L'Aja in Olanda, dove i Sussex dovevano inaugurare gli Invictus Games, le «Olimpiadi» per veterani invalidi concepite da Harry.

Il tè del Giovedì Santo con la nonna a Windsor è stato un affare di appena mezz'ora, presenti Carlo e Camilla, assenti invece per vacanza William e Kate. Dopo, Harry ha incongruamente dichiarato a una tv americana di essere venuto per assicurarsi «che la nonna fosse protetta e avesse le persone giuste attorno a sé». Un altro schiaffo ai parenti e ai dignitari di Corte. Anche se, a dispetto dello sgarbo via etere, l'incontro è servito comunque a scambiarsi un ramoscello d'olivo. I «duchi americani» sono stati invitati alle celebrazioni del Giubileo di Platino, a inizio giugno, e loro hanno accettato.

Era tempo, del resto, che i loro bambini incontrassero il resto della famiglia, e la piccola Lilibet conoscesse finalmente la bisnonna di cui porta il nome. Ma il Palazzo ha subito chiarito che, in quanto «reali minori», Harry e Meghan (così come il principe Andrea) non sarebbero comparsi al fianco della sovrana nel tradizionale saluto dal balcone di Buckingham Palace, né in altre cerimonie ufficiali. Il posto accanto alla regina resta garantito solo ai famigliari che assolvono a impegni pubblici per conto di Sua Maestà.

Molti hanno sospettato che la tappa reale a Londra, e la successiva decisione di prendere parte alle celebrazioni per i settant'anni di regno di Elisabetta, siano state suggerite ai Sussex da mero calcolo economico.

Dopo tutto, come ha ricordato maliziosamente il biografo reale Tom Bower, «non dimentichiamo che sono in affari con Netflix», e il colosso americano è certo ansioso di valorizzare il contratto multimilionario con la coppia. Non si può dire che il ritorno del «nipote prodigo» per la grande festa della nonna sia stato accolto con entusiasmo dagli inglesi. Perfino una confidente di Harry come Angela Levin dichiarava di temere che «attirino tutta l'attenzione su di loro, ma non dovrebbe essere questo il Giubileo».

Il chiasso che abitualmente accompagna ogni mossa dei Sussex non ha aiutato una possibile riconciliazione famigliare. Chi ci sperava, e spiava eventuali segni, è rimasto ogni volta deluso. Dopo le esequie del duca di Edimburgo, i trenta invitati (non di più, secondo le regole anti Covid allora in vigore) lasciarono la cappella di St George a Windsor incamminandosi a piedi verso il castello. William e Harry, sospinti da Kate, si trovarono fianco a fianco e presero a parlarsi amichevolmente, concordando che la cerimonia era stata esattamente come l'aveva concepita il nonno. Ma i due non andarono molto oltre. Decisero soltanto che si sarebbero visti assieme al padre, più tardi in giornata, in un angolo dei prati del castello. Un incontro a tre che tradiva sfiducia reciproca e necessità di testimoni. E che finì in un nulla di fatto, come prova la circostanza che Harry se ne tornò subito in America anziché attendere il novantacinquesimo compleanno della nonna, pochi giorni dopo.

Si fece rivedere il 1° luglio 2021, nel Sunken Garden di Kensington Palace dove la statua di Diana, che quel giorno avrebbe compiuto sessant'anni, aspettava di essere inaugurata dai suoi due *boys*. Nel frattempo ai Sussex era nata la piccola Lilibet Diana, e dai «Windsor di Londra» erano arrivati solo educati auguri. A maggio Harry aveva rilasciato il suo podcast *The Me You Can't See*, sui problemi di salute mentale, cogliendo però l'occasione per un nuovo duro attacco alle doti genitoriali di papà Carlo. Con queste premesse, difficilmente l'incontro col fratello maggiore, sebbene sotto lo sguardo bronzeo della madre, avrebbe potuto se non sanare le divergenze almeno avviare un disgelo. Niente di tutto questo. Dei Windsor anziani nessuno si fece vedere, risparmiando se non altro l'ipocrisia di un'eventuale presenza. Harry arrivò da solo, e anche William senza Kate (per riguardo a Meghan assente) ma anche senza i figli, a cui pure – secondo le sue parole – non faceva altro che parlare di nonna Diana.

Fu un affare molto breve. I due duchi reali, a debita distanza l'uno dall'altro, tirarono assieme le cordicelle che reggevano il telo verde di plastica, ed ecco apparire una Diana di bronzo circondata da tre bambini che, secondo il comunicato stampa di Kensington Palace, rappresentano «l'universalità e l'impatto generazionale del lavoro della Principessa». Anche i figli emisero una dichiarazione, almeno quella congiunta: «Ogni giorno vorremmo che fosse ancora qui con noi». Sarebbe stato bello vederli abbracciarsi davanti a quell'immagine della madre, riprendere nel suo nome il cammino comune che li aveva visti affrontare insieme l'indicibile e superarlo. Invece William e Harry si salutarono educatamente, si voltarono le spalle e andarono ognuno per la sua strada. Così veniva cancellata la più grande eredità di Diana: il loro vincolo fraterno al servizio di una monarchia rinnovata. Dove i loro diversi cammini li porteranno, e dove condurranno la Casa dei Windsor, questo oggi nessuno lo sa.

Ringraziamenti

POICHÉ questa è una storia di fratelli, mi viene spontaneo dire subito grazie a mia sorella Serenella: non solo lei per me c'è sempre stata, ma soprattutto posso dirmi sicuro che niente e nessuno potrà mai infrangere il vincolo di affetto, complicità, solidarietà che ci lega da una vita intera. Ed è un rapporto anche più solido grazie al cuore grande di mia moglie Iolanta: la sua straordinaria capacità di amare è come una luce che proietta serenità e comprensione sull'intera nostra famiglia, e ci permette di superare indenni perfino le baruffe nei domestici giochi di carte (burraco, particolarmente...). Come per tutti i precedenti volumi, la mia gratitudine per Iolanta è doppia. Non solo per la felicità che mi regala da quasi un trentennio ma anche per il contributo – di notizie, curiosità e interrogativi – che non ha mancato di fornirmi pure per questo libro. I Windsor, e la loro inesauribile saga, si sono singolarmente intrecciati alle nostre vite, e forse le loro travagliate vicende ci aiutano anche ad apprezzare maggiormente il valore della nostra unità e tranquillità famigliare.

Ma io sono anche molto fortunato nel rapporto con l'editore dei miei libri. All'ennesimo volume (ho quasi perso il conto...) pubblicato con gli amici di Sperling & Kupfer, avverto un forte sentimento di gratitudine per tutte le persone che, col sostegno della loro fiducia e del loro lavoro, mi permettono di realizzare i miei progetti. Il merito di ogni successo va condiviso con loro. In cima alla lista, Stefano Peccatori, editore lungimirante che mi onoro di chiamare amico, fucina di idee che mette generosamente in circolo. Accanto a lui, la squadra Sperling rappresenta l'ideale per qualsiasi autore. Antonella Bonamici, ormai amica ventennale, è stata come sempre editor impeccabile e fantasiosa, Mariarosa Milesi e Valentina Castellani hanno operato una rigorosa revisione dei testi, e Paola Caviggioli con l'assistenza di Alessandra Frigerio restano il meglio che si possa immaginare per la promozione e la comunicazione. Un grazie sincero anche all'art director Francesco Marangon e al grafico Carlo Mascheroni per una copertina che mi sembra particolarmente elegante, starei per dire «reale»...

La vicenda umana dei due fratelli oggi in guerra si mescola, come ho cercato di mostrare, alla prospettiva politica e storica della monarchia britannica in questa stagione di inevitabile transizione. Per questo le fonti a cui ho fatto ricorso sono della natura più svariata. Laddove possibile, come nel caso di libri o ricerche sull'argomento, le ho citate dettagliatamente. In altri casi, per comprensibili ragioni, le testimonianze sono rimaste anonime. Ma la mia gratitudine resta identica per tutti coloro che mi hanno aiutato a ricostruire il tracciato di questa storia. Così come sono grato alla ridotta ma qualificata legione di *royal watchers* che ho scomodato (se ho scordato qualche nome, me ne scuso) per arricchire il quadro psicologico dei protagonisti e i retroscena delle loro mosse. La Corte d'Inghilterra non è più tenebrosa come ai tempi di Enrico VIII o pericolosa come ai tempi della prima Elisabetta, ma anche il pluridecennale regno della loro più longeva, e democratica, discendente è pieno di segreti e misteri che bisogna saper decifrare. Vale la pena di farlo? Io penso di sì, perché – come avvertiva un grande giornalista e editore inglese – «una notizia è ciò che il potere non vuole che si sappia».

Certificato PEFC

Questo prodotto è realizzato con materia prima da foreste gestite in maniera sostenibile e da fonti controllate

PEFC

PEFC/18-31-226

www.pefc.it

Sperling & Kupfer usa carta certificata PEFC
che garantisce la gestione sostenibile delle risorse forestali

Finito di stampare presso Grafica Veneta S.p.A.
Via Malcanton, 2 – Trebaseleghe (PD)
Printed in Italy

Prova d'acquisto
978-88-200-7373